New Media

新媒体·新传播·新运营 系列丛书

新媒体写作与传播 第2版 微课版

傅宛菊 陈彤 李华 / 主编　吴晓昕 粟欣泉 余芳 / 副主编

人民邮电出版社

北京

图书在版编目（CIP）数据

新媒体写作与传播：微课版 / 傅宛菊，陈彤，李华主编. -- 2版. -- 北京：人民邮电出版社，2023.10

（新媒体·新传播·新运营系列丛书）

ISBN 978-7-115-62487-1

Ⅰ. ①新… Ⅱ. ①傅… ②陈… ③李… Ⅲ. ①传播媒介－文书－写作－教材②传播媒介－编辑工作－教材 Ⅳ. ①G206.2

中国国家版本馆CIP数据核字(2023)第151060号

内 容 提 要

媒介环境的更迭和用户习惯的改变给新媒体创作者带来了全新的挑战。新媒体创作者不仅要懂文案创作，还要有广阔的视野、跨界的思维和多元化的知识。本书理论与案例相辅相成，系统地介绍新媒体写作与传播的各种知识。本书共分为8章，主要内容包括认识新媒体与新媒体写作、新媒体文案写作技巧、新媒体广告文案写作、社会化媒体平台文案写作、新媒体新闻写作、AI写作、新媒体内容编辑，以及新媒体内容传播。

本书内容新颖，案例丰富，既可作为高等院校新闻传播学类、电子商务类等相关专业的教学用书，也可供新媒体平台上从事写作、宣传、推广、营销活动的新媒体从业人员阅读参考。

◆ 主　编　傅宛菊　陈彤　李华
　　副主编　吴晓昕　粟欣泉　余芳
　　责任编辑　连震月
　　责任印制　王郁　彭志环
◆ 人民邮电出版社出版发行　　北京市丰台区成寿寺路11号
　　邮编　100164　电子邮件　315@ptpress.com.cn
　　网址　https://www.ptpress.com.cn
　　北京天宇星印刷厂印刷
◆ 开本：787×1092　1/16
　　印张：13.75　　　　　　　　2023年10月第2版
　　字数：342千字　　　　　　　2025年6月北京第6次印刷

定价：49.80元

读者服务热线：(010)81055256　印装质量热线：(010)81055316
反盗版热线：(010)81055315

前言
FOREWORD

在新媒体时代，随着各类电子渠道兴起，用户的注意力成为稀缺资源。这就给新媒体创作者带来了全新的挑战，新媒体创作者不仅要懂文字，还要懂用户、懂产品、懂媒体、懂运营、懂技术……这就需要新媒体创作者不断拓展自身能力的边界。

文案是一切新媒体的基础，产品特色的介绍需要文案，宣传推广需要文案，视频也需要文案。在信息爆炸的时代，除了撰写文案外，如何最大限度地实现新媒体作品的有效传播也很关键。因此，新媒体创作者还要掌握新媒体传播的要领，增强新媒体作品的传播力。

为了帮助读者掌握新媒体写作技巧和传播方法，编者精心策划并编写了《新媒体写作与传播》，受到广大院校师生和读者的一致好评。但是，市场处于不断发展变化中，新媒体也在不断发展。

党的二十大报告指出："教育、科技、人才是全面建设社会主义现代化国家的基础性、战略性支撑。必须坚持科技是第一生产力、人才是第一资源、创新是第一动力，深入实施科教兴国战略、人才强国战略、创新驱动发展战略，开辟发展新领域新赛道，不断塑造发展新动能新优势。"为了紧跟时代的发展，更好地满足在当前市场环境下读者对新媒体写作与传播的需求，编者立足新发展阶段，贯彻新发展理念，结合新媒体领域新发展、新趋势，对第1版教材内容进行了全面修订。本次修订的主要内容如下。

- 根据市场发展变化，对第1版中较为过时的案例进行了更新，案例更加新颖、丰富，更能体现当前市场环境下新媒体写作与传播的特点。

- 新增了部分内容，包括小红书文案、直播文案、新媒体数据新闻写作、AI写作、H5制作等，更加符合当前的市场环境，学习价值更高。

- 新增了"素养目标""实训案例"等板块。实训案例板块内容让教师能够根据实际需求开展教学实践，帮助学生加深对知识和技能的理解与掌握；"素养目标"板块内容既有利于学生拓展知识、发散思维，也便于教师开展素质教育，实现立德树人的教育目标，提高学生的综合素养。

与第1版教材相比，本版教材的内容更加新颖，与时俱进，更注重理论与实践的结合，突出时代性、实用性和科学性，内容更加充实、案例更加精彩，更有利于教师的课堂教学和学生对知识的吸收。

读者使用手机扫描书中的二维码，即可观看案例操作的微课视频。此外，本书还提供了丰富的立体化教学资源，包括PPT课件、教学大纲、教案、课程标准等，读者可以登录人邮教育社区（www.ryjiaoyu.com）搜索本书书名下载获取。

本书由傅宛菊、陈彤、李华担任主编，由吴晓昕、粟欣泉、余芳担任副主编。由于编者水平有限，书中难免存在不足之处，恳请广大读者批评指正。

编　者

2023年9月

目录
CONTENTS

第1章 认识新媒体与新媒体写作 ·················· 1

1.1 新媒体概述 ················ 2

1.1.1 什么是新媒体 ················ 2

1.1.2 新媒体的形态 ················ 2

1.1.3 主要的新媒体平台 ················ 4

1.1.4 新媒体的发展现状和未来趋势 ····· 6

1.2 新媒体写作概述 ················ 7

1.2.1 新媒体写作的定义及其特征 ······ 7

1.2.2 新媒体编辑的岗位职责与能力
要求 ················ 8

1.2.3 新媒体写作的思维方式 ········· 9

【实训案例】 ················ 13

【课后思考】 ················ 14

第2章 新媒体文案写作技巧 ··· 15

2.1 新媒体文案写作"四步走" ········ 16

2.1.1 第一步：准备阶段 ··········· 16

2.1.2 第二步：构思阶段 ··········· 18

2.1.3 第三步：文字输出阶段 ········ 21

2.1.4 第四步：修改阶段 ··········· 22

2.2 标题的写法 ················ 22

2.2.1 悬念式 ················ 22

2.2.2 目标指向式 ················ 23

2.2.3 数据式 ················ 24

2.2.4 对比式 ················ 24

2.2.5 逆向思维式 ················ 25

2.2.6 借势式 ················ 25

2.2.7 利益诱导式 ················ 26

2.2.8 标题写作的误区 ············· 27

2.3 开头的写法 ················ 29

2.3.1 故事式 ················ 29

2.3.2 悬念式 ················ 30

2.3.3 提问思考式 ················ 30

2.3.4 图片式 ················ 30

2.3.5 名言式 ················ 31

2.3.6 权威式 ················ 31

2.3.7 内心独白式 ················ 32

2.3.8 热点式 ················ 32

2.3.9 修辞式 ················ 33

2.4 正文的写法 ———————— 34

  2.4.1 总分总式 ———————— 34

  2.4.2 盘点式 —————————— 35

  2.4.3 递进式 —————————— 36

  2.4.4 穿插回放式 ——————— 37

  2.4.5 片段组合式 ——————— 38

2.5 结尾的写法 ———————— 39

  2.5.1 神转折 —————————— 39

  2.5.2 融入场景式 ——————— 40

  2.5.3 金句式 —————————— 40

  2.5.4 话题讨论式 ——————— 41

  2.5.5 号召式 —————————— 42

  2.5.6 幽默式 —————————— 43

2.6 关键词设置 ———————— 43

  2.6.1 总结文案主题 —————— 43

  2.6.2 关键词设置的方法 ———— 44

【实训案例】 ————————— 45

【课后思考】 ————————— 45

第3章 新媒体广告文案写作 ——— 46

3.1 新媒体广告文案的分类 ——— 47

  3.1.1 按照广告目的分类 ———— 47

  3.1.2 按照广告植入方式分类 —— 47

  3.1.3 按照文案篇幅分类 ———— 48

  3.1.4 按照表现形式分类 ———— 48

3.2 新媒体营销文案写作 ———— 48

  3.2.1 新媒体营销文案的特点 —— 48

  3.2.2 新媒体营销文案的内容框架 —— 49

  3.2.3 新媒体营销文案的写作要领 —— 50

3.3 新媒体传播文案写作 ———— 58

  3.3.1 新媒体传播文案的主要类型 —— 58

  3.3.2 新媒体传播文案的营销载体 —— 60

  3.3.3 新媒体传播文案的写作要领 —— 60

【实训案例】 ————————— 67

【课后思考】 ————————— 67

第4章 社会化媒体平台文案
写作 ———————— 68

4.1 认识社会化媒体平台文案 —— 69

  4.1.1 社会化媒体平台及其文案 —— 69

  4.1.2 社会化媒体平台文案的特点 —— 69

  4.1.3 社会化媒体平台文案的作用 —— 71

4.2 社会化媒体平台文案写作要领 —— 72

  4.2.1 微博文案 ————————— 72

  4.2.2 微信文案 ————————— 77

  4.2.3 社群文案 ————————— 81

  4.2.4 短视频文案 ——————— 82

  4.2.5 直播文案 ————————— 90

4.2.6 小红书文案 ………… 96

4.2.7 今日头条文案 ………… 98

【实训案例】 ………… 99

【课后思考】 ………… 99

第5章 新媒体新闻写作 ……… 100

5.1 认识新媒体新闻 ……… 101

5.1.1 新闻概述 …………101

5.1.2 新媒体新闻概述 …………105

5.1.3 新媒体数据新闻概述 …………108

5.2 新媒体新闻写作 ……… 110

5.2.1 新媒体新闻的写作要领 …………110

5.2.2 新媒体新闻写作的误区 …………116

5.3 新媒体数据新闻写作 ……… 118

5.3.1 新媒体数据新闻写作要领 …………118

5.3.2 新媒体数据新闻图表制作 …………121

5.4 案例分析 ……… 123

5.4.1 新媒体新闻案例分析 …………123

5.4.2 新媒体数据新闻案例分析 ………127

【实训案例】 ………… 128

【课后思考】 ………… 129

第6章 AI 写作 ………… 130

6.1 认识 AI 写作 ……… 131

6.1.1 什么是 AI 写作 …………131

6.1.2 AI 写作的特点和发展趋势 ………131

6.1.3 AI 写作的常用工具 …………133

6.2 AI 写作的应用 ……… 135

6.2.1 自动润色 …………135

6.2.2 写作宣传文案 …………136

6.2.3 写作新闻稿件 …………140

6.2.4 音频与文案的相互转换 ………142

【实训案例】 ………… 145

【课后思考】 ………… 145

第7章 新媒体内容编辑 ……… 146

7.1 新媒体图文排版规范 ……… 147

7.1.1 新媒体图文排版的作用 …………147

7.1.2 新媒体图文排版的原则 …………147

7.1.3 新媒体图文关系的处理 …………150

7.1.4 常用的新媒体图文排版工具 ……151

7.1.5 使用 135 编辑器进行图文

排版 …………152

7.2 新媒体图片编辑 ……… 161

7.2.1 新媒体图片的使用原则 …………161

7.2.2 使用美图秀秀处理新媒体图片 …162

7.2.3 使用创客贴设计新媒体图片 ……171

7.2.4 使用 AI 制作新媒体图片 ………173

7.3 新媒体视频编辑 …………… **175**

7.3.1 常用的新媒体视频编辑工具……175

7.3.2 使用剪映专业版编辑新媒体

视频 …………………………176

7.4 新媒体 H5 制作 …………… **181**

7.4.1 常用的新媒体 H5 制作工具 ……181

7.4.2 使用秀米制作 H5 ……………181

【实训案例】 …………………… **187**

【课后思考】 …………………… **188**

第8章 新媒体内容传播 ……… **189**

8.1 认识新媒体传播 …………… **190**

8.1.1 新媒体传播概述………………190

8.1.2 新媒体传播的特征……………191

8.1.3 新媒体传播者和受众…………192

8.1.4 新媒体传播的常见途径………193

8.2 新媒体写作的传播要领 …… **194**

8.2.1 符号化——让新媒体写作自带

传播属性…………………………195

8.2.2 社交货币——让人们更有转发

动力 ……………………………196

8.2.3 附着力——让新媒体写作产生

持久影响力 ……………………199

8.2.4 话题性——制造话题，让人们

积极讨论………………………201

8.2.5 热点效应——利用热点话题借势

营销………………………………202

8.3 新媒体传播效果评估模型 …… **203**

8.3.1 曝光率………………………203

8.3.2 参与度………………………204

8.3.3 影响力………………………205

8.3.4 行动力………………………205

8.4 新技术环境下的新媒体传播 …… **206**

8.4.1 大数据技术与新媒体传播………206

8.4.2 AI 技术与新媒体传播 …………209

【实训案例】 …………………… **211**

【课后思考】 …………………… **212**

第1章

认识新媒体与新媒体写作

知识目标

➢ 认识新媒体的形态及主要的新媒体平台。

➢ 掌握新媒体的发展现状和未来趋势。

➢ 认识新媒体写作的定义及其特征。

➢ 了解新媒体编辑的岗位职责与能力要求。

➢ 掌握新媒体写作的思维方式。

能力目标

➢ 具备写作能力、学习能力、审美能力和创新能力。

➢ 能够以受众思维、营销思维和共享互动思维进行创作。

素养目标

➢ 与时俱进，不断学习，在新媒体写作中不断提升自己。

➢ 坚持守正创新，跟上时代发展，把握时代机遇。

随着数字技术的快速发展，新媒体以其即时性与交互性、多媒体化、个性与细分化、开放与共享化等优势对传统媒体产生一定的冲击和影响，而新媒体写作是在新媒体迅速普及和广泛应用的形势下应运而生的一门新课程。本章将详细介绍新媒体的形态、主要的新媒体平台、新媒体编辑的岗位职责与能力要求以及新媒体写作的思维方式等，让读者初步认识新媒体与新媒体写作。

1.1 新媒体概述

随着数字化、多媒体和网络技术的发展和移动智能终端设备的普及，新媒体作为一种新兴媒介，打破了媒介之间的壁垒，消融了媒介、地域，甚至传播者与接收者之间的边界，使媒介传播的形态发生了翻天覆地的变化。

1.1.1 什么是新媒体

学习新媒体写作，首先要了解何为媒体以及媒体的最初形态是什么。

媒体是指传播信息的媒介，是人们用来传递信息与获取信息的工具、渠道、载体、中介物或技术手段。媒体有两层含义，一是承载信息的物体，二是储存、呈现、处理和传递信息的实体。

加拿大著名传播学家马歇尔·麦克卢汉在《理解媒介：人的延伸》一书中提出"媒介即讯息"，言简意赅地将媒体所具有的积极的能动作用概括出来。媒体在其不断的演变和发展过程中为社会生活传播了信息，不仅引导了大众的价值取向，还起到了文化传承的作用，而且通过监督与纠正社会中的不良现象，使社会关系更加和谐。

传统媒体是通过某种机械装置定期向社会公众发布信息或提供教育娱乐平台的媒体，主要包括电视、广播、报纸和杂志等。相对于传统的四大媒体，新媒体被形象地称为"第五媒体"。新媒体是新的技术支撑体系下出现的媒体形态，它是一种利用数字技术和网络技术，通过互联网、宽带局域网、无线通信网、卫星等渠道，以及计算机、手机、数字电视机等终端，向人们提供信息和娱乐服务的传播形态。

新媒体的出现迎合了人们对休闲娱乐时间碎片化的需求，满足了大众随时随地进行互动性表达的意愿，海量信息的共享及多媒体与超文本的个性化表达，给媒体行业带来了许多新的理念和模式。

1.1.2 新媒体的形态

新媒体是新的技术支撑体系下出现的媒体形态，如数字杂志、数字报纸、数字广播、数字电视、手机短信、移动电视、计算机网络、桌面视窗、数字电影、触摸媒体和手机网络等。

1. 数字杂志

数字杂志，又称多媒体杂志，是一种制作精美、内容充实、信息丰富、书刊效果逼真的电子出版方式。它集图文、数据、音频、视频于一身，内容更新便捷，传播更加迅速，还可以与网站整合、与读者互动，更没有印刷等成本消耗。数字杂志中的图文资料可供读者复制，文章的阅读次数及读者层次也能被准确地反馈。总之，数字杂志是一种极具优势的电子出版方式。

2. 数字报纸

数字报纸是指报纸的采、编、发一体化的解决方案平台软件，通过转换处理工具软件对主流排版格式进行一系列操作，转化生成一定格式的文件包，满足人们对数字报纸不同格式的需求，配合发布系统，呈现报纸的全貌。除了无法模拟纸张的触感，数字报纸所提供的阅读效果与传统报纸高度相似。

3. 数字广播

数字广播是指将数字化了的音频信号、视频信号及各种数据信号在数字状态下进行各种编码、调制、传递等处理。它通过地面发射站发射数字信号，以达到广播及数据资讯的传输目的。人们通过手机、计算机、便携式接收终端、车载接收终端等多种接收装置，就可以收听到丰富多彩的数字多媒体节目。数字广播音质纯净，抗干扰能力强，快速移动时接收效果好，除了音频节目外，还可以提供数字多媒体广播和数据服务。

4. 数字电视

数字电视又称数位电视或数码电视，是指从演播室到发射、传输与接收的所有环节都使用数字电视信号，或者对该系统所有的信号传播都是通过由0、1数字串所构成的二进制数字流来传播的电视类型。它是一个从节目采集、节目制作、节目传输直到接收终端都以数字方式处理信号的一端到另一端的系统，具有信号损失小、接收效果好、节目容量大等优势。

数字电视提供了视频点播的服务，使接收终端拥有更多选择的权利，增强了电视的交互能力。数字电视还具有许多全新的功能，如网络视频点播、网上购物、远程教学、股票交易、远程医疗等，这些功能让数字电视成为名副其实的"信息家电"。

5. 手机短信

手机短信是伴随数字移动通信系统而产生的一种信息传播形式，它是人们通过手机或者其他电信终端直接发送或接收的文字、图片或数字信息。手机短信分为两种：一种是文字或者数字信息，这类短信通常有字符限制；另一种是彩信，支持多媒体功能，能够传递包括文字、图像、声音、数据等各种多媒体格式的信息。

6. 移动电视

移动电视，顾名思义就是可以在移动状态下收看的电视。它采用当今世界先进的数字电视技术，通过无线发射、地面接收的方法进行电视节目传播，无论是在什么地方，只要安装了电视接收装置，就能收看到优质的移动电视节目。移动电视覆盖广泛、反应迅速、移动性强，无论是在高速移动的状态下，还是在固定的状态下，均能保持画质的清晰，打破了时间和空间的限制，极大地满足了当下快节奏社会生活中人们对信息的需求。

7. 计算机网络

网络是信息传输、接收和共享的虚拟平台，通过它可以把各个点、面、体的信息联系到一起，从而实现这些资源的共享。人们通过计算机网络可以阅读文字、查看图片、播放影音、下载传输文件、打游戏和聊天等，还可以实现数据通信与资源的共享。

8. 桌面视窗

桌面视窗是基于操作系统的任务操作显示页面，通常由标题栏、菜单栏、工具栏、地址栏、状态栏及浏览区域等构成，人们可以根据需要打开多个应用程序或文档的窗口，对文字、图片、音频、视频等信息进行操作。桌面视窗使用简单，操作灵活，风格统一，深受人们喜爱。

9. 数字电影

数字电影是指采用数字技术和设备进行电影的拍摄、后期制作和存储工作，通过卫星、光纤、磁盘、光盘等物理媒体传送，将数字信号还原成符合电影技术标准的影像与声音，最终得到可以在银幕上放映的影视作品。与传统电影所采取的光学、化学或物理处理技术不同，数字技术的运用实现了电影的无胶片制作、发行与放映，不但降低了成本，而且保证了画质的清晰。

10. 触摸媒体

触摸媒体是无线通信模块和触摸技术相结合的新型媒体平台。通过定期更新信息或者资讯，以独一无二的互动体验方式与人们建立亲密的对话。触摸媒体的应用十分广泛，如公共信息的查询、点歌、点菜、多媒体教学、房地产预售等。

11. 手机网络

手机网络是一种以智能手机为终端，采用移动无线通信方式获取业务和服务的媒体形态。随着数字技术的广泛应用，手机的功能不仅仅停留在简单的通话和短信业务上，资讯传播、娱乐游戏、虚拟社区、生活服务等越来越多的功能被不断开发。手机网络以其良好的互动属性和便捷的移动属性在人们的社会生活中占据着越来越重要的地位。

1.1.3 主要的新媒体平台

目前，人们使用的新媒体平台非常多，主要有微信、微博、电商平台、资讯平台、短视频平台、社群和论坛等。

1. 微信

微信是腾讯公司于2011年推出的一款为智能终端提供即时通信服务的免费应用程序。它支持单人、多人参与，用户可以通过手机网络发送语音短信、图片、视频和文字；同时，也可以使用通过共享流媒体内容的资料和基于位置的"摇一摇""朋友圈""公众平台"等服务插件。

根据腾讯在财报中公布的数据，2023年第一季度微信及WeChat（微信国际版）的合并月活跃用户数为13.19亿。庞大的数据背后是微信对人们日常交往模式的改变。微信以其零资费、功能多、种类全、方便快捷等优势拉近了人与人之间的距离，得到了广大用户的认可。

微信用户除了可以与好友进行即时聊天外，还可以通过朋友圈进行信息的传递，发布生活状态或者分享心情，朋友圈的信息内容可以采用"文字+图片"或"文字+短视频"的形式发布。除此之外，微信朋友圈也可以实现音乐、文字、视频、超链接等多种形式的分享。

微信公众平台主要面向组织、企业、媒体和个人，人们可以通过微信公众平台进行消息推送、品牌传播与信息分享等。微信公众平台的账号类型分为四种，即订阅号、服务号、小程序和企业微信。

在社会交往方面，微信有效地结合了一对一与一对多的信息交流方式，为每个用户建立了以自我为中心的社会关系网络，打破了时间和空间的限制，使用户能随时随地与朋友进行交流；在商业价值方面，微信为企业和商家提供新的契机，其商业化进程不断推进。各级政府部门也借助微信公共平台实现了政务信息的公开和广泛传播，政务公众平台账号的开通为各级政府部门提供了一个与民众互动的窗口。

2. 微博

微博是一种通过关注机制分享简短实时信息的广播式社交网络平台。在市场竞争和技术不断更迭下，新浪微博站稳了脚跟，现在人们通常所说的微博就是指新浪微博。

微博最显著的特点就是信息碎片化。在微博产生之初，用户发布的文本信息有着严格的字数限制，篇幅必须控制在140字以内，所以直截了当、言简意赅的表达成为微博语言的一大特色。尽管微博在2016年2月取消了文本信息的字数限制，规定篇幅可以控制在2000字以内，但其简洁凝练的文本风格依然延续了下来。

微博信息的碎片化在一定程度上提高了信息传播的速度。一条信息发布后,关注该用户的人都能在同一时间接收到信息,并且可以转发到自己的微博上,关注者的"粉丝"也可以在同一时间内接收到这条信息。这样层层传递下去,微博的时效性大大提高。

例如,由人民日报主持的话题"#2023过去四分之一了#"发布后,仅2个小时阅读量就达到727.7万,讨论次数达到2641,可见微博信息传播速度之快,如图1-1所示。

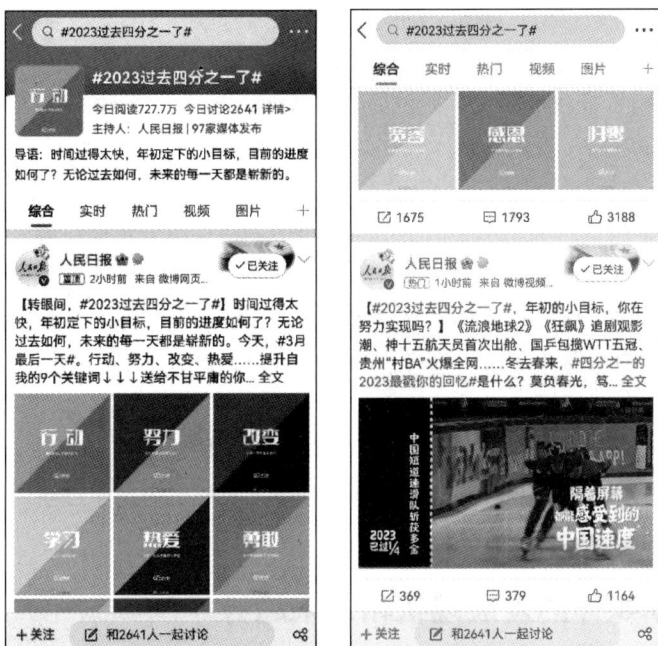

图1-1 微博信息传播的时效性

3. 电商平台

电商平台即电子商务平台。电子商务是以信息网络技术为手段,以商品交换为中心的商务活动,而电子商务平台则是为企业或者个人提供网上交易洽谈的平台。电子商务平台是在开放的互联网中进行商务活动的虚拟网络空间和保障商务顺利运营的管理环境,是协调与整合信息流、物质流、资金流有序、高效流动的重要场所。在电子商务平台上,传统商业活动的各个环节实现了电子化、网络化和信息化。

移动互联网的发展与智能终端的普及为人们的生活带来了极大的便利,人们的购物场所从商场、超市、传统PC端转向移动终端。通过电商平台,无论是国内商品,还是海外商品,都可以尽收囊中,层出不穷的电商App极大地满足了人们随时随地进行购物的需求,成为人们生活中不可或缺的一部分。

4. 资讯平台

资讯平台是用户获取最新资讯的重要途径,曝光率高,流量巨大,所以也吸引了很多企业和自媒体人入驻。目前,主要的资讯平台有今日头条、腾讯新闻、一点资讯、搜狐号、百家号等。

5. 短视频平台

短视频是指在各种新媒体平台上播放的,适合在移动终端进行碎片化浏览、高频推送的一种时长极短的视频形式。短视频囊括了社会热点、娱乐搞笑、生活技巧、时尚潮流、公益教育、广告创意和商业定制等内容。

如今的短视频平台俨然已经成为一块互联网企业的必争之地，短视频平台的商业价值、用户价值和舆论价值随着平台的发展被不断挖掘出来。

6. 社群

社群是由一群拥有共同兴趣爱好，认知水平相当，价值观相符的用户组成的社交群体，社群成员在某方面的特点越相似，相互之间的情感联系就越强。因此，文案人员要想在某社群发布文案，首先要明确社群的定位，分清社群的类型及其成员喜好，从而有针对性地发布符合其兴趣的文案内容，引发社群成员的共鸣。社群的类型一般分为五种，包括产品社群、兴趣社群、品牌社群、知识社群、互融社群。

7. 论坛

论坛是一种电子信息服务系统，每个用户都可以在论坛中发布信息或者表达观点。在新媒体时代，论坛的内容呈现出多元化的特点，涵盖了社会、生活、地域、教育、娱乐、游戏、体育、企业等方方面面的内容，极大地满足了用户对信息获取的需求。各大论坛在人工智能技术的加持下发展迅速，往往依据兴趣、关注点为用户推荐信息。同时，论坛以人工信息整合的方式让持有不同资源的用户在这里实现了信息资源的共享。

在论坛中，优质、有价值的帖子会被"置顶"或者"加精"，而劣质、陈旧的帖子会快速下沉，最终被埋没在海量的信息当中，这在一定程度上对信息进行了过滤，让真正高质量的内容得到迅速、有效的传播。

1.1.4 新媒体的发展现状和未来趋势

随着科技的发展与进步，我国已经进入一个全新发展的新媒体时代，新媒体渐渐融入人们的生活，影响着人们生活的方方面面。

1. 新媒体的发展现状

我国的新媒体发展现状主要体现在以下几个方面。

（1）依托的技术成熟完善

新媒体是依托信息技术发展起来的，而这些年我国信息技术发展迅猛，其中通信技术已经达到了国际先进水平，所以新媒体在技术方面是比较成熟和完善的。

（2）新媒体行业内容生产力强大

我国新媒体行业正处于旺盛发展时期。移动终端的迅速普及已经改变了人们的生活方式，这为依靠网络进行传播的新媒体创造了巨大的机遇，释放了庞大的市场活力，大量社会资源涌入新媒体行业，使新媒体行业在极短时间内拥有了强大的内容生产力，新媒体内容生产不断提速，内容供给大爆发，内容的广度也在不断拓展。

（3）新媒体内容环境治理步入常态化阶段

在新媒体内容生产提速的同时，内容劣质现象愈发突出，导致新媒体的内容环境堪忧。因此，新媒体内容环境的治理成为新媒体行业广泛关注的问题。国家对各种违规自媒体账号的清理持续进行，并不断提升对知识产权保护的重视，这反映出我国新媒体内容环境治理已经步入常态化阶段。

（4）形成稳定的新媒体市场格局

随着新媒体市场经过多轮竞争发展，现阶段新媒体市场的格局已经基本形成，今日头条是新闻资讯类媒体的"领头羊"，抖音、快手和视频号位居短视频行业前三甲，在电商直播行业，淘宝直播、抖音直播和快手直播位居前列。

2．新媒体的未来趋势

新媒体的未来趋势主要体现在以下几个方面。

（1）智能互联

媒体和人工智能技术的结合已经由早期的概念进入产品形态，智能推荐、语音识别、智能传感器等技术的应用正在重塑内容生产和传输的各个环节，智能移动互联网正在蓄势待发。对于新媒体来讲，未来的技术发展导向必将是：万物互联，智能加速。

（2）媒介融合趋势进一步强化

互联网环境下，人们获取和传播信息的渠道多元化及新媒体发展的多样化，使媒体间的竞争更加激烈。传统媒体的弱化及新媒体的快速发展促使传统媒体积极转型，同新媒体一道协同融合发展。

（3）更加注重"以用户为中心"

新媒体环境下，"以用户为中心"的传播方式会越来越深入到策划、设计、功能等一系列用户体验当中，如社交软件设计理念会更加人文化、情感化、圈子化，功能设计上越来越体现出量身打造，一切的打造和设计都只是为了满足用户越来越精细、敏感的需求。

1.2 新媒体写作概述

新媒体的兴起给传统媒体带了巨大的冲击，也为信息内容的传播提供了更为广阔的平台。在新媒体环境下，传统媒体的写作方式已经不能适应新的内容形态的发展。阅读习惯的碎片化和书写方式的多元化，让新媒体写作有了更大的发展空间，如何进行个性化、优质化的语言表达，成为人们共同关注的问题。

1.2.1 新媒体写作的定义及其特征

新媒体写作是在新媒体环境下发展起来的全新学科，是人们在新媒体平台上进行的写作活动。它以文字、图片、音频、视频的多元组合为表现形式，以网络媒体、移动媒体和户外虚拟平台为传播渠道，是一种大众化的写作行为。

从本质上来说，新媒体写作是传统媒体写作的延续和升级，但新媒体写作与传统媒体写作相比又有很多不同之处，其呈现出以下特征。

- 成本低，写作周期短。
- 内容精短，迎合了人们碎片化的阅读习惯。
- 新媒体创作者大众化，全民参与，任何人都可以通过新媒体渠道发布所见所闻。
- 写作内容针对性强，新媒体创作者可以通过对受众和市场的分析确定写作方向。
- 写作形式多元化，通过文字、图片、音频和视频的多元组合传达信息。
- 互动性强，更侧重于新媒体创作者与受众之间双向的沟通与交流。
- 传播范围广，时效性更强。

1.2.2 新媒体编辑的岗位职责与能力要求

随着新媒体的快速发展，社会对新媒体编辑的需求也在不断增加，其岗位的重要性日益凸显。新媒体编辑的工作能力和职业素养直接关系着新媒体写作内容的优劣。一名合格的新媒体编辑要明确新媒体编辑的岗位职责，达到新媒体编辑的任职能力要求。

1. 新媒体编辑的岗位职责

通常情况下，新媒体编辑的岗位职责包括以下几个方面。

- 负责移动互联网新媒体平台（以微信、微博、短视频平台为主）内容的日常更新、维护、审核和发布等工作。
- 负责提供优质、具备传播价值的文字创意，整合及优化优质的文章和内容，如新闻稿件、活动海报、品牌文案等。
- 负责新媒体平台的粉丝互动、话题制造及其活动执行。
- 对各个新媒体平台的数据进行分析，包括粉丝量、阅读量、转发量等。
- 挖掘和分析受众的浏览习惯、情感及体验感受，把握受众的需求，找到受众的痛点并进行原创输出。
- 负责跟进社会热点，有效完成专题策划活动。
- 积极探索新媒体平台的内容生产运营模式，掌握新媒体内容的制作方法。

2. 新媒体编辑的能力要求

由于新媒体编辑岗位所承担的职责复杂且多样，所以一名优秀的新媒体编辑还需要具备相应的职业能力，满足新媒体编辑岗位的任职要求。

通常情况下，新媒体编辑一般有以下任职要求：相关专业、一定学历及相关工作经验，一般倾向于选择新闻、中文及广告等相关专业的本科及本科以上学历的人才，具备相关工作经验者往往会被优先聘用；扎实的文字功底；较强的敏感度；良好的沟通与团队协作能力；创意思维能力；高度的责任心。

新媒体写作虽然脱离了传统的纸和笔，呈现出许多传统媒体写作所不具备的新特征，但归根结底其写作的本质并没有改变。新媒体创作者的知识水平和能力素养决定了内容的质量，所以无论什么时候，丰富自身知识储备、提高自身能力素养都是每个新媒体创作者的必修课程。

新媒体创作者要具备以下能力。

（1）知识储备

新媒体创作者要有足够丰富的知识储备，包括文学知识、传播学知识、心理学知识、新媒体行业知识等。

（2）写作能力

新媒体创作者除了要掌握一些基本的写作技能外，还要具备驾驭不同语言风格的能力，根据不同的需求写作不同风格的内容。此外，新媒体创作者还要熟练掌握新媒体写作的方法技巧，以扎实的文字功底进行新媒体写作。

（3）学习能力

新媒体写作本就是一个不断学习的过程，面对新生事物，学习能力强的人能够主动投入学习当中。在这个知识信息更迭十分迅速的时代，新媒体创作者更应该提高自身的学习能力，这样才能不断地为自己的写作注入新鲜的血液。

（4）审美能力

在新媒体写作中，新媒体创作者不仅要具有感受、鉴赏与评价美的能力，更重要的是，能够通过丰富的艺术形式和表现技巧来创造美的艺术形象。要想提高审美的感受、鉴赏和评价能力，新媒体创作者可以通过系统地学习美学理论，以及大量观摩优秀作品来实现，而审美的创造能力则需要在不断的实践中获得。

（5）创新能力

一个新媒体创作者如果没有创新意识和创新能力，其作品就很难在信息的洪流中站稳脚跟。新媒体创作者要想提高创新能力，首先要转变思维模式，从简单的单向思考转变为系统的多维度思考，这样才能发现事物的不同侧面，找到独特的切入点；其次，创意和灵感的迸发是以不断积累的素材为基础的，只有在日常的学习过程中充实自我的知识储备，汲取其中的精华元素，才能在新媒体写作时将这些元素重新排列组合，形成新的创意。

1.2.3　新媒体写作的思维方式

新媒体的兴起给人们的生活带来了巨大的变革，人们的思想观念、行为习惯、爱好及需求都呈现出复杂化和多元化的特点。新媒体创作者要在新的环境下求得生存与发展，就必须顺应时代的发展潮流，转变思维方式，真正做到与受众的需求接轨。

1. 受众思维

受众思维就是站在受众的角度来考虑问题，与受众换位思考，了解并分析受众的属性，洞察其心理，让写作内容与"我"相关，对"我"有用，这里的"我"是指受众。在新媒体写作中，信息内容只有与受众的切身利益息息相关，能够为其带来实用价值，才能成功地吸引受众的注意力。

受众思维是新媒体创作者在新媒体写作时应当具备的基本思维方式，新媒体创作者要明确目标受众的属性分类，分析这类受众的所思所想，洞察其内心世界，以此来规划写作内容。

（1）为受众"贴标签"，分析目标受众

新媒体市场细分的趋势让新媒体写作有了更多的针对性，不管是何种类型的新媒体写作，都有其目标受众。不同类型的受众有不同的行为习惯、兴趣爱好等，划分不同的受众类型，探究各类群体的心理，为受众"贴标签"，有助于新媒体创作者找准切入点，安排内容的侧重点。

从基本属性来看，可以从年龄、性别、学历、地域、职业、婚姻状态、兴趣爱好等方面为受众划分类别。

除此之外，受众的性格、内在气质及生活习惯等差异也是新媒体创作者要留意的细节。很多时候，受众的身份并不是单一的，而是各种身份的叠加，如"25岁，喜欢足球，在企业担任销售工作的单身男士"，在这种情况下，就要根据受众的多重属性综合考量，分析受众的内容偏好。

（2）与"我"相关，对"我"有用

给受众贴好"标签"后，怎么规划内容才称得上与"我"相关，对"我"有用呢？新媒体创作者需要从两个方面来思考。

① 与"我"的利益相关

根据"我"的相关"标签"，新媒体创作者可以分析出"我"是谁，"我"的需求和渴望是什么，以及"我"所关注的利益点是什么。新媒体创作者要把受众的根本利益作为写作的出发点，满足特定受众的需求和渴望。换言之，就是要思考写作出来的内容能够为受众带来什么样的好处、收益和价值。只有抓住了受众所关心的利益点，写作出来的内容才能真正打动受众，获得受众的好感。

例如，某品牌水杯在电商详情页文案中介绍了产品的主要特征：便捷出行，兼顾车载设计；自带茶隔，免去滤渣烦恼；双层隔热，手握杯身不烫手。这些特征满足了受众求便利、求安全的需求，与受众的利益密切相关，如图1-2所示。

图1-2 与"我"的利益相关

② 对"我"有价值

对"我"有价值，就是新媒体创作者写作出来的内容能够为"我"（即受众）带来生活、学习、娱乐等方面的价值，对"我"提供帮助，为"我"解决问题。

首先，要对"我"有实用价值。实用价值就是在写作的内容中提供一些方法与技巧，以此来帮助受众改善生活，提高生活质量，如图1-3所示为某短视频账号介绍为孩子分装密封储存食物的技巧。

其次，要具有学习价值。新媒体创作者可以将要表达的观点或者内容附着在某一知识点上，通过对某一专业知识的讲解，在为受众提供学习价值的同时达成自己的写作目的，这样也更容易获得受众的认同感。例如，某抖音账号为受众介绍视频剪辑的技巧，帮助受众提高视频剪辑的效率，如图1-4所示。

最后，要具有娱乐价值。现代人生活压力与工作压力大大增加，为其提供轻松感、愉悦感也是新媒体内容的价值所在。一些年轻的受众更倾向于关注搞笑、娱乐等信息，但娱乐性的内容不能触碰红线。例如，抖音账号"维维啊"的选题大多数是反映日常生活趣事，能够切中受众笑点，给受众带来欢乐，如图1-5所示。

2. 营销思维

销售某种商品时，在销售前，企业要根据受众需求来提炼商品卖点，选择销售渠道；在销售过程中，企业要对受众心智进行管理，确定推广策略和品牌定位；在销售后，企业要维系与受众的关系。这种营销思维在新媒体写作中同样适用，新媒体创作者不妨将自己的文字当作一种商品来销售。

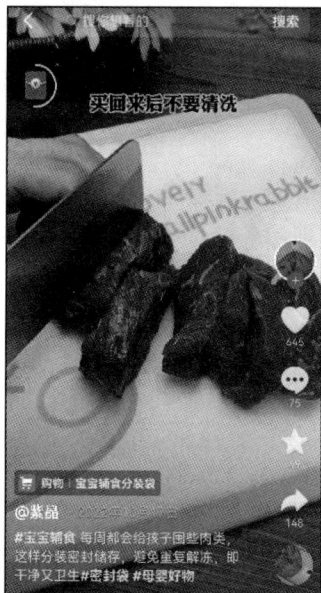

图1-3　实用价值　　　　　　　　图1-4　学习价值　　　　　　　　图1-5　娱乐价值

　　在新媒体写作中，新媒体创作者要挖掘并满足受众的潜在痛点，从消除或缓解受众痛点的角度来安排内容，将自己的内容当作一种商品来推广，这样才能积累更多的受众。例如，很多人在洗衣服的时候担心衣服不能洗净和很快晾干，导致衣服潮湿生菌，影响身体健康，针对这种情况，荣事达品牌在电商详情页文案中简洁地说明了其商品的加倍洁净功能和风干功能，消除了受众的顾虑，如图1-6所示。

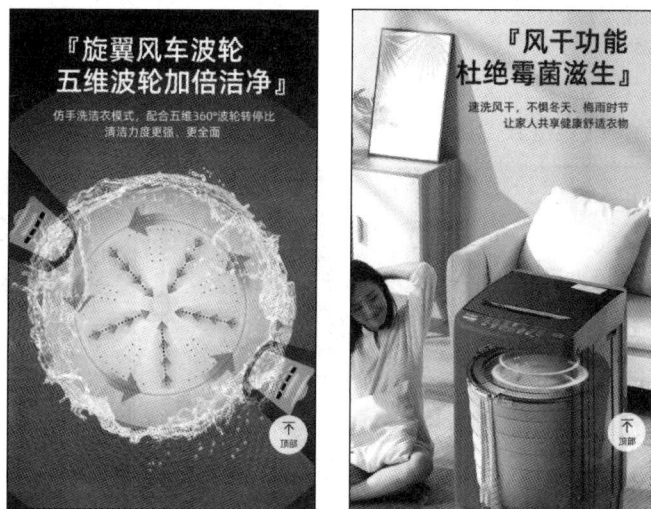

图1-6　电商详情页文案

　　在新媒体内容发布之后，新媒体创作者要根据受众的反馈，建立受众数据分析库，用更精准的受众定位来增强受众的黏性。

　　即使以上"销售环节"都打造得很完美，写作出来的内容也不一定能够被受众全盘接受。商品销售会有竞争的商家，新媒体写作也是如此，要想在竞争中胜出，就要做到"知己知彼，百战不殆"。新媒体创作者需要经常思考这样的问题：和竞争对手比起来，我有没有竞争优势？我的优势在哪里？要想创造竞争优势，就要创造差异化价值，让写作出来的内容与众不同。这就要求新媒体创作者另辟蹊径，从不同的切入点，以不同的角度，直击受众的内心深处，从而实现竞争优势的最大化。

3. 共享互动思维

新媒体的兴起为人们提供了自由、开放的平台，信息共享已经成为一种趋势。在这样的大环境下，共享互动思维主要通过受众的分享、评论与转发等活动实现信息传播效果的最大化。新媒体创作者不仅要不断强调自身内容的价值，让受众体验差异化的优质内容，还要与受众建立平等、尊重的关系，也就是和受众做"朋友"。通过与受众的有效互动，新媒体创作者才能进一步了解其需要、兴趣和偏好，以便更好地为其提供帮助和服务，这样才能促使受众主动地进行分享，从而扩大传播范围。

那么，如何才能与受众做"朋友"呢？

（1）增强受众的参与感

在信息的整个传播过程中，受众是必不可少的参与者，没有受众的参与，内容的分享与传播就无从谈起。新媒体创作者应与受众分享内容，让其真正参与进来。

首先，新媒体创作者可以在内容中设置一些环节，赋予受众以权利，让其参与到具体的活动中来，这样受众就从信息的接收者变为内容的创作者，获得了一份体验，在参与活动的同时也促进了内容的传播。

其次，要想增强受众的参与感，新媒体创作者就要与受众建立更多的情感连接，让其产生情感上的共鸣。在具体实施时，主要有以下两种方法。

方法一：搭建场景

为受众搭建一个具体的场景，可以让其快速参与到创作的内容中来。例如，搭建一个与受众生活息息相关的场景，让其快速融入其中；或者通过给受众讲故事搭建一个场景，让其感同身受。例如，爱华仕箱包在微博文案中为受众搭建了露营迎接春天的美好场景，受众可以在露营时带着爱华仕箱包，既能当旅行箱，又能当桌子，还可以营造出游的氛围，如图1-7所示。

图1-7 搭建场景

方法二：用情怀唤醒受众的内心情感

情怀就是从情感深处萌生出来的包含某种感情的心境，它来源于人们内心对于美好的追求。每个人都有不同的经历、趣味和记忆，所以也就有不同的情怀。创作者要善于运用情怀来营造氛围，将目标受众带入这种氛围中，从而获得受众的情感认同，使其产生情感共鸣。例如，汰渍品牌在微博文案中以亲情带出主题，母亲为子女编织围巾和茶杯套，子女看在眼里，购买汰渍洗衣粉为家人洗衣，来回应妈妈的爱，感人至深，可以快速引起受众的情感共鸣，如图1-8所示。

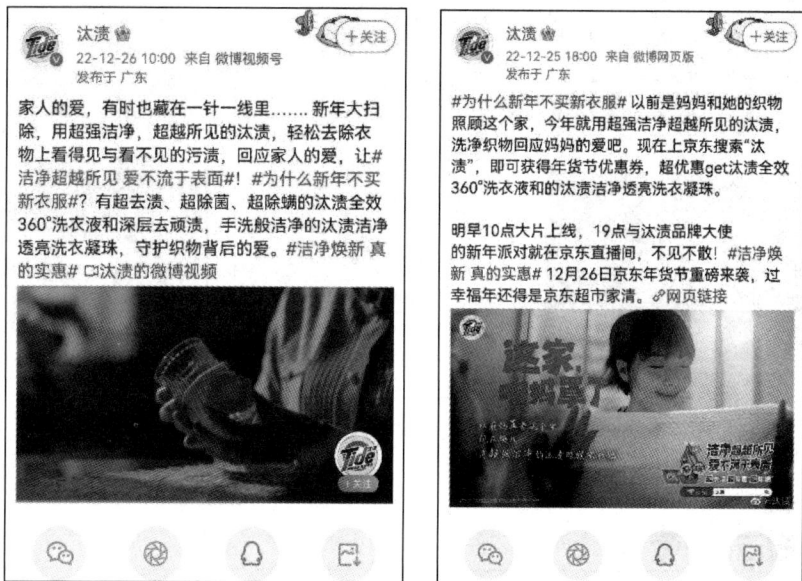

图1-8　情怀文案

（2）建立朋友间的信任感

维持朋友良好关系的关键在于信任感，有了信任感，受众才能更好地与创作者进行沟通和互动。那么，如何建立这种信任感呢？

方法一：把受众的感受放在首位

若要增强受众的信任感，就要让其感受到自己对于创作者的重要性。无论创作者做什么，都会优先考虑他们的感受，这就要求创作者深度洞察自己的目标受众，了解他们的喜与厌，或者通过各种互动的方式来收集他们的意见，及时调整自己的写作内容、推广策略和传播渠道。

方法二：持续且权威的信息分享

无论是分享经验与知识，还是总结感悟与心得，或是实现商品销售、品牌推广，其内容的输出都必须具备持续性和权威性。

首先，受众的记忆力和关注度总是有限的，"三天打鱼两天晒网"的写作方式无法维持受众的黏性，也就无法获得受众的信任感，新媒体创作者要不断地更新作品，持续地进行内容输出。

其次，新媒体创作者要提供权威的信息分享，内容的权威性可以通过引用权威人士和权威机构认证的方式实现，还可以利用受众的良好反馈来赢得更多的信任感。

【实训案例】

请说出图1-9所示的新媒体文案分别运用了哪些写作思维方式，从哪里可以体现出来？

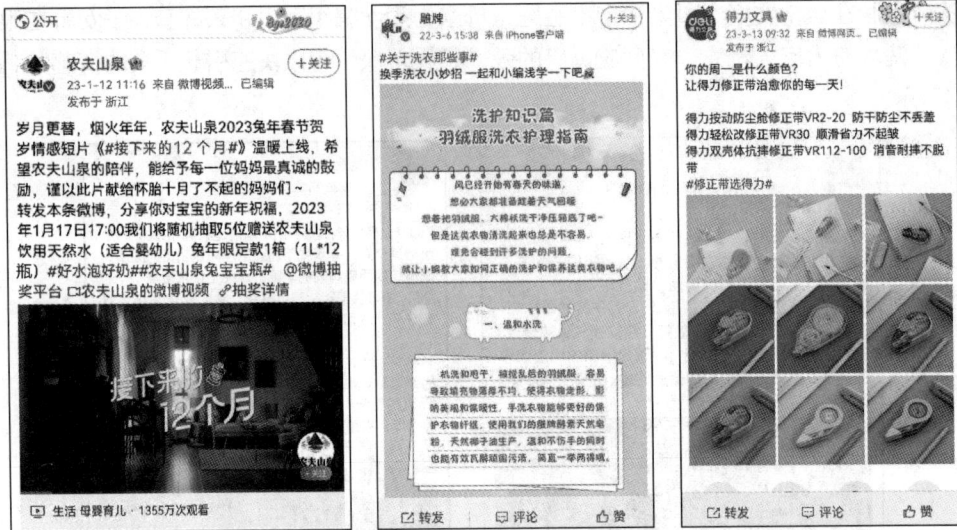

图1-9　新媒体文案

【课后思考】

1. 简述新媒体的未来趋势。
2. 简述新媒体写作的特征。
3. 简述新媒体编辑的岗位职责。

第2章

新媒体文案写作技巧

知识目标

> 了解新媒体文案写作的步骤。
> 掌握新媒体文案标题的写法。
> 掌握新媒体文案开头的写法。
> 掌握新媒体文案正文的写法。
> 掌握新媒体文案结尾的写法。
> 了解设置关键词的方法。

能力目标

> 能够写作高质量的新媒体文案。
> 能够合理设置关键词。

素养目标

> 诚实守信，实事求是，在写作文案时不做"标题党"。
> 培养严谨、细腻的工作作风，在写作过程中字斟句酌。

　　在新媒体文案领域，文案能力是基础，具体表现在文案的写作技巧上。因此，创作者不仅要熟悉新媒体文案写作的步骤，还要熟练掌握新媒体文案的写作技巧，因为这直接决定着新媒体文案的输出质量。本章将介绍新媒体文案标题、开头、正文、结尾的写作技巧，以及设置关键词的方法。

2.1 新媒体文案写作"四步走"

优秀的新媒体文案的创作过程并不是一蹴而就的，在高点击率、高浏览量的背后，需要创作者扎实地完成每一步工作。新媒体文案写作大致可以分"四步走"，即准备阶段、构思阶段、文字输出阶段和修改阶段。

2.1.1 第一步：准备阶段

在进行新媒体文案写作时，创作者必须清楚自己的写作目的，具体想表达什么内容，以及文案能够传达给受众什么样的信息。文案中的案例、数据、图文排版等都是为写作目的服务的，一旦确认了写作目的，创作者就可以根据该目的进行市场调研，并搜集写作素材。

新媒体文案的写作目的一般分为品牌宣传、产品销售、活动推广、受众积累、传播共鸣等，写作目的不同，准备阶段所要做的工作也不尽相同。

1. 品牌宣传、产品销售、活动推广类文案

无论写作文案的目的是品牌宣传、产品销售，还是活动推广，创作者在写作初期都要做好大量、详细的准备工作，因为充足的准备工作是实现写作目的的前提。在这一阶段，创作者首先要对市场进行调研分析，其次要对产品卖点进行提炼。

（1）市场调研

市场调研是指运用科学的方法，有目的、有计划地收集、整理与分析有关市场的各种信息和资料。细致、充分的市场调研对把握市场供求关系和发展趋势、制订销售策略都有着举足轻重的作用。

市场调研涵盖方方面面的内容，有对市场销售环境的调查；也有对市场基本情况的调研，如调研市场规范、产品供需、市场动向等；还有针对产品销售可能性的调查，包括已有和潜在受众的人数和总需求，以及竞品的市场占有率等；还可以针对受众的消费需求、产品及其价格，以及销售渠道等开展调查。

做好品牌宣传、产品销售、活动推广类新媒体文案的市场调研对创作者来说尤为重要，只有认真分析调研结果，把握市场的现状和发展趋势，才能写作出一流的文案。

市场调研的方法主要包括观察法、实验法、访问法和问卷法，如表2-1所示。

表2-1 市场调研的方法

位置	说明
观察法	一种由调查人员运用感官直接调查的方式，对调查对象进行考察并搜集资料的方法。例如，深入销售市场观察产品的外观和性能等
实验法	用实验的方式将调查对象控制在特定的环境条件下对其进行观察，以获得相应信息的方法。例如，将产品的价格、品质、包装等放在可控制的条件下，观察市场反馈情况。这种方法可以揭示在自然条件下不易显现的市场规律，主要用于产品销售情况调查和受众使用体验调查
访问法	调查人员通过提问的方式收集市场信息的一种方法，也是调查和分析受众购买行为与意向的最常用的方法之一
问卷法	将要调查的问题以问卷的方式呈现出来的一种调查方法

在数字技术迅猛发展的今天，很多市场调查工作可以在网络中展开，网络在线市场调研不仅可以搜集与整理市场环境信息、客户信息及供求信息等，还可以在后台自动生成统计数据、统计报告等，十分方便。

（2）对产品卖点进行提炼

无论是品牌宣传、产品销售，还是活动推广，往往都以产品为依托，所以在对市场进行调研后，创作者要对产品卖点进行提炼，并选好新媒体文案的投放平台。

产品卖点是产品的核心价值所在，也是新媒体市场营销的突破口。抓住了产品卖点，也就给受众提供了消费理由。要想在激烈的市场竞争中立于不败之地，创作者就要善于提炼产品卖点。在传统观念中，只注重产品自身优势的产品本位论已经不适合当今市场的发展，现在的产品卖点不仅是自身功效、性能方面的优势，而且要在满足目标受众需求的前提下，优于其他竞争产品的特点。

要想提炼产品卖点，创作者就要从产品优势和受众需求两个方面来考虑。首先，在进行新媒体文案写作时，创作者要根据产品的相关信息找到其优势。观察产品的角度是多元的，产品卖点的展示维度也具有多样性，创作者可以从以下六个维度来提炼产品卖点，如图2-1所示。

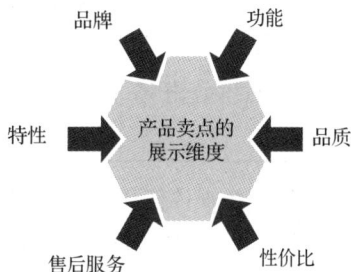

图2-1　产品卖点的展示维度

其次，产品的优势要与目标受众的需求充分结合，这就要求创作者从受众的角度出发，对目标受众的需求进行细致分析，以"受众思维"洞察其内心，想受众之所想，对受众的购买心理和购买动机进行深入的研究。

例如，飞科推出面向年轻男性的剃须刀"太空小飞碟"，以"科技时尚，潮玩生活"打动年轻男性的心。飞科在官方微博中发布的文案如图2-2所示。

图2-2　飞科的微博文案

2. 受众积累、传播共鸣类文案

对于受众积累、传播共鸣类文案，其内容方向的确定和素材的收集尤为重要，目标受众分析也必不可少。因此，在写作文案之前，创作者应充分调查和细分内容市场的饱和度，广泛收集素材，了解目标受众的喜好。

（1）调查和细分内容市场的饱和度

随着新媒体的快速发展，内容市场日益趋向细分化，在"内容为王"的时代，抢占了内容市场的"蓝海"就等于获得了竞争优势。因此，创作者在写作文案之前要对内容市场的饱和度进行调查和细分。

根据饱和度的不同，内容市场一般分为三个阶段，如表2-2所示。

表2-2　内容市场的三个阶段

阶段	说明
原生的内容市场	这是内容市场的初级阶段，也就是说这一内容领域很少有人涉猎，竞争对手非常少。在这一领域进行新媒体文案写作，没有竞争压力，但内容有待深挖
中度饱和的内容市场	处于这个阶段的内容市场，已经出现了一些相似作品，受众对这个领域也有了一定的了解。如果选择在这一内容市场进行写作，就要关注内容市场中的同类作品，了解竞争对手的切入点、写作技巧和表达方式等，在借鉴其优点的同时要有所完善和创新
重度饱和的内容市场	在这一阶段，内容市场呈现重度饱和的状态，其中出现了太多同质化的作品，泛泛而谈很难给受众带来新鲜感。如果选择在这一内容市场进行写作，创作者就要不断深耕，深度挖掘内容的创意，力争为受众带来不一样的体验

现在新媒体信息浩如烟海，内容市场的饱和度不断提高，创作者要善于发现内容市场的"蓝海"领域，面对大量同质化的内容，运用好"红海"战术，这样才能让自己的文案更好地传播。

（2）广泛收集素材

收集足够多的素材，可以节省创作者的写作时间，同时大量的素材也是写作灵感的来源。首先，可以从日常生活中获取素材，一件微小的事情，一个不经意的行为，经过创作者的思考和加工，都能运用到文案写作中；其次，多关注同类型文案，了解其内容和素材；最后，可以关注实时热点，利用关键词搜索等方式来收集新媒体文案写作的素材。

（3）了解目标受众的喜好

分析目标受众，从目标受众的痛点出发，通过满足受众的需求和喜好来赢取好感，这是写作文案前的必要准备工作。

2.1.2　第二步：构思阶段

在完成新媒体文案写作的准备工作后，创作者就要着力于文案的整体构思。在构思阶段，创作者要确定主题，选择诉求方式，并确定写作风格。

1. 确定主题

新媒体文案写作的主题就是文案所要表达的主题，是文案内容的主体和核心。明确的主题可以提升作品的感染力，让受众更好地了解文案的主要内容。

首先，新媒体文案写作的主题必须能够反映写作目的，如果创作者的目的是想销售一款产品，那么在确定文案主题时，就要充分考虑产品的差异化优势；如果创作者的目的是进行活动推广，那么在确定文案主题时则要考虑怎样才能吸引受众。例如，某打印机品牌在推出一款小巧的打印机时，重点突出打印机的小巧、持久使用和不漏墨等优势，强调产品的方便、实用，如图2-3所示。

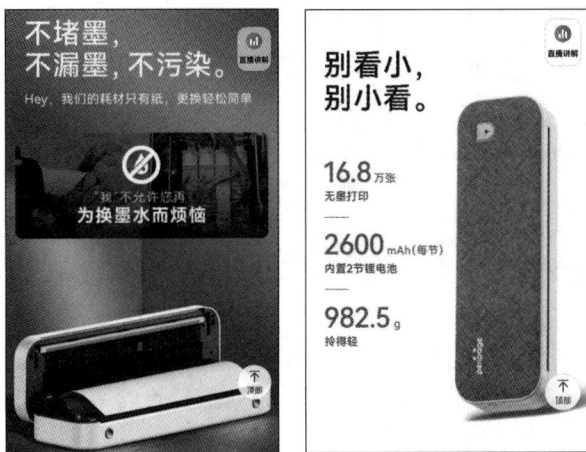

图2-3 某打印机品牌的新媒体文案

其次，新媒体文案写作的主题要从受众的角度出发，融入一些人性元素，这样写作出来的文案是有温度的，更容易走进受众的内心。例如，农夫山泉在2016年推出了一款果味茶饮料品牌——茶π，定位年轻消费群体，品牌名来源于无限不循环小数π，象征着无限可能性。农夫山泉在微信公众号上发布的文章就向受众介绍了追求梦想的成功案例，展示了"有梦想就有无限可能"的主题，如图2-4所示。

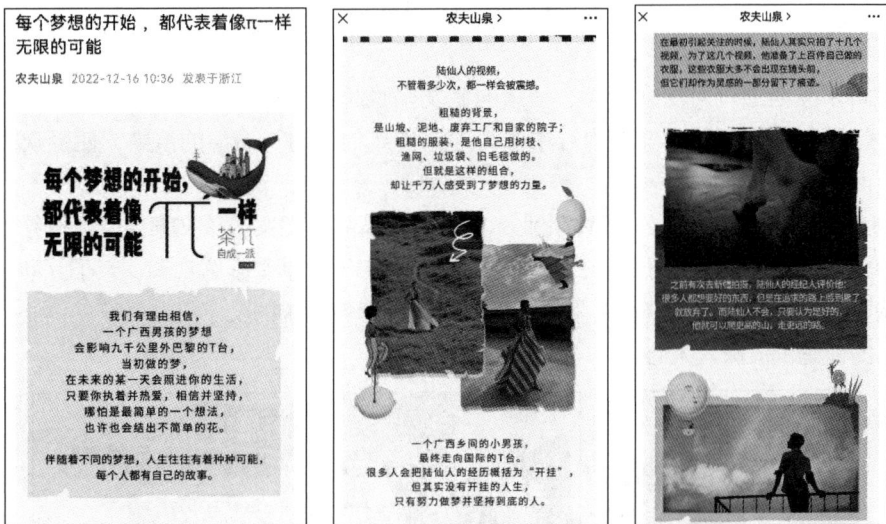

图2-4 农夫山泉的微信公众号文案

2. 选择诉求方式

说服一个人的方式通常是"晓之以理，动之以情"，新媒体文案写作也是如此。文案的诉求方式通常有三种，即理性诉求、感性诉求和情理结合诉求，创作者可以根据不同的情况选择不同的诉求方式。

（1）理性诉求

理性诉求就是创作者用摆事实、讲道理的方式来表现主题的文案写作方式。在新媒体文案写作过程中，创作者可以通过列数据、借助权威等手法阐述文案所要表达的主题，通过陈述客观、可信的内容来赢得受众的信任。

例如，微信公众号"格力服务"发布的文章《冰箱耗电量越来越大，罪魁祸首竟然是它！另附免费清洗中奖名单》，就是通过陈述客观的冰箱耗电量知识，使受众更加了解省电技巧，如图2-5所示。

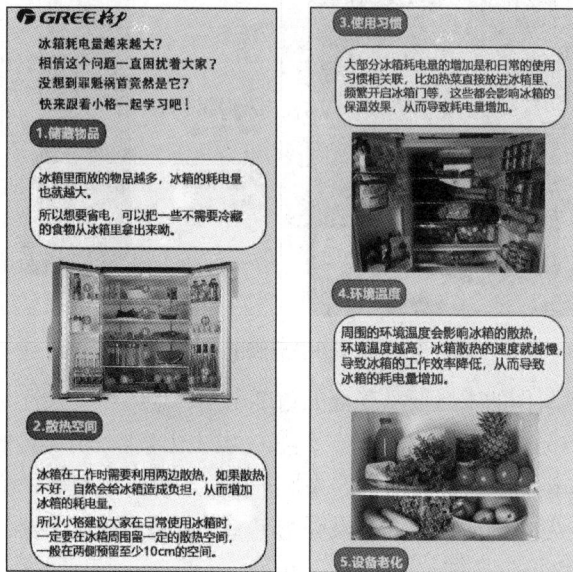

图2-5　理性诉求文案

（2）感性诉求

感性诉求就是通过对受众情感、情绪的激发来唤起其情感共鸣的方式。人们的喜、怒、哀、乐等情感都可以延伸到文案内容中去，通过情绪的调动与感情的渲染，使受众产生认同感，从而促进文案的传播。

图2-6所示为微信公众号"蒙牛乳业"发布的一篇品牌文案。该文案向受众描绘了一幅美丽的春游场景，一家人在美好的春日时光前去露营、春游，享受家庭欢聚、亲子互动的幸福，而在这些时刻都有蒙牛品牌产品的陪伴。该文案通过感性诉求的文字打动受众的内心，同时让蒙牛产品的情感价值深入人心。

图2-6　感性诉求文案

（3）情理结合诉求

在进行新媒体文案写作时，单纯的理性诉求很容易让文案显得枯燥乏味，而单纯的感性诉求又会使文案缺少客观论据，所以在写作文案时可以将两者相结合，既用客观事实来说服受众，又通过情感的导入来感染受众。

例如，"海尔智家"在官方微信公众号发布文章《这些年，突然读懂了爸妈智造》，开篇提起亲情场景，并用穿越的手法带受众回味怀旧的亲情关怀方式，每一种方式都对应现代化的解决方案，如"妈妈牌"防丢门禁系统对应三翼鸟智慧家的全屋智能/人脸识别；"姥姥牌"浴室控温系统对应三翼鸟智慧家全屋用水/阳光浴，现代化的智慧生活解决方案以理性诉求的方式呈现给受众，使受众轻松理解三翼鸟智慧家带来的方便快捷，结合"温暖每一个家"的宗旨，以情理结合方式打动受众内心，如图2-7所示。

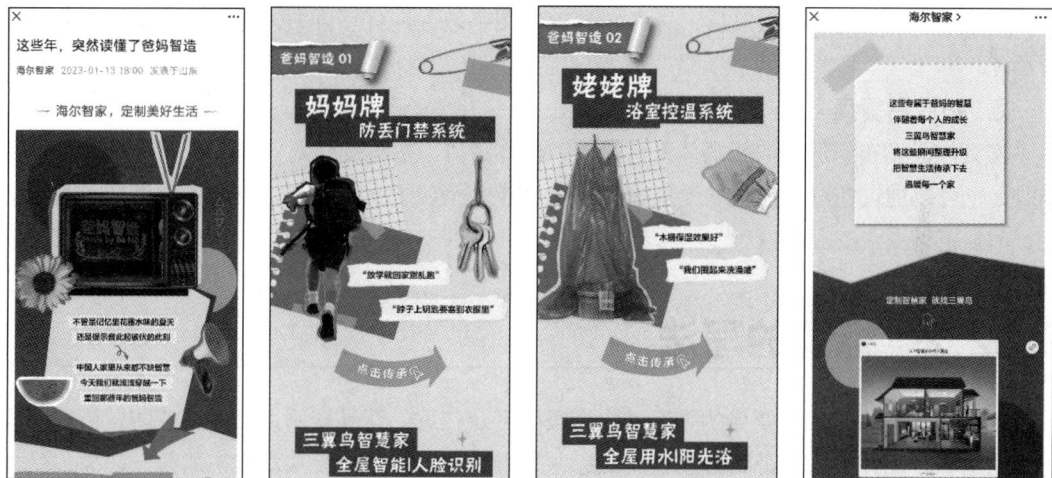

图2-7　情理结合诉求文案

3. 确定写作风格

写作风格是指文案从整体上呈现出的独具代表性的面貌。无论是企业、产品，还是创作者自身，文案写作风格的统一都能带来长期的品牌效应，让文案更具辨识度，从而深化受众读后的印象。

确定了文案的写作风格之后，还要考虑文案中各种元素的搭配问题，实现风格的统一。在一个完整的文案作品中，创作者不仅要确定文字的风格，还要考虑其他元素（如图片、音频、视频等）的选择、排版的格式等，都要符合整个文案作品的风格基调，这样才能给受众以自然、流畅之感。

2.1.3　第三步：文字输出阶段

在完成了新媒体文案写作的准备阶段和构思阶段之后，就进入文字输出阶段。创作者要想为受众呈现出优质的文案作品，不仅要做到主题突出，内容连贯，无错别字和语病，更重要的是要保证高质量的文字输出，充分发挥语言的力量。

简洁有力的文字可以让新媒体新闻资讯的内容更加明了，诗意优美的文字可以让微文学的表达更富意蕴，通俗易懂的文字可以让新媒体广告文案更具销售力。总之，文字的力量是无穷的，不同风格的文字具有不同的表现力，也会给受众以不同的感受。创作者要充分发挥文字的魅力，让其更好地为文案的主题服务。

2.1.4　第四步：修改阶段

修改阶段是新媒体文案写作的最后环节，是对之前已经完成的工作再次进行梳理和总结，并加以完善。对于创作者来说，文案的修改过程也是提高写作水平的过程，因此需要认真对待。这一阶段主要通过投放前自检和投放后复盘来完成。

1. 投放前自检

在完成新媒体文案写作后，创作者最好不要直接发布，而要对初稿进行打磨与修改。首先，从整体着手梳理文案作品的框架，检查其逻辑是否严谨，主题是否突出，整体风格是否一致；其次，从文案作品的细节入手，通览全文，修改标点、字词、语法等错误，调整语句顺序，删减其中冗余的部分；最后，思考作品中的文字是否具有感染力，是否能够体现作品的感情基调。

2. 投放后复盘

文案作品发布到选定的新媒体平台以后，创作者可以根据受众对作品的评论反馈对其进行修改，也可以通过在线交流获取受众的意见。这样既完善了文案作品，也与受众进行了沟通交流，增强了与受众的互动性。

2.2　标题的写法

新媒体文案写作的主要目的是通过内容吸引受众注意，让受众阅读、评论或转发传播。要想达到这一目的，拟订一个具有吸引力的标题非常重要。标题是受众对文案的第一印象，受众通常会根据标题来决定是否阅读文案的内容，所以标题要体现出文案内容的核心价值。

拟订的文案标题需要符合真实、有趣、有痛点、通俗易懂的要求。创作者在拟订标题时应当将最重要的、最吸引人的、受众最关心的信息放在标题中，以便激发受众的阅读兴趣。优秀的标题与正文要相辅相成，文不对题只能让受众失望，甚至厌恶。

标题的写作方法有很多，常用的有悬念式、目标指向式、数据式、对比式、逆向思维式、借势式和利益诱导式等。

2.2.1　悬念式

悬念是小说、戏曲、影视、新闻等作品中常用的一种表现手法，可以将其运用到新媒体文案标题上。一个好的悬念式标题要符合受众追根究底的心理特征，并具有一定的趣味性、启发性和悬疑性。

1. 趣味性

趣味性是指悬念式标题要能引起受众的阅读兴趣。每个人都有好奇心，总会对自己不了解的事物充满好奇，想要一探究竟。悬念式标题就是充分利用受众的好奇心，抓住受众的眼球，进而刺激受众点击阅读。例如《来了一位古灵精怪的老师，这些成语有了新解……》，这篇文章的标题会促使受众对成语新解产生好奇心，想要打开文章看一看都有哪些成语有了全新的解释，而这篇文章也通过这种有趣的形式为受众科普了防火知识，如图2-8所示。

图2-8　悬念式标题

2. 启发性

启发性是指标题要能开导、指点受众或者阐明事例，使受众产生联想，有所领悟，让受众根据创作者提供的思路阅读文案内容。例如《长得再美，穿得再漂亮，这一点也必须要注意！》，这篇文章的标题启发受众不仅要注重外貌、穿着，还要注重其他方面，而这个其他方面是什么并没有说出来，这就容易激起受众的好奇心，促使受众点击阅读文章，以寻求答案。

3. 悬疑性

一般而言，悬念式标题会设置一个没有被解答的悬念或疑问，让受众忍不住想更深入地了解。这就好比相声节目中的"抖包袱"，把最关键、最吸引人的一点先说出来，让受众由于惊讶、困惑或猜测而点击阅读，起到"请君入瓮"的效果。

例如，《她辞职以后做了自媒体，结果……》这个标题会让受众的心里产生一个疑团：她为什么辞职？辞职以后做自媒体有何结果？标题中的"结果……"给受众留下很深的悬念，受众为了了解事情的来龙去脉和结果，会很主动地点击并阅读文章。原来，这篇文章讲述了一位大姐因为单位出了一些问题，所以辞职专职做自媒体，一个人运营多个公众号，投资几万元，但仍不知道如何盈利，进退两难，通过这个案例创作者说出自己做自媒体的一些心得体会，如摒弃浮躁心理、找到自己特别擅长的领域、找到商业模式等。

悬念式标题不仅能够吸引受众，还能起到增强文案内容可读性的作用。因此，文案的正文内容要保证让受众感到惊奇、有趣，不然会引起受众的失望与抱怨，使其感觉受到"标题党"的欺骗。

2.2.2　目标指向式

目标指向式标题是指创作者在标题中直接向目标受众宣传，开门见山，让受众自动对号入座。受众会不由自主地思索"这是在说我吗？""应该如何解决我的这个困扰？"这样一来，创作者就与受众站在同一立场上，与他们一起来解决问题。这样的文案容易写到受众的心坎上，十分有效。

例如《那些整天熬夜加班的人注意了》《高考结束，真正的人生才刚刚开始……》《舞蹈小白一学即会的五个爵士舞动作》等，这些标题都带有很明显的目标指向性，目标受众如果看到这样的标题，就会忍不住点开文章，看看答案。此时创作者将与受众站在同一立场上，指出他们的痛点，并帮助其解决问题，文章的点击量和阅读量自然而然就增加了。

2.2.3　数据式

数据与文字不同，能够给人们带来更直观、更量化的感受，显得更权威、更专业，使文案的可信度更高。受众点击并浏览文案是有现实目的的，总想有一些收获，具象化的数据式标题比抽象的表达更简单、直接、有效，可以使受众迅速放下心中的疑虑。

数据式标题是一种概括性的标题，其写作技巧包括：从文案内容中提炼出数据式标题，把想要重点突出的内容提炼成数据；通过数据对比，设置对比、冲突和悬念；按照文案的逻辑结构拟定数据式标题；数据最好采用阿拉伯数字形式，而且尽量把数据放在标题中靠前的位置。

例如，《年薪10万，买30万的车行吗？》《解密书法高手惯用的5个技巧，立竿见影！》《盘点10首"撕心裂肺"的歌曲，"高！实在是高！"》等标题中都采用了阿拉伯数字形式，让受众一眼就能看到，而且与这些数字相关联的内容都是重点，是受众非常关心的内容。

2.2.4　对比式

这个世界上没有绝对独立存在的单一事物，任何事物都处于相互联系之中，而对比也是不可避免的。对比式标题就是将当前事物的某种特性与其他性质相反或者截然不同的事物进行对比，制造反差效果，以强烈的对比冲突吸引受众的注意。

这种类型的文案标题简单明了，能够让受众迅速了解文案所要表达的内容，只要受众发现与自己的立场相似，就会不由自主地转发分享，从而为文案带来巨大的流量。

例如，某公众号文章《你和高手的差距，就在于处理复杂问题的能力》的标题将普通人与高手进行对比，通过两者的巨大差异突出一个人是否具有处理复杂问题的能力所带来截然不同的结果，如图2-9所示。

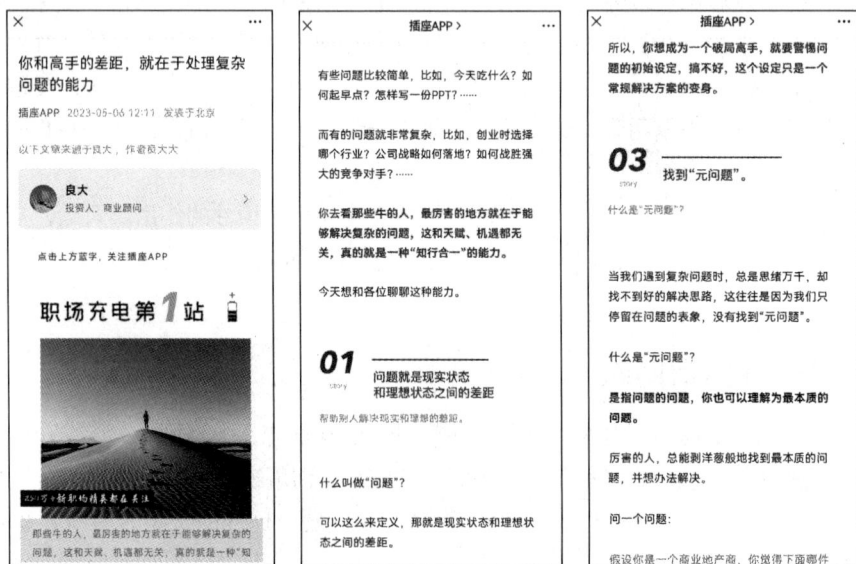

图2-9　对比式标题

2.2.5　逆向思维式

大多数人由于受到的教育、养成的思维习惯和生活习惯的影响，往往会对某一类事物保持固定的看法，形成思维定式，觉得某一事物就应该是这样，不应该是那样。逆向思维式标题就是挑战受众的常识，打破受众一贯的思维定式，另辟蹊径，给其带来意想不到的结果，或颠覆，或怪异，或新鲜，或惊讶……不按常理出牌才能制造独特的亮点，给早已审美疲劳的受众带来认知上的巨大冲击，进而激发其阅读兴趣。

有些标题看上去惊世骇俗，打破了受众的认知，不管受众如何否认创作者的观点，标题已经对其造成了冲击，使其忍不住点进去一探究竟，想与创作者"理论"一番。逆向思维式标题正是通过制造隐性或显性的矛盾，使标题与受众的认知发生冲突，吸引受众点击并阅读。

例如，微信公众号"唐夕"的一篇文章《如果你也想写公众号，千万不要做定位！》的标题直接打破受众的认知，促使受众点击并阅读，一探究竟，如图2-10所示。

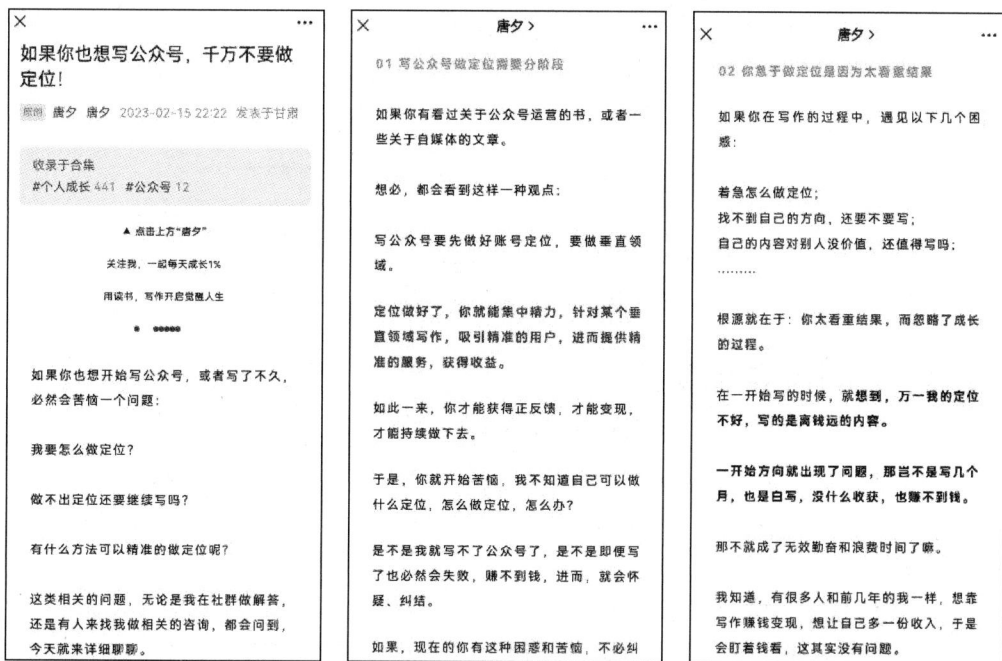

图2-10　逆向思维式标题

2.2.6　借势式

借势式标题是指在文案标题上添加一些社会热点、新闻时事等关键词，借助热门事件来为文案标题造势，吸引受众的眼球，从而增加点击量和阅读量。

创作者在写作借势式标题时，要时刻保持对热点事件的关注，掌握好借势的最佳时机。因为热点事件有时效性，如果不及时追热点，借势的效果就会大打折扣。创作者除了平时要关注热点事件以外，还可以重点关注百度热搜、微博热搜等。需要注意的是，借势时不能"蹭"带有负面影响的热点，在大方向上不能出现问题，要有正能量，给受众提供正确的思想引导，而且要在借势时加入自己的想法和创意，使发布的文案与创意相结合。

例如，微信公众号"有书"在2023年高考结束之后发布文章《高考结束：请告诉孩子，未来什么最重要》，为受众介绍了高考之后孩子需要提升的各个方面，包括学会成长、学会做人、学会人际沟通和交往、提升学习力、提升抗压力等，如图2-11所示。

另外，借势式标题还可以利用名人效应，关注名人的生活、学习与工作等。

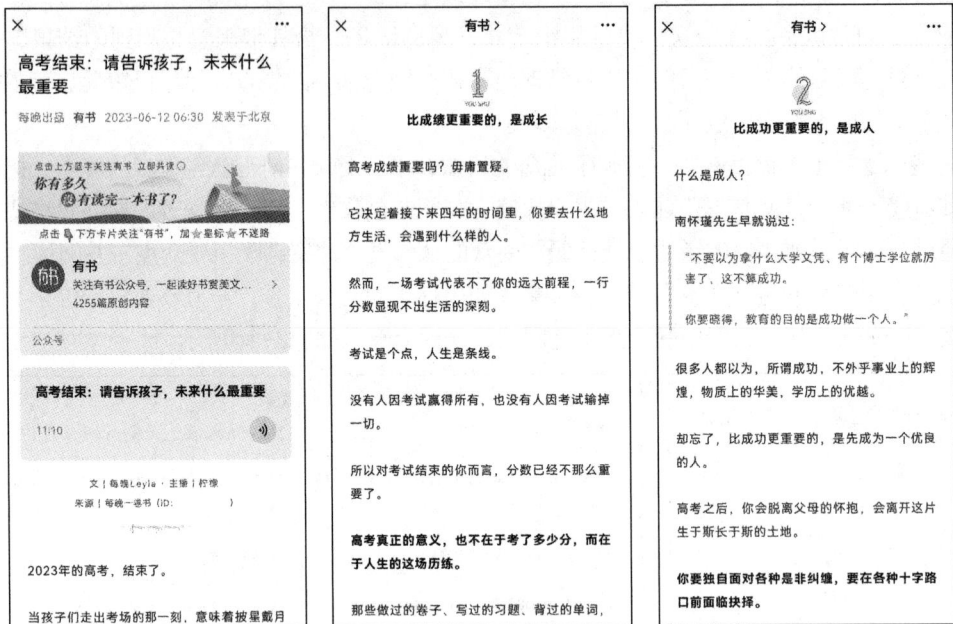

图2-11　借势式标题

2.2.7　利益诱导式

利益诱导式标题是指文案标题中带有某种"利益"，向受众传递一种"阅读这篇文案就可以获得某种利益"的感觉，从而激发受众阅读文案的欲望。受众阅读文案大都带有某种目的，要么是希望从文案中获得直接的利益，如优惠、折扣，要么是希望可以从文案中学习一些有用的知识和方法。

直接型的利益诱导式标题要点明提供的优惠、折扣及活动等利益点，这就要求创作者要了解受众的需求，并且在文案中提供真实、可信的利益信息。需要注意的是，不能过于强调利益而偏离文案的主题，文案的标题也不能太长，否则会影响文案的传播效果。

例如，微信公众号"德克士Dicos"经常发布折扣和促销信息，其标题就属于直接型的利益诱导式标题，如图2-12所示。

此外，还有一种利益诱导式标题，就是为受众提供一些有价值的知识、方法与技巧等，让其感觉看到标题之后马上就可以掌握某些知识或技巧，似乎学习这些知识或技能很简单，不用花费太多的时间和精力。在这类标题中，可以适当地使用较为夸张的语句进行表述，创作者要明确受众的需求，重点突出知识、方法与技巧的好学与好用。在写作这类文案标题时，创作者不要提供虚假信息，夸张的成分如果过了"火候"，超过了底线，就很容易失去受众的好感，使点击率与转发率减少。

图2-13所示为微信公众号"中奕咨询"发布的《导购学会这三招，店铺大单率提升50%》，介绍了导购成交大单的三个技巧，其标题也直接点明了受众阅读该文案可以获得的利益。

图2-12　直接型的利益诱导式标题

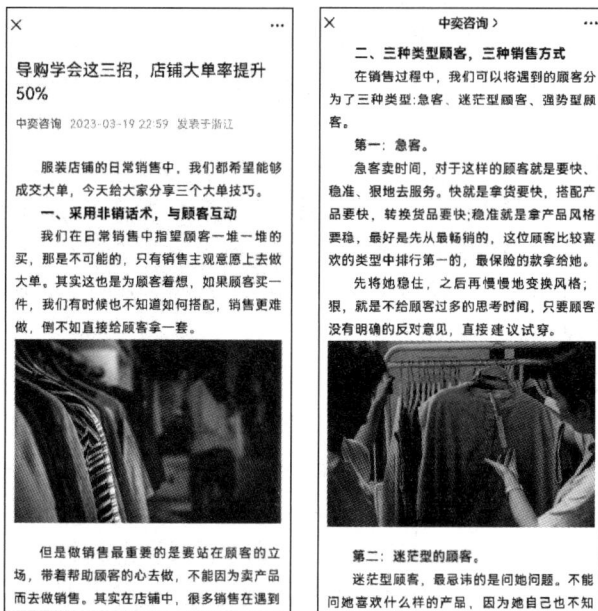

图2-13　提供有价值的知识、方法与技巧的利益诱导式标题

2.2.8　标题写作的误区

在信息爆炸的新媒体时代，信息内容碎片化，受众在一篇文案或一个平台上停留的时间越来越少，基本上2～3秒就扫过一个标题，只要没兴趣就不会点击进去，或者即使点击进去也会立刻退出。

有句话很形象地说明了新媒体文案标题的重要性："新媒体文案的成功，有70%靠标题，20%靠封面，10%靠内容。"也就是说，新媒体文案标题对受众的吸引力直接决定了该文案的传播力度。

毋庸置疑，一个好标题能够带来巨大的流量，并获得各大平台的推荐，进一步增加转发量和曝光率。要想写好标题，创作者首先要学会规避新媒体文案标题写作的误区。一般来说，创作者在写作标题时经常会出现以下几种典型的误区。

1. 只概括文案大意，却忽略了吸引受众

很多人在写作标题时倾向于把文案内容概括清楚，而不是吸引受众点击进去。现在人们在新媒体平台上浏览信息，大多数情况下是先看到标题，再决定是否点击进去阅读。也就是说，如果受众不点击进去，里面的文案内容就不会对受众产生任何影响，也就不会产生任何价值，创作者之前的努力也就白费了。因此，写作标题的第一个目的是要吸引受众点击，但这并不是说要做"标题党"，而是在保证阐明文案主题的基础上，将标题往吸引受众点击的方向上进行优化。

例如，《爱别人的前提是要学会爱自己》和《和谈了五年的男朋友分手后，我明白了……》的正文内容是一样的，都是突出在爱情中要学会爱自己，但前者只是一句平淡的警醒，后者则带有一定的故事情节，代入感强，能够增加受众阅读的欲望。

2. 缺乏场景化，没有激发受众的传播欲望

一个好的文案标题不能仅仅概括大意，也要具有很强的传播力。其实，只要能够触动受众的心，使其动动手指，转发给同事、同学、朋友或家人，就可以增加文案的传播量。因此，可以在文案标题中设置一个场景，以此来引发受众的情感共鸣，促使其在读完以后积极地分享和传播。

例如，文案标题《客户嫌贵怎么办？这种方法可以让客户快速买单》，虽然形容得很贴切，但只描述了一种状态，而这种描述并不直观，对于受众来说需要在脑中进行多次转化，对应到曾经有过的某种经历后才会更容易接受；如果将其改为《能便宜点吗？用1个思路，2个方法，让嫌贵的客户痛快买单》，成功地设置了一个客户砍价的场景，直接让受众想起了自己的相似经历，引发受众的情感共鸣。

3. 标题字数太少，信息过于模糊

新媒体文案标题字数变多，信息量变大，是新媒体环境下出现的新趋势，即"信息前置"现象。出现这种现象就是因为新媒体环境下信息爆炸，受众的注意力资源稀缺。对于创作者来说，标题就是文案的流量入口，与其把信息都折叠进内文中，不如直接把信息展示在入口，让受众一看便知。

有些创作者在写作标题时，经常在标题中就把内文的关键信息讲完了，这种做法肯定会有一定的损失，因为很多受众通过读标题就知道了内文的信息，也就不再点击进去浏览了，但这样做的好处在于至少大多数受众都接触到了这些关键信息。一般来说，一个相对较好的标题，其点击率为10%左右，也就是说，假如有100位受众，其中只有10位受众既看了标题，也点击进去看了内文，而其他90位受众只看了标题。

一个好标题不仅是创作者的"流量优化策略"，还是帮助受众节约时间的"效率优化策略"。不过，有些创作者已经习惯了传统媒体的标题风格，在为新媒体文案起标题时字数非常少，传达的信息也很模糊，受众很难判断自己能够从这篇文案获得什么信息，也就无法产生兴趣与动力，自然就不会再点击并阅读了。

2.3　开头的写法

新媒体文案的开头起着统领全篇的作用，假如开头与标题没有关系，或者没有趣味性与吸引力，受众就会直接退出，关闭页面，这样一来之前精心设计的标题也变得毫无意义。因此，一个好的开头要能够吸引受众的注意力，激发其产生继续读下去的欲望，达到"转轴拨弦三两声，未成曲调先有情"的境界。

优秀的文案开头一般具有引发好奇、引入场景两个特点。引发好奇是指通过图片、文字等内容来吊足受众的胃口，使其产生继续阅读的兴趣；引入场景是指不同的文案要设计不同的场景，而且在一开始就要把受众引入场景，通过讲故事、提问等方式使受众了解该文案要表达的情感与主题。

在新媒体文案写作中，常用的开头写法有故事式、悬念式、提问思考式、图片式、名言式、权威式、内心独白式、热点式和修辞式等。

2.3.1　故事式

通过讲述故事来设置一个导入情景，这样显得生动、有趣，不会让受众产生阅读的压力。导入情景既可以是富有哲理的小故事，也可以是与主题紧密相关的小故事，还可以通篇讲故事，在其中巧妙地进行商业植入等。不管采用哪种类型开头，其目的都是为了让受众有兴趣读下去。

在微信公众号"有书"发布的《你情绪不好，是因为读书太少》中，创作者开头就讲述了春秋时期闵子骞拜孔子为师的故事。在这个故事中，闵子骞一开始脸色枯黄，一段时间后变得神采奕奕，被问及原因，他回答是常读书的结果。该文案由这一故事开头，引出了"书，是解忧良药，渡河之舟"的观点，如图2-14所示。

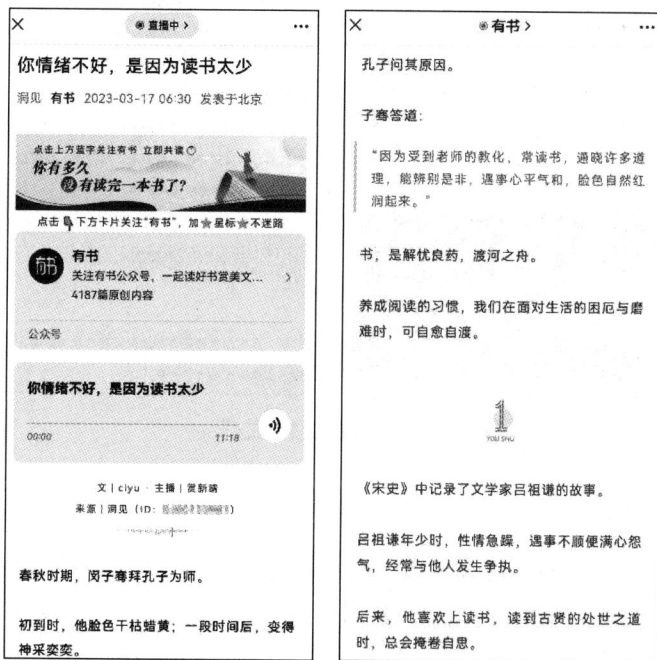

图2-14　故事式开头

2.3.2　悬念式

与故事式开头类似的是悬念式开头，让受众一读开头就会产生疑问，制造悬念，起到扣人心弦的作用，吸引受众继续读下去。文案大师约翰·卡普思曾为某音乐学院写作一则广告文案："当我坐在钢琴前时他们笑我，但当我开始弹奏时……"这则文案通过弹奏前后旁人态度的对比制造悬念，触动受众心底的"逆袭"情结，代入感很强。这个广告文案大获成功，如今这句话的变体仍然被用在很多新媒体爆款文案的标题和开头。

2.3.3　提问思考式

提问思考式开头是在一开始就向受众提问，引导受众带着问题阅读文案。这种开头形式可以引起受众的好奇，自然而然地带入文案的主题，不仅可以引发受众的思考，还可以使文案显得主旨鲜明，中心突出。

例如，微信公众号"老爸评测"发布的《带娃出行，这件事必做！关键时刻能保命！》，在开头提出了这样一个问题："你觉得，大人开车，孩子在哪里更安全？"这个提问会引发受众对开车带娃出行这一问题的探讨，并对文章中的解答充满兴趣，这篇文章重点讲解了儿童安全座椅的重要性和合格的儿童安全座椅应达到的标准，如图2-15所示。

图2-15　提问思考式开头

2.3.4　图片式

图片式开头是指文案一开始就是一张图片，这张图片可以吸引受众的眼球，延长受众在文案中的停留时间，并激发其阅读欲望，而且图文编排的形式也会给受众留下深刻的印象，增强文案的整体表现力。

例如，微信公众号"思想聚焦"发布的《这只火爆出圈的"绿马"，到底是什么来头？》，在正文开头就用一张图片吸引了受众的注意力，如图2-16所示。该文案的主题是介绍甘肃省博物馆文创"绿马"的热销情况，引出甘肃省博物馆做文创的过程，最后介绍抖音电商和博物馆合作这一事实。

图2-16　图片式开头

2.3.5　名言式

在文案开头引用一段短小精练、意蕴丰厚的名人名言，既能点明主旨，还可以引领内容。受众在读到这类开头时，会认为创作者知识丰富，文采斐然，进而增加对文案的信赖感。当然，使用名人名言作为文案开头时不能牵强附会，而要用得恰如其分。

例如，微信公众号"读书有范"发布的《一个人最好的修养：遇事不纠缠，事过就翻篇》，在开头引用了《菜根谭》的一句话："世亦不尘，海亦不苦，彼自尘苦其心尔。"这句诗巧妙地引出了该文案的主题——大多数人的不开心，都是因为爱纠缠一些小事，或者看人不顺眼，或者对往事始终耿耿于怀。人的一生，只有学会放开胸怀，撑开格局，才能把生活过得自在从容，如图2-17所示。

2.3.6　权威式

与名言式开头类似的还有权威式开头，即借助权威来支持自己的观点。这里所说的权威既包括权威人物，又包括权威机构，以及调查数据、分析报告、趋势研究等权威资料。如果文案要宣传与推广某款产品，可以将其与某位影响力较大的权威人物或者权威机构联系在一起，这样受众就会把对权威的信任转嫁到要宣传与推广的产品上。

例如，微信公众号"数码测评室"发布的《海尔智家：头条上的2022！》，其开头就引用了世界权威调研机构的数据，证明海尔智家的卓越商业成绩，如图2-18所示。

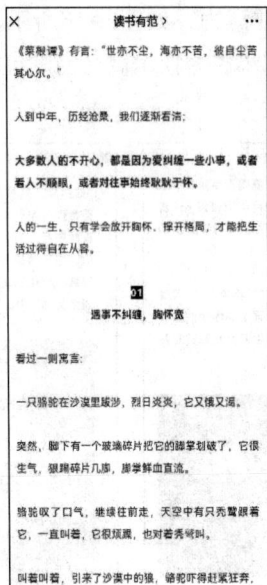

图2-17　名言式开头　　　　　图2-18　权威式开头

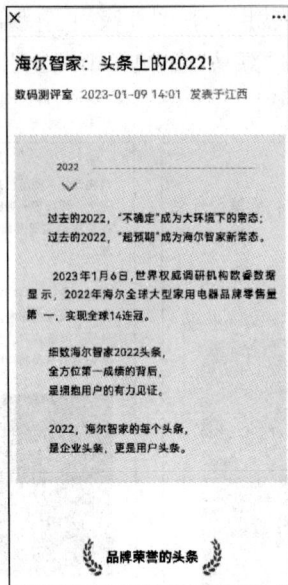

2.3.7　内心独白式

内心独白式开头是指在文案开头就把自己的真实想法表露出来。创作者与受众的交流是以文字为媒介的，双方的距离感很大，而采用内心独白式的开头很容易拉近彼此的心理距离，打动人心。

新媒体文案中的内心独白式开头要写成戏剧性对白或者创作者的自我独白，向受众道出自己的心声。通常情况下，人物独白会让受众感到更加亲切，受众会认为这是创作者最真实的心理，不掺杂虚伪的情感，情真意切，很容易引发其情感共鸣。

在写作内心独白式开头时，需要注意两点：一是要通过描述情节来相对完整地叙述自己的内心历程；二是要营造良好的氛围，语调要舒缓、亲切，娓娓道来。

2.3.8　热点式

在新媒体时代，受众非常关注网络热点，会对新发生的或受到热议的热点事件非常感兴趣，因此创作者可以在文案开头借助热点事件来吸引受众的注意力。例如，创作者写作推荐服装产品的文案时，可以在开头引入刚刚发生的电影节红毯仪式，分析电影明星的穿戴，最后介绍自己要推荐的产品；写作推荐书籍的文案时，可以通过引入某一与书籍主题有关的热点事件来推荐书籍，若正值颁发诺贝尔文学奖时期，可以在开头介绍诺贝尔文学奖的情况，进而推荐与诺贝尔文学奖获得者有关的书籍。

在发生热点事件的第一时间"蹭热点"，借助热点事件写作文案，这样的文案一般阅读量都很高。要想及时获知社会热点，可以关注微博热搜榜、百度搜索热点，以及其他能够获取热点新闻信息的网站等。

例如，微信公众号"洞见"发布的《ChatGPT爆火所有人慌了：这十大职业人，请做好转行的准备》，在开头引用了人工智能软件ChatGPT这一热点事件，谈到可能会被ChatGPT

取代的十大职业，并指出未来的发展方向，这些方向是其无法做到的，如"拥有同理心，提升共情力""锻造创新力"等，如图2-19所示。

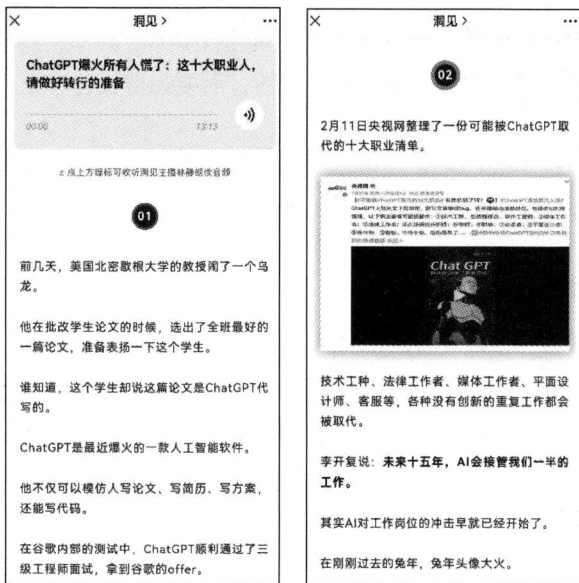

图2-19 热点式开头

2.3.9 修辞式

修辞手法有很多，包括比喻、夸张、排比、拟人、反问等。修辞手法的运用可以使文案的开头显得更加生动、有趣，富有文采。例如，微信公众号"十点读书"发布的《强者自愈，弱者卖惨》，其开头就使用了比喻修辞，将人生面对挫折时的自愈能力比喻为蝾螈的自愈能力，以蝾螈开场引出主题，如图2-20所示。

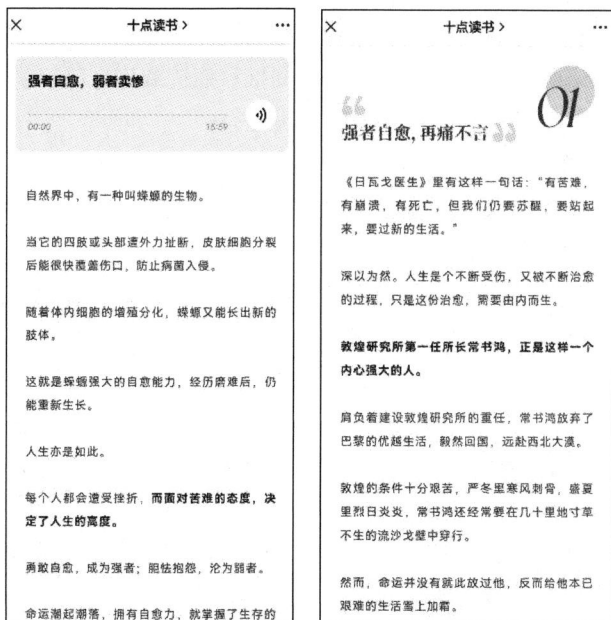

图2-20 修辞式开头

2.4 正文的写法

很多创作者觉得自己写出的文案没有文采，缺乏吸引力。其实，对于新媒体文案而言，文采上一般并没有过高的要求，因为文案侧重于传播，而要想传播得广泛，关键在于结构清晰，语句通顺，通俗易懂。

因此，创作者要有清晰的段落架构思路，按照设计好的思路布局正文内容。为了更好地梳理想要表达的内容，便于文案内容的输出，创作者可以按照以下结构进行写作。

2.4.1 总分总式

总分总式结构是新媒体文案中比较常用的一种布局方式。第一个"总"一般起着点明主题的作用，是文案的总结或总起；"分"是指分层叙述，即用若干个并列的分论点论述中心论点，逐层深入，使正文整体呈现出发散的结构；第二个"总"是指在结尾进行总结或重复主题。

1. 总——点明主题

开篇先讲文案的"由头"，这是文案的出发点，也就是主题。一般来说，一篇文案只讲一个主题，要让受众知道创作者为什么写这篇文案，要解决什么问题。在新媒体文案写作中，要点明主题，就像做产品需要解决用户的需求和痛点一样，如果受众恰好看到这个主题并且感兴趣，他就会认真地看下去。

2. 分——讲述分论点

创作者在点明文案的主题之后，就要分条列出自己的分论点，以及能够佐证分论点的论据。分论点之间可以是并列关系、递进关系、对比关系等，但不能是交叉关系或者包含关系。其中，并列关系和递进关系较为常见。

并列关系是指各分论点之间彼此平行，没有明显的时间推移痕迹，各分论点的地位平等，调整各分论点的前后位置也没有什么影响，如同一件事情的不同方面、同一个人的不同侧面等；递进关系是指各分论点之间有比较明显的时间推移痕迹或者逻辑推进关系，如一个人的成长变化经历、案情发展的不同阶段、公司的发展过程等。

3. 总——总结全文

最后总结全文，创作者说出自己最后的总结，将前面的论点做一个总结，也使受众可能已经分散的注意力重新聚合，加深其印象。

总分总式结构的好处在于符合大多数人的理解力。该结构非常简单，并且在文案中多次强调核心观点，会进一步加深受众对创作者观点的印象，更易于说服受众接受这些观点。

例如，微信公众号"插座App"发布的《成年人最清醒的活法，就是克制自己的表达欲》，就采用了总分总式结构。该文案在一开始直接点明主题"言多必失"，即"生活中，很多的矛盾，都是因为话多惹的祸""成年人最清醒的活法，就是克制自己的表达欲"，然后从"不争辩，克制好胜心""不解释，克制反驳欲""不多言，克制优越感"三个方面展开论述，最后做出总结"恰如其分的沉默，才是生而为人最好的修养"，如图2-21所示。

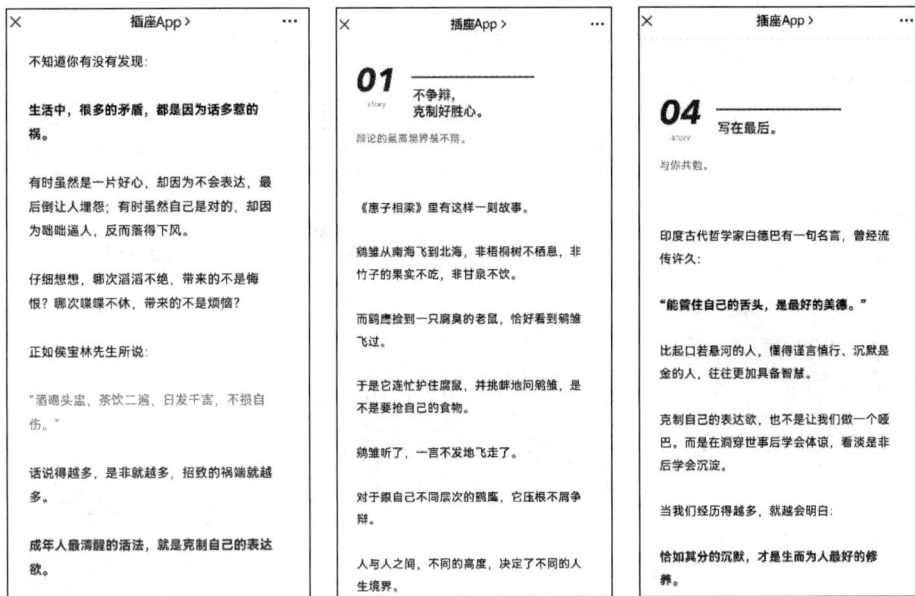

图2-21 总分总式结构

当然，还有一种与总分总式结构很类似的结构，即总分式结构，"总"是点明主题，"分"是分层叙述，用分论点展开叙述，只不过最后没有总结全文，正文整体呈发散结构，在此不再赘述。

2.4.2 盘点式

盘点式结构也称清单式结构，主要是把盘点对象作为小标题来分开阐述，列出受众想要了解的信息，这些标题之间往往是平行结构。

一般来说，常见的盘点式结构有以下内容。

1. 推荐某类事物

在正文中向受众盘点、推荐某类事物，如《国外适合冬季旅游的10个景点》《适合自我提升的App》《作为职场新人，最适合阅读的10本书》等。

2. 解决方案

针对受众在生活和工作中可能遇到的各种问题，为其提供几种有价值的解决方案。例如，某软件类公众号向受众介绍几种提升工作效率的软件使用技巧，如《让你相见恨晚的4个Word技巧》《30年老厨师总结的8个做菜技巧，每一个都超实用！赶紧收藏，别错过》等。

盘点式结构对文案的逻辑性没有太高的要求，创作者只要清楚地介绍自己的写作目的，并列出相关的内容即可。这类文案的选题来源一般比较广泛，对信息量大的内容需要进行提炼，以帮助受众筛选信息，节省阅读的时间。

在运用盘点式结构时，可以在文案的主标题上明确写出具体有几条内容，这样会让感兴趣的受众更加期待。

例如，微信公众号"马拉的松"发布的《9个科学跑步提速的方法，让你的速度进一步！》就采用了盘点式结构，在标题上明确说明了有9个跑步提速的方法，让想提升马拉松跑步速度的受众迫不及待地点击并阅读，如图2-22所示。

图2-22 盘点式结构

2.4.3 递进式

递进式结构是指将文案的主题层层剥离，在论证过程中逐步推进，环环相扣。也就是说，正文中内容与内容之间的关系是逐步推进的，后面的内容只能建立在前面内容的基础上才有意义。

递进式结构不同于盘点式结构之处在于其结构严谨、逻辑严密，内容前后具有逻辑关系，不能随意颠倒顺序，而盘点式结构的各部分内容之间可以相互调换顺序。一般来说，递进式结构的文案会以议论体和故事体的形式来写作，其重点内容大多在文案的后半部分。

如果是议论体文案，在论述时递进的形式可以分为三种：一是由现象递进到本质，由事实递进到规律；二是直接讲道理，逐层深入；三是首先提出"是什么"，然后分析"为什么"，最后讲述"怎么样"。

如果是故事体文案，就要先点明故事的核心要素，然后按照故事的发展顺序将故事起因、经过和结果讲述清楚。

例如，微信公众号"金错刀"发布的《开店5000家！奶茶界的"老实人"，为何敢跟蜜雪冰城叫板？》就属于递进式结构。该文案从火爆全网的竹筒奶茶引入沪上阿姨这个奶茶品牌，指出沪上阿姨品牌经营的成功，然后发出疑问：为何来自上海的品牌在北方如此成功？接下来，创作者在第一点讲述沪上阿姨创始人如何在上海创业成功，推出爆品；第二点讲述沪上阿姨品牌开拓北方市场，在二线城市占据市场，成为顶流；最后一点升华主题，总结留下来的奶茶店都做对了什么，不仅局限于沪上阿姨，而是分析这些奶茶店的共性，如图2-23所示。

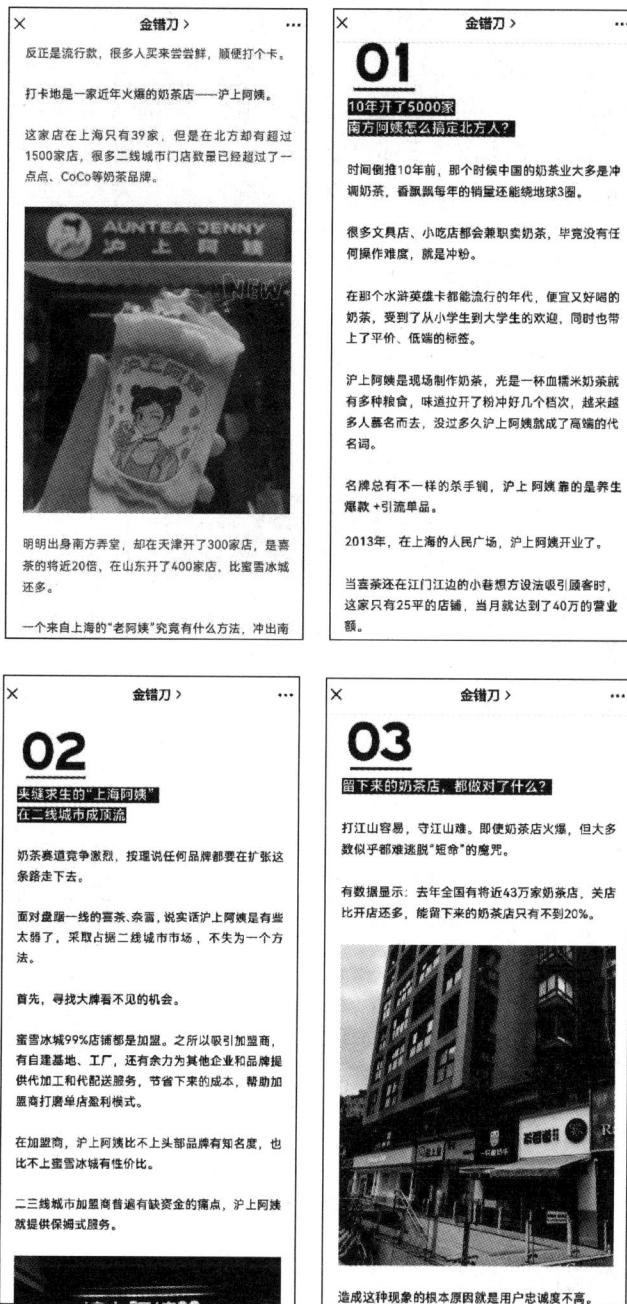

图2-23　递进式结构

2.4.4　穿插回放式

穿插回放式结构是利用思维超越时空的特点，把某个物体或者某种思想情感作为线索，通过插入、回忆、倒放等方式描述内容，将文案串联成一个整体。在运用这种结构写作文案时，创作者要选择好串联内容的线索，围绕某个中心点来组织内容。

例如，微信公众号"拾遗"发布的《为什么我们越来越习惯"跳着"生活？》，该文案首先描述了网友立下的2023年目标，借由网友不切合实际的目标引出标题中的观点，即"现在的人，越来越喜欢'跳着'生活了"，然后提出疑问：从一个结果跳到另一个结果，除了紧绷的神经，到底能留下什么呢？第二部分紧接着以自己朋友的亲身经历说明，想要跳过别人的努力直接获得别人的结果，这是不可能的，反倒会为了追赶目标而无限焦虑。

对于要不要这么忙，创作者在第三部分以一个网友不停加班的经历展示了一个令人窒息的状态——体会生活的乐趣成了一件奢侈的事情。接着，创作者在第四部分以一位著名作家的采访发言为论据，向人们展现了有张有弛的生活态度，从而引出主题——这个世界永远有乐趣，只有懂生活的人才会发现。在第五部分，创作者通过回忆自己的亲身经历，证明生活中的细节蕴含着很多美好，这是"跳着"生活容易错过的。在最后一部分，创作者阐述了如何发现生活中的细节和美好，从而引出文案的产品推荐对象，即中信银行信用卡，如图2-24所示。

图2-24 穿插回放式结构

2.4.5 片段组合式

片段组合式结构是将某些体现共同主题的片段组合在一起，或叙述事件，或描写商品特点，或烘托品牌……运用这种结构时，一般以叙事的手法进行写作，不过每个片段的内容不能太多，且不能分散主题，可以从多个角度围绕文案的主题来进行叙述。

例如，微信公众号"有书"发布的《惊人的"懒蚂蚁效应"：为什么有的人越勤奋，越平庸？》用的就是这样的结构。该文案开篇介绍了"懒蚂蚁效应"的概念，然后通过几个故事解释说明"懒蚂蚁效应"，分别是实习生转正、写作爱好者写小说、老师转行等，在这三个故事里都有看似忙碌、勤奋但最后失败的反面案例，这都侧面说明给自己留下思考空间、多进行复盘总结，才能找到人生价值，如图2-25所示。

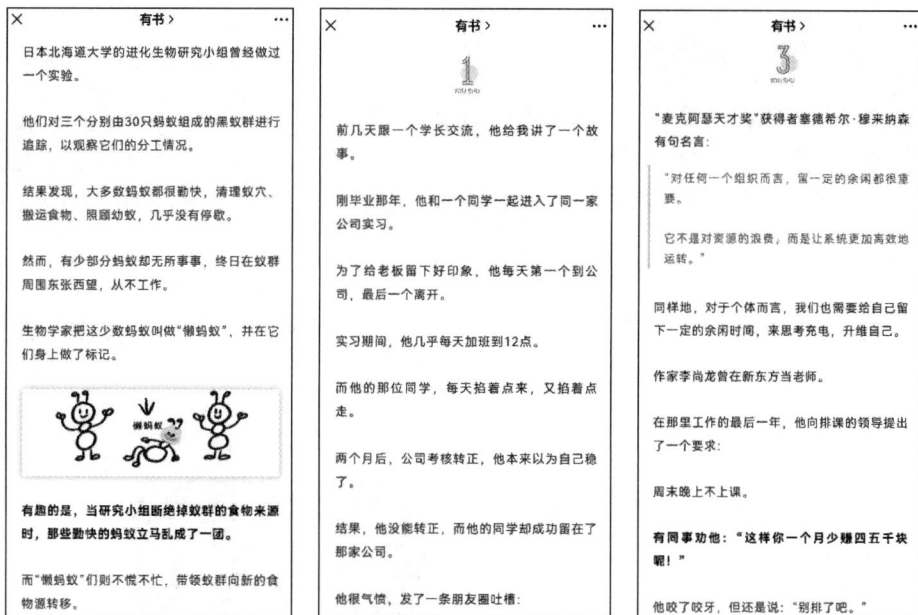

日本北海道大学的进化生物研究小组曾经做过一个实验。

他们对三个分别由30只蚂蚁组成的黑蚁群进行追踪，以观察它们的分工情况。

结果发现，大多数蚂蚁都很勤快，清理蚁穴、搬运食物、照顾幼蚁，几乎没有停歇。

然而，有少部分蚂蚁却无所事事，终日在蚁群周围东张西望，从不工作。

生物学家把这少数蚂蚁叫做"懒蚂蚁"，并在它们身上做了标记。

有趣的是，当研究小组断绝蚁群的食物来源时，那些勤快的蚂蚁立马乱成了一团。

而"懒蚂蚁"们则不慌不忙，带领蚁群向新的食物源转移。

1

前几天跟一个学长交流，他给我讲了一个故事。

刚毕业那年，他和一个同学一起进入了同一家公司实习。

为了给老板留下好印象，他每天第一个到公司，最后一个离开。

实习期间，他几乎每天加班到12点。

而他的那位同学，每天掐着点来，又掐着点走。

两个月后，公司考核转正，他本来以为自己稳了。

结果，他没能转正，而他的同学却成功留在了那家公司。

他很气愤，发了一条朋友圈吐槽：

3

"麦克阿瑟天才奖"获得者塞德希尔·穆来纳森有句名言：

"对任何一个组织而言，留一定的余闲都很重要。

它不是对资源的浪费，而是让系统更加高效地运转。"

同样地，对于个体而言，我们也需要给自己留下一定的余闲时间，来思考充电，升维自己。

作家李尚龙曾在新东方当老师。

在那里工作的最后一年，他向排课的领导提出了一个要求：

周末晚上不上课。

有同事劝他："这样你一个月少赚四五千块呢！"

他咬了咬牙，但还是说："别排了吧。"

图2-25　片段组合式结构

2.5　结尾的写法

让受众读完整篇文案并非新媒体文案写作的最终目的，其真正目的是引导受众做出创作者期望的行为，而文案结尾的设计会对此有一定的引导作用。

新媒体文案都有其各自的写作目的，或为品牌服务，提升品牌的知名度和信誉度；或为销售服务，帮助企业在线上推广产品，提高销量。虽然与文案的标题和开头相比，结尾的设计要相对简单得多，因为核心内容已经基本完成，但切忌虎头蛇尾。创作者很有必要掌握一些优化文案结尾的技巧，以引导受众产生相应的行为。

在新媒体文案写作中，常用的结尾写法有神转折、融入场景式、金句式、话题讨论式、号召式和幽默式等。

2.5.1　神转折

神转折结尾往往采用出其不意的逻辑思维，让正文内容与结尾形成某种突破常理的奇怪逻辑关系，此时正文营造出来的某种氛围会立刻消失，使受众在惊讶中发出赞叹。这种出人意料的结尾一般会产生奇效，制造的心理落差会在受众的心里产生震撼的效果，受众会一边惊叹于创作者的奇妙构思，一边与他人讨论，在客观上促进了文案的再次传播。

例如，"走出科学"栏目播出了一则新闻，新闻报道市民小天家里出现了一件怪事：家中小猫总是离奇被卡。记者上门采访，当事人小天表示，小猫出现这种情况已经有很多天了，天天卡在一些奇怪的地方，如拖鞋里、袋子里、拉杆箱上……为此，小天特意走访了附近的宠物医院，医生表示，想要宠物不再卡，需要购买宠物卡，引出了"有了天猫宠物卡，宠物再也不乱卡"的宣传口号。

2.5.2　融入场景式

在文案的结尾设计一种场景，可以使受众在阅读文案的最后阶段受到场景氛围的影响而感同身受。设计的场景最好是受众生活中的画面，例如，育儿产品的推广文案可以在结尾设计母亲和孩子在一起玩耍的场景，高效办公的文案可以在结尾设计职场新手在办公室深夜加班做PPT的场景。

例如，微信公众号"有道云笔记"发布的《小厂到大厂，他这样克服90%的"不适应"！》，在结尾描述了使用有道云笔记做记录，生活和工作都变得有条理的场景，让受众产生下载并使用有道云笔记App的念头，如图2-26所示。

图2-26　融入场景式结尾

2.5.3　金句式

金句是指像金子般有价值、宝贵的话语，创作者不一定有名，但话语富含哲理，足以发人深省。文案的结尾如果使用金句，可以起到画龙点睛的效果。金句式结尾可以帮助受众深刻理解文案的主题思想，从而提高对整篇文案的认同感。由于金句富含哲理，可以起到警醒和启发的作用，使受众产生共鸣，所以受众转发的可能性很高。

例如，微信公众号"菜菜美食日记"发布的一篇文章《论鲜美论补钙，这菜没有对手！吃过它春天才圆满！》介绍了小河虾食材，然后介绍了小河虾美食的具体做法，结尾回忆在乡下抓河虾的经历，最后一句话"能让人念念不忘的食物，通常都不只是食物"，将美食、亲情和美好回忆连接在一起，很容易让受众产生情感共鸣，如图2-27所示。

图2-27　金句式结尾

2.5.4　话题讨论式

话题讨论式结尾一般采用提问的方式来引导受众思考，激发其互动讨论的积极性，提升受众的参与感，增加留言的数量，进而增加文案的热度，例如，"哪本书或哪场电影看过之后令你失眠？"

微信公众号"春雨教育"发布的《担心孩子不够高？提醒："拔苗助长"有风险！》介绍了孩子身高的新标准，创作者向家长说明了什么样的孩子该看医生。在结尾，作者抛出问题——您有过对孩子的"身高焦虑"吗？为了让孩子长高，您做过哪些努力呢？在留言区一起聊聊吧，以此来号召受众积极留言，如图2-28所示。

图2-28　话题讨论式结尾

2.5.5 号召式

在文案的结尾发起号召，例如，邀请受众参与抽奖、集赞、留言和问答活动等，并给予受众一定的实际利益来促使其行动，或者用文字直白地说明优惠力度，或者让受众"长按扫描图中二维码"，以此来引导受众行动，促使其产生购买行为。

例如，微信公众号"秋叶PPT"发布的文章《快速把图片转为插画效果，几步就能搞定！》，在结尾号召受众参加集训营，扫码买课，如图2-29所示。

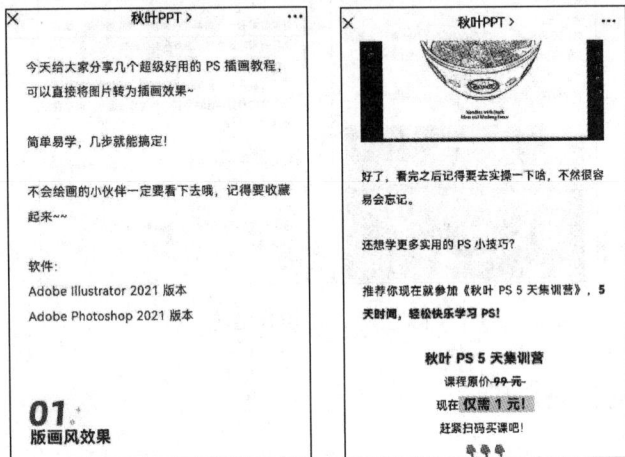

图2-29 号召式结尾（a）

有的号召式结尾则是通过动之以情，让推荐的产品有温度、有情感，在情感上打动受众，从而使其付诸行动。例如，微信公众号"微信读书"发布的《读书答题做好事，给孩子们的传统文化好书！》，创作者在其中主要推荐了一些对孩子来说具备参考和学习价值的传统文化书籍，然后在结尾号召受众与微信读书一起做好事，帮助乡村里的孩子看到更广阔的世界。在该文案的结尾，创作者从情感上引导受众做出行动，去参加这场活动，如图2-30所示。

图2-30 号召式结尾（b）

2.5.6 幽默式

幽默能够给人带来愉悦的感受，如果在文案的结尾恰当地加上一两句幽默的话语，会让受众会心一笑，从而提升阅读体验。

例如，微信公众号"插座App"发布的《停止内耗，你的人生就顺了》向受众讲解了精神内耗的概念、危害和形成的原因，然后指出几条应对措施，帮助受众消除精神内耗，在最后向受众发出衷心的祝愿，并幽默地说"哪怕得不到所有人的喜欢也没关系，反正是别人的事，不关我的事呢"，以轻松的语气道出了摆脱精神内耗的良好心态，如图2-31所示。

图2-31 幽默式结尾

2.6 关键词设置

关键词是指人们在搜索引擎搜索框中输入的提示性文字或符号。关键词可以是一个字、一个词组或一句话，也可以是一个数字、英文或其他符号。人们可以通过在百度、微信、微博等平台的搜索框中输入关键词来搜索自己需要的信息，例如，人们在做饭时遇到问题，不知道如何避免炒菜糊锅，可以在微信、百度的搜索框中输入"炒菜糊锅怎么回事""炒菜糊锅了怎么办""炒菜糊锅预防"等关键词，在结果页面中寻找自己想要获取的信息。

如果创作者写作的文案中恰好含有人们输入的关键词，该文案就更容易被人们搜索到。因此，合理设置关键词是新媒体文案获取流量的重要前提。

2.6.1 总结文案主题

文案主题贯穿新媒体写作的整个过程，统筹文案策划和写作的方向。在设置关键词时，关键词要与文案主题密切相关，因此创作者要在设置关键词之前先总结文案主题。

总结的文案主题一般应符合以下要求。

1. 与日常生活相关联

文案主题体现日常生活有利于建立产品、文案与受众相互沟通的桥梁。很多优质的文案主题是从生活中得来的，体现了对生活的感悟，与受众的日常生活密切相关，因此很容易引起受众的讨论和分享。创作者在总结文案主题时如果能够做到这一点，其成为热门文案的概率就会增加。

2. 与受众相关联

不同的文案主题会触动不同的受众，例如，升职、健身等主题很容易引起上班族群体的关注；运动、游戏、学习等主题很容易引起大学生群体的关注；辅食、幼儿教育、家居用品等主题更容易引起家庭女性群体的关注。如果文案主题涉及受众关心的话题，这类文案就容易受到关注。

2.6.2 关键词设置的方法

在搜索结果中，位置排名靠前的结果获得受众点击的可能性会更高。因此，为了让自己的新媒体文案获得更高的展现率和点击率，以达到最大化的营销效果，创作者要能合理地设置关键词。

1. 遵循相关性原则

新媒体文案设置的关键词要与新媒体文案的主题和企业、商家的产品具有相关性。例如，某家电品牌要做软文营销，新媒体文案的关键词应与"省电""洗衣""电灯""厨房"等相关，不能设置"羽毛球""跑步"等不相关的关键词。

2. 符合目标受众的搜索习惯

创作者要根据目标受众习惯搜索的词汇来设置关键词。有些产品在不同地区的叫法不一样，在这些地区的受众搜索的关键词可能也不一样。因此，创作者要根据产品的目标市场区域设置并调整新媒体文案的关键词。

3. 正确选择关键词的位置

在设置关键词时，合理选择关键词的位置十分重要。一般来说，新媒体文案的关键词可以选择放在如表2-3所示的几个位置。

表2-3 新媒体文案关键词的位置

位置	说明
标题	搜索结果一般优先展示标题上的关键词，所以在新媒体文案标题上植入关键词可以让受众更快地搜索到文案，同时不会影响文案的可读性
开头	文案的开头部分一般会被搜索引擎默认为摘要，同样被展示在搜索结果中。因此，文案的开头要展示其核心观点，合理布局关键词，使文案获得更高的搜索排名
正文	正文中也可以嵌入关键词，但要与标题的关键词相匹配。为了让受众更清楚重点，创作者可以在正文中为关键词设置加粗或加下划线，这样也更有利于搜索引擎的收录
图片名称	创作者可以为文案中的图片文件设置一个含有关键词的名称，这样有利于受众在图片类搜索引擎中搜索相关的关键词时展示该文案的图片文件，进一步提高文案的曝光率和推广效果

在新媒体文案写作过程中，创作者应在确保句子逻辑清晰、语义通畅的前提下设置关键词，切忌刻意设置关键词，以免句子不通顺。如果文案的篇幅较短，在正文中嵌入过多的关键词可能会影响受众的阅读体验，创作者可以把关键词布局在标题、开头及结尾部分。

4. 设置高热度、低竞争度的关键词

高热度关键词是指被受众搜索次数多的关键词；低竞争度的关键词是指受众使用该关键词搜索，得出的相关结果数量较少。因此，设置高热度、低竞争度的关键词有利于提升新媒体文案的搜索排名和曝光率。

5. 合理安排关键词出现的频率和密度

关键词出现的频率及密度的大小会影响搜索效果，太多或太密则会影响受众的阅读体验。当新媒体文案字数不是很多时，同一个关键词出现的次数不应超过5次，一般开头和结尾各出现1次，正文部分出现2～3次。要想增加关键词在文案中出现的次数，创作者可以尝试使用辅助关键词和长尾关键词来拓展，但关键词的字数不能超过一句话总字数的10%，以免被判定为关键词堆砌。

【实训案例】

某电商有一款鲜花饼糕点，其电商详情页的图片将鲜花饼的特色以图文并茂的形式展示出来，如图2-32所示。请根据图片中的信息，结合本章所学知识，为该产品撰写一篇推广文案，要求标题、开头、正文、结尾等结构完整。

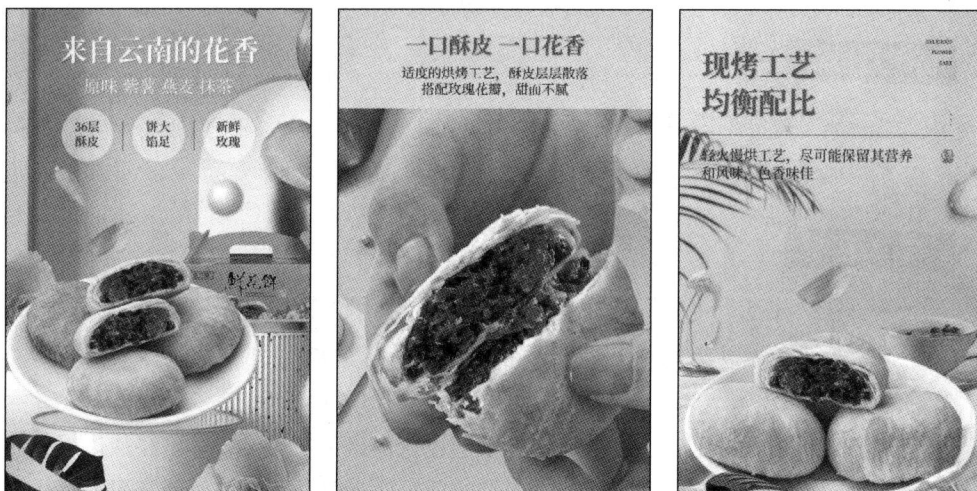

图2-32　鲜花饼电商详情页图片

【课后思考】

1. 简述新媒体文案写作的基本步骤。
2. 简述新媒体文案标题、开头、正文与结尾各有哪些写法。
3. 简述关键词设置的方法。

第3章

新媒体广告文案写作

知识目标

➤ 了解新媒体广告文案的分类。

➤ 掌握新媒体营销文案的特点、内容框架与写作要领。

➤ 掌握新媒体传播文案的主要类型、营销载体与写作要领。

能力目标

➤ 能够写作新媒体营销文案。

➤ 能够写作新媒体传播文案。

素养目标

➤ 在"注意力经济"时代坚守正确的人生观和价值观。

➤ 以满腔热忱对待一切新生事物，拓展认识的广度和深度。

随着新媒体时代的到来，广告传播的渠道也变得日益多元化，其已经从传统的广播、电视、报刊等渠道发展到现在多种多样的新媒体平台。新媒体广告文案是以新媒体平台为传播媒介，打动受众内心，促使其消费的广告文案。本章将介绍新媒体广告文案的写作方法，主要包括新媒体营销文案与新媒体传播文案的写作技巧等。

3.1 新媒体广告文案的分类

　　新媒体广告文案可以从不同的角度进行分类，通过分类，创作者能够更好地认识新媒体广告文案，并根据不同的需要写出更加符合受众需求的文案，从而达到促进商品销售的目的。

　　一般来说，新媒体广告文案可以按照以下标准分类。

3.1.1 按照广告目的分类

　　按照广告目的进行分类，新媒体广告文案可以分为营销文案与传播文案，如表3-1所示。

表3-1　按照广告目的分类

分类	广告目的	写作出发点
营销文案	通过广告促成销售，提高转化率，让商家获得直接的销售利润，如商品详情页文案等	要充分研究商品，在文案上突出商品的优势和卖点，快速吸引受众的注意力，促使其产生购买行为。一般来说，商品广告属于营销文案
传播文案	通过推广提高认知度，扩大品牌的影响力，树立品牌形象，宣传品牌文化，而不是通过广告直接促进销售的转化，如营销软文、品牌形象广告等	更侧重于在文化和精神层面激发受众产生共鸣，进而树立良好的企业形象，引导受众的自发传播，形成口碑效应

3.1.2 按照广告植入方式分类

　　按照广告植入方式进行分类，新媒体广告文案可以分为硬广告文案与软广告文案，如表3-2所示。

表3-2　按照广告植入方式分类

分类	植入方式	特点
硬广告文案	直接在新媒体平台上进行商品、服务、品牌等宣传	通常需要投入较高的成本，但曝光率好，传播速度快
软广告文案	不直接宣传商品，而是将商品融入广告文案中，以情境代入的方式使受众注意到要宣传的商品、服务、品牌等	具有隐蔽性，投入成本较低，可以对商品曝光起到补充作用，且更容易被受众接受，不会使其产生太大的抗拒心理。只要植入得巧妙，一般会带来很好的广告效果

　　在选择广告植入方式时，创作者要根据实际情况进行理性分析，然后做出合理的选择。例如，商品宣传需要较高的曝光度来带动销售，并在前期已经通过市场预测判断商品的性能、品质和价格等各方面都占有一定优势，利用广告可以带来更大的利润，这时就可以选择硬广告；反之则选择软广告。

3.1.3 按照文案篇幅分类

按照文案篇幅进行分类，新媒体广告文案可以分为长文案与短文案，如表3-3所示。

表3-3 按照文案篇幅分类

分类	文案篇幅	优点	缺点
长文案	一般超过500字	适合构建丰富的场景	使受众的阅读时间延长，不易在短时间内传达完整的信息
短文案	一般少于500字	可以快速传递信息，突出商品的卖点等	很难达到构建丰富场景的效果

在选择文案的写作类型时，创作者可以根据受众购买不同商品时的购买习惯做出决定。对于受众需要慎重考虑、反复比较的商品，可以使用长文案，因为受众往往会花费一些时间来了解和对比商品的各种信息，这些商品的价格一般比较昂贵，如汽车、家用电器等；对于价格较低的商品，受众在购买时一般不会花费太多的时间，如洗衣液、湿巾、中性笔等，所以更适合使用短文案。

3.1.4 按照表现形式分类

按照表现形式进行分类，新媒体广告文案可以分为纯文字、语音、图文、视频等形式。在音频应用中，文案是以语音的形式来呈现的；在短视频应用中，文案是以视频的形式来呈现的；在社交媒体中，文案多以图文结合的形式来呈现。

3.2 新媒体营销文案写作

新媒体营销文案是新媒体广告文案中的一个重要类型，其目的在于直接促进销售，如商品标题文案、主图文案、商品详情页文案等。这类文案直接展示商品的卖点，在一开始就能抓住潜在受众或目标受众的注意力，并延长其停留在页面的时间，激发其购买欲望，使其建立对商品的信任度，最后促使受众做出明确且具体的购买行为。

3.2.1 新媒体营销文案的特点

不管新媒体营销文案的长短如何，也不管其属于哪种细分类型，都应具备以下特点。

1. 为受众提供购买的理由

要想在新媒体平台上成功地销售商品，创作者就要激发受众的购买欲望。在新媒体营销文案中，创作者必须为受众提供一个购买商品的理由，这个理由可以是帮助受众解决生活中遇到的相关问题，为其提供切身的利益，从而使其产生购买欲望。

在促销活动的促销文案中展示购买理由也十分重要，如满减活动、第二件半价等。

2. 制造稀缺感和紧迫感

很多新媒体营销文案会设定一个有数量限制的活动时间，营造一种商品很稀缺的感觉，同时制造紧迫感，从而激发受众的购买欲望，如"活动仅限3天""每个ID限购××个"等。

3. 提供明确的购买指导

明确的购买指导是指"立即购买""点击了解更多"等利于受众产生下意识购买行为的引导文案。很多微信公众号会在文案中附上"点击一键下单""点击'阅读原文'购买""点击图片获取购买书单""长按图片扫描二维码购买"等链接文字，受众很有可能在阅读过程中下意识地点击查看，假如正好对所推荐的商品感兴趣，就会很自然地产生购买行为。

3.2.2　新媒体营销文案的内容框架

很多创作者非常关注营销文案的写作技巧，但对文案的内容框架有所忽视。其实，一位优秀的创作者在写作每一篇文案时都要构建内容框架，特别是在写作图文式的营销文案或者营销长文案时，内容框架的构建就更为关键，这对于实现销售目标有着重要的促进作用。

营销文案的内容框架可分为5个步骤，即"AITDA"，分别为抓住受众的注意力（Attention）、激发受众的兴趣（Interest）、建立信任（Trust）、刺激受众的购买欲望（Desire），以及引导受众产生购买行为（Action）。

1. 抓住受众的注意力

标题作为受众最先看到的内容，一般由其抓住受众的注意力，方法多种多样，如设置悬念、进行对比、借助热点、列出数据、直指目标、提供利益等。创作者还可以将品牌或商品融入标题中，以便受众在未打开图文或者没有继续往下阅读时就可以了解文案的内容，而融入品牌或商品的名称可以加深其在受众心中的认知度。

例如《一加11木星岩限定版，现已全面开售！》，就在标题中突出了品牌名称，也揭示了文案的主题，受众即使没有打开图文消息，也能了解文案的内容，加深了一加品牌在受众心中的印象。

2. 激发受众的兴趣

创作者要通过营销文案的第一段使受众产生代入感，提出商品的卖点，从而激发受众的兴趣。为了在创造代入感的同时不脱离商品的卖点，创作者要在文案的一开始就向受众展示与其生活密切相关的关注点，展示其可能遇到的问题，然后提供相应的解决方案，进而促使其产生购买需求。

3. 建立信任

营销文案的正文要让受众觉得真实可信，即使受众存有疑虑，也要在展示商品卖点的过程中打消这些疑虑。例如，在正文中介绍商品时可以提供真实的图片来展示商品的卖点，或者展示买家的评价与反馈、权威认证证书等材料，与受众之间建立信任关系。

4. 刺激受众的购买欲望

在文案的后半部分，创作者可以思考受众可能存在的疑虑，进而提出相应的解决方案。例如，受众可能担心售后服务不到位，创作者在文案中可以给出"7天无理由退换"的承诺；受众可能怀疑商品的真假，创作者可以在文案中给出"假一赔十"的承诺，或者告知"支持专柜验货"，从而打消受众的疑虑，刺激其购买欲望。

5. 引导受众产生购买行为

在文案的结尾，创作者可以总结出商品的核心卖点，并提供明确的购买指导，如"点击购买"等，以引导受众产生购买行为，这样可以增加销售成功的概率。

3.2.3　新媒体营销文案的写作要领

文案不仅是一种广告载体，还是一种销售手段。传统文案是指广告作品中的所有语言文字，而在新媒体环境下，为了使文案内容更具创造性和丰富性，文案中不只有文字描述，还可以添加图片、视频、超链接等元素，使文案变得更有吸引力，受众可以通过这些信息来深入了解商品。优质的新媒体营销文案不仅能够准确地把握受众的心理，提高商品转化率，增加关联商品的销量，还能加深受众对品牌的印象。

电商文案是营销文案中非常重要的一种类型，下面以电商文案为例介绍新媒体营销文案的写作要领。根据电商文案的不同用途和组成，可以将其分为以下几类。

1. 商品标题文案

通常情况下，人们在电商平台上购买商品时会选择自主搜索，其搜索结果是通过搜索关键词与商品标题相匹配而呈现出来的。只有商品标题文案符合受众的搜索需求时，商品才有可能进入受众的视线。商品标题文案一般位于主图文案的下方或右侧，如图3-1所示。点击进入之后，商品标题文案位于主图文案的下方，如图3-2所示。

图3-1　位于主图文案下方或右侧的商品标题文案　　　图3-2　位于主图文案下方的商品标题文案

商品标题文案主要是由与商品相关的关键词组成的，包括品牌名称、商品名称、商品类别和商品属性等。对于大多数个人原创品牌来说，品牌名称就是店铺名称；商品名称是标题中必须体现的信息，是保证商品能被搜索到的必要内容，如"洗发露""高跟鞋""太阳镜"等；商品类别是商品的分类，如"春装""休闲零食"等；商品属性是指商品的规格信息和商品特性，如"大码""500g""控油""宽松"等。

有些标题中还会出现商品型号，例如，在标题"雷朋太阳镜时尚RB3025男女同款蛤蟆镜飞行员经典偏光镜墨镜司机镜"中，"RB3025"就是雷朋太阳镜的型号。也有很多标题会在最前方添加"预售""新款正品""买三送一""分期购"等信息。

当然，商品标题文案的字数有限，创作者要选取有效的关键信息来组成商品标题。

2. 主图文案

主图文案与商品标题文案是电商文案的"门楣"，如果主图文案无法吸引受众的注意力，后续的销售也就无从谈起。主图又称商品推广图，受众搜索关键词后，就会在搜索结果中看到图片信息，这就是主图，而图片上的文案就是主图文案。

优质的主图文案应做到简明扼要、具有吸引力，能够激发受众点击并继续了解的欲望，从而增加店铺的流量和点击率。

一款商品一般有多张主图，可以直接在主图位置通过左右滑动查看所有的主图。主图分为两种类型，分别为视频主图和图片主图。

视频主图是以视频的形式对商品进行展示说明的主图，是随着短视频流行起来的一种主图类型。视频主图将商品的外部特征、功能特性、商品细节和使用方法等以实物呈现的方式进行最大程度的展现，使商品形象更加立体和直观。另外，创作者可以根据不同商品的不同特征，采用不同风格的视频来强调商品的特色，提升受众对商品的好感度。

图片主图一般有五张图片，以"图集"的形式展现，包括纯图片主图和图文结合主图两种类型。纯图片主图主要是从不同的角度展示商品，强调商品本身的状态，如场景图、品类图、实拍图等；图文结合主图是在图片上添加适量的辅助文字，对商品的优势或特征进行介绍。与纯图片主图相比，这种主图的使用频率更高，能更清楚地传达商品信息。图3-3所示为某店铺为某款沙发设置的图片主图。

图3-3　图片主图

由于主图文案的文字数量是有限制的，因此，如果要展示对受众有吸引力的卖点，可以在商品详情页文案中展示。

3. 商品详情页文案

商品详情页文案是在电子商务平台上，商家通过文字、图片和视频等形式对商品各方面的信息进行展示与描述的文案。商品详情页文案是电商文案中的一个重要类型，其展示效果的好坏直接影响着受众的购买转化率。

通常来说，商品详情页文案的内容大致分为诉求情感语句（200字以内）、商品材质和规格、价格促销点、商品获得的荣誉、新/老客户体验、商品独特的卖点、商品功能介绍、与同类目商品的对比、商品效果大图、实拍图、细节放大图、售后保障、品牌介绍和科普知识等。

由于商品详情页的内容很多，创作者必须熟悉商品详情页的写作框架，从而更好地对每个部分进行布局，展示利于销售的信息。

商品详情页文案的写作框架大体如下。

（1）以图片为中心

在商品详情页中，图片是至关重要的组成元素。清晰、直观的图片能够非常明确地展示商品的特点。商品详情页的图片有焦点图、商品总体图和细节图、场景图等。

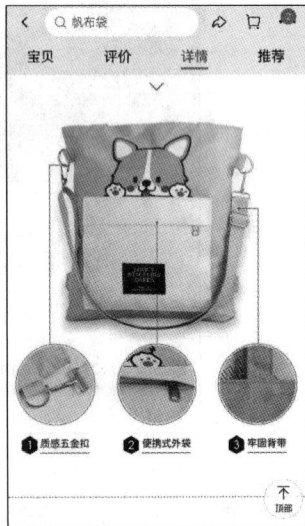

- 焦点图：通常情况下，焦点图是放在商品详情页的最上方，主要用来推广店铺的商品。当店铺正在开展上新活动时，焦点图一般呈现的是与上新活动相关的海报。这种图片往往具有很强的视觉冲击力，非常容易吸引受众的注意力，激发其点击浏览的欲望。图3-4所示为某墨镜商品详情页中的焦点图。

- 商品总体图和细节图：商品总体图是指可以展现商品全貌的图片，一般以不同角度、不同颜色来立体、直观地展示商品信息。图3-5所示为某款女士帆布包商品详情页中的商品总体图，为受众展示了该款女士帆布包的不同背法。商品细节图是指展示商品局部细节特征的图片，展示的细节一般包括商品的款式细节、做工细节、面料细节、辅料细节和内部细节等。图3-6所示为该款女士帆布包商品详情页中的细节图，突出帆布包的五金扣、外袋、背带等细节。细节图要保证高清晰度，所以最好使用高清相机拍摄近景，不要在总体图上直接裁剪。

图3-4　焦点图　　　　图3-5　商品总体图　　　　图3-6　商品细节图

- 场景图：场景图是指将商品放置在生活场景中，或者由真人使用时所拍摄的图片。在这种图片中，商品不再显得单调，而是充满生活气息，能够使受众产生良好的视觉感受。这种图片特别适合用来展示生活类商品。图3-7所示为某款露营椅商品详情页中的场景图。

图3-7　场景图

（2）以商品为中心

创作者应该充分了解并熟悉店铺中的商品，除了熟悉商品的材料、功能、价格和类型以外，还要掌握商品的使用方法。假如某些商品介绍需要用到专业知识，创作者切忌按照自己的理解随意描述，应当向专业人士或者供应商请教，以防出现错误。另外，创作者还应了解商品的性价比、优缺点、售后服务及受众的需求，从而为文案的写作打下良好的基础。

在文案中介绍商品时，创作者要重点展示商品的价值。商品价值包括使用价值与非使用价值。使用价值是商品的自然属性，是一切商品都具有的共同属性。

非使用价值是指商品的存在价值，也称保存价值、被动使用价值。创作者通过充分挖掘商品的非使用价值，可以在文案中为受众展示一个更丰富、更立体的商品形象，从而提升商品的整体价值。一般来说，创作者可以从商品的附加价值、文案中人物的身份和形象、对职业的提升和帮助、商品的第一感觉和情感体现等角度来挖掘商品的非使用价值。

例如，手表的使用价值是提示时间，帮助人们做出时间规划，同时还涉及佩戴的舒适度、日常使用的可靠性，其非使用价值就包括与佩戴者服饰的匹配，即修饰功能，还有对个人气质和商业形象的提升，如图3-8所示。

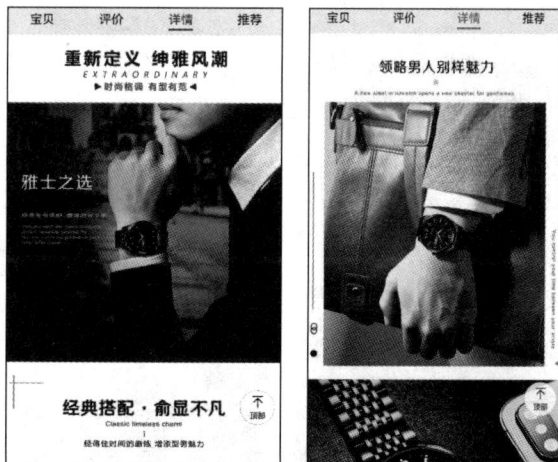

图3-8　突出商品的非使用价值

在设计商品详情页时，创作者要抓住受众的喜好，针对受众的痛点来设计有创意的展示说明方式。

在介绍商品时，创作者要注意体现商品在内在质量、外在包装、附件和外观设计等方面的完好性，不能有任何大意，只有这样才能吸引受众的注意力，激发其购买欲望，不然就会引起他们的怀疑。

由于现在商品的同质化现象比较突出，为了提升竞争力，商家要向受众展示商品的特色，明确表达商品的特殊功能和作用，从而突出其优势，以及与其他商品的不同之处。

在介绍商品时，创作者要注意商品的展示顺序，通常先展示商品的特定部分或者特点，然后展示商品的基本功能及其作用。在描述商品时，创作者应从受众的实际需求出发，采用通俗易懂的语言介绍商品，不能使用过于深奥、难以理解的语言而让受众不知所云。

（3）以买家为中心

电商文案应以受众为中心，使受众在心理上和精神上得到满足。创作者在写作文案前可以先进行调研，收集受众遇到的问题，并将其解决方案一并放在文案中。很多电商文案会在商品详情页中设置"Q&A（问答环节）"，就是为了向受众展示常见的问题及其解答。

（4）造势和借势

所谓的"势"，指通过文字、图片或者视频等形式向受众传递信息，对受众的心理产生影响，从而造成思想上的变化，激发其购买欲望。

在电商文案中，造势和借势的方法主要有以下四种。

方法一：借势销量

借势销量是指向受众展示商品的高销量、强劲的销售势头，以及在同类商品中的领先地位。创作者通过展示这些信息，可以使受众加深对商品的印象并进一步认同该商品。

方法二：借势生产基地

借势生产基地是指向受众展示该商品及其品牌的生产优势、技术优势和生产基地，这些能够反映店铺的实力，可以帮助受众评估该商品的质量。图3-9所示为农夫山泉的商品详情页，通过展示其生产基地和商品来源，使受众对商品质量更加放心。

图3-9　借势生产基地

方法三：借势权威

在电商交易中，受众的购买倾向也会受到权威效应的影响。因此，创作者可以在商品详情页中添加专业权威机构对商品的认证，或者添加专业人士对商品的赞誉，以增加商品的权威性。

方法四：引用第三方评价

第三方评价是指有购物经历的人对购物过程或者商品的评价，这样的评价更具说服力。现在的电商平台一般有评论功能，商家一般也鼓励受众将自己的购物经历和对商品的感受写在评论区中，以供其他受众参考。创作者可以将受众评论中比较公正、对商品较为认可的评价选取出来，放在商品详情页文案中。

（5）关联推荐

店铺的销售额是由客单价与客流量决定的，所以商家要想提升店铺的销售额，不仅要尽最大努力吸引受众，增加受众的交易次数，还要提高客单价。

客单价是指每一位受众在店铺中平均购买商品的金额。提升客单价的一种有效的方法是对商品进行关联推荐，向受众推荐同类商品或者搭配套餐。

（6）"零风险承诺"与售后服务

由于受众在电商平台上购物不能实实在在地触摸商品，所以网上购物是存在一定程度的风险的。很多受众正是因为对商品的质量与真实性存疑而再三思索，最终放弃购买。因此，创作者可以把受众可能担心的问题列举出来，并做出"零风险承诺"，承诺风险由商家承担，假如支付之后出现问题，损失由商家承担，受众没有风险。

另外，售后服务信息的展示也十分必要，它对打消受众这方面的疑虑是十分有效的。创作者可以将受众申请退换货的要求列出来，并说明退换货的具体流程。

需要注意的是，由于商品详情页中需要进行文字描述的部分较多，创作者在写作文案时要注意语言风格的统一。如果前后语言风格差别过大，可能会降低受众的阅读兴趣，使其觉得莫名其妙，不利于引导受众产生购买行为。

4. 电商海报文案

在电商平台上，最引人注目的就是一张张设计精美的海报了。海报一般由图片和文字组成，是电商营销中的一种必要手段，通过视觉呈现的方式吸引受众的目光，向其传递重要的商品信息。这就要求创作者能够将图片、文字、色彩等要素进行完美地融合，以恰当的形式向受众展示商品信息。

电商海报文案的内容灵活多变，有时是标题、副标题和活动规则的组合，有时是标题、副标题和广告语的组合，有的还会加上商品卖点、促销力度、活动时间或者最低价等内容。图3-10所示为露露的电商海报，主标题为"露露浓情"，副标题为"减糖加蛋白 健康营养轻松享"，海报中的文案内容简明扼要，让人一目了然。

那么，如何才能写好电商海报文案呢？

（1）写好主标题

电商海报文案中的主要信息包括主标题、副标题、商品卖点和促销信息等。由于受众最先看到的是主标题，主标题能否快速吸引受众的眼球，决定着受众是继续访问还是关闭页面。因此，一篇优质的电商海报文案必须要有一个鲜明的主标题。

图3-11中所示"营养早餐好帮手"就是某煮蛋器商品的电商海报文案的主标题，直接点明了商品的功能，吸引受众继续访问商品详情页，了解更多与商品有关的信息。

图3-10 露露的电商海报　　　图3-11 某款煮蛋器的电商海报

（2）文案要有创意

创意十足的电商海报文案总会脱颖而出，让人耳目一新。优质的电商海报文案不能只有促销宣传语或者对商品大肆吹捧，还要通过创意来打动受众，使其心甘情愿地下单购买商品。

创作者可以通过以下两种方法来制造创意。

方法一：将日常口语与场景相结合

在生活中沉淀下来的口语具有很强大的能量，而且适合不同的场景，电商海报文案中可以使用口语化的文案，搭配常见的场景，能够轻松、自然地吸引受众的注意力，使其迅速对该商品"怦然心动"。

方法二：突出商品的特征

创作者要强调商品与众不同的特征，并将这些特征置于广告画面的主要视觉部位，或者加以烘托处理，使受众在接触画面的瞬间能够立刻感受到其独特性，从而产生购买欲望。

（3）借力热点话题

电商海报一般位于电商平台的核心位置，为了吸引受众的注意，可以与社会流行的热点话题、热门影视剧等相联系。

（4）注重排版

电商海报文案的排版通常包括对齐排版、对比排版和分组排版。对齐排版是排版的基础，分为左对齐、右对齐、居中对齐等。在对齐排版的基础上，创作者可以进行对比排版和分组排版。

①对比排版

受众不喜欢看平淡无奇的东西，如果海报画面具有强烈的对比效果，其视觉效果会很突出，就很容易吸引受众的注意力。在电商海报文案中，最常见的对比排版方式有两种，分别为字体大小和粗细对比、疏密对比。

方式一：字体大小和粗细对比

字体大小和粗细对比可以强调与区分内容，主要体现在主标题与副标题中。假如行与行之间的内容不一致，也需要设置字体大小和粗细对比。另外，字体大小和粗细对比要十分明显，使受众可以一眼看出其中的对比关系。

图3-12所示为某品牌餐桌的电商海报，其主标题"简单生活 从舒心用餐开始"与副标题"陪您度过一日三餐"的字体大小与粗细对比十分明显，层次也很清晰。

方式二：疏密对比

疏密对比的排版方式一般用于居中对齐的情况。创作者在设置疏密对比时，要注意字距，字距不可调得过大，不然会给人以松垮的感觉；过小则会过于拥挤，视觉效果差。另外，同一行文字中不要设置不同的字距，否则会造成视觉错乱。图3-13所示为某款水槽的电商海报，其主标题"拉丝抗菌水槽"与副标题"厨房里的美学艺术 让您省心百倍"的疏密对比效果突出，让人赏心悦目。

② 分组排版

假如电商海报文案中需要展示的信息比较多，如果不加以整理就会显得很杂乱，没有条理性。这时可以通过分组排版的方式将同类信息组合在一起，使信息看上去更有条理，版面也更美观，更便于受众阅读。

图3-14所示为某款无线耳机的电商海报，文案中主标题提到了商品低功耗、续航时间长的特点，副标题提到了耳机电池使用寿命长的信息，并提供了底座电池容量、耳机电池容量、耳机续航时长、底座充电提供次数等信息，创作者把这些信息从上到下放在电商海报上，整体看起来很有条理，也很美观，易于受众阅读。

图3-12　字体大小和粗细对比　　图3-13　疏密对比　　图3-14　分组排版

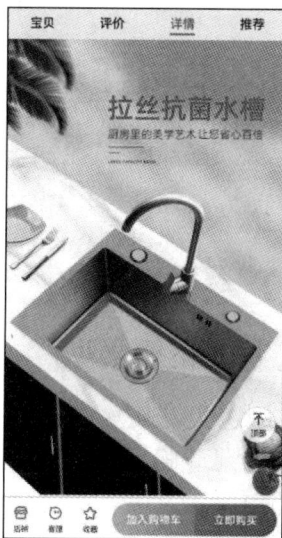

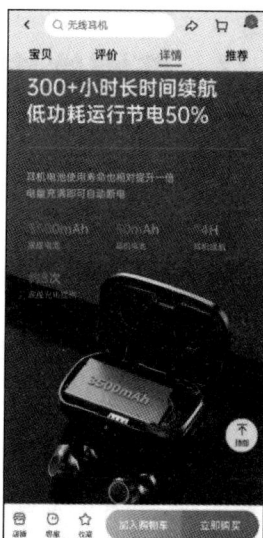

5. 促销活动文案

每到重要的节假日或者"双十一""双十二""6·18"时，各大电商平台及其入驻的商家都会通过促销活动来吸引受众的注意，它们会在文案中对活动期间包括商品、商品优惠政策等内容进行整合描述，以提升平台和商家的流量，提升销售额。

创作者在写作促销活动文案时要注意以下几点。

（1）与目标受众相关

促销活动文案主要是为了传递商品降价和优惠的信息，在一定程度上减少目标受众的购买压力，在短期内提升销量。但是，有的促销活动文案展示出来的降价和优惠信息并没有吸引大量感兴趣的目标受众，这是因为文案内容与目标受众无关。有效的促销活动文案首先要能解决目标受众在某个场景遇到的问题，然后向其传达降价和优惠信息，促使其参与活动。

（2）激发目标受众的参与感

假如没有受众参与，促销活动也就无法进行下去。因此，促销活动文案要能激发目标受众的参与感，使其看过文案以后就能熟悉活动规则，并积极、主动地参与活动。

（3）制造紧迫感

要想制造紧迫感，创作者可以利用受众"物以稀为贵"的心理，从促销商品的数量和促销活动时间两个方面来制造促销商品的稀缺性。例如，突出商品是限量版，先到先得；强调促销的时间，促使受众在短时间内做出购买的决定。

（4）促销活动要有针对性

在进行促销宣传时，创作者要根据不同的目标受众写作相应的促销活动文案，这样更有针对性，更有利于达到销售目标。

促销活动文案的语言风格要符合特定人群的用语习惯。例如，对老年人群体应多以晚辈的口吻进行描述，既要通俗易懂，又要充满亲和力；对儿童群体应多以活泼可爱、充满童趣的语言来表达；对年轻、时尚的群体应多以网络语言、幽默诙谐的语言来表达。恰当的语言风格可以拉近与目标受众的心理距离，也能够营造促销活动的氛围，更容易被目标受众接受。

3.3 新媒体传播文案写作

新媒体传播文案是一种非常重要的促进品牌推广的文案类型，其以语言文字为"外壳"，"润物细无声"地对产品或品牌进行推广，既能满足受众的信息需求，也能传递创作者想要宣传的内容，可以"于无形之中"进行广告宣传，如今已经成为不少商家和企业营销制胜的重要工具。

3.3.1 新媒体传播文案的主要类型

由于现在广告市场上的硬性广告收费标准比软文高得多，但广告效果逐年下降，所以软文的性价比逐年上升，受到越来越多的企业青睐，而大多数的软文就属于新媒体传播文案。新媒体传播文案作为一种十分有效的营销工具，大体上可以分为三种类型。

1. 推广类传播文案

推广类传播文案一般会介绍一些知识、干货类的内容，并在其中植入品牌或产品，有的还会加入推广链接。这类文案一旦被大量转载，其获得的推广效果就会非常好。

图3-15所示为微信公众号"虎嗅App"发布的文章《不拼人力，物流还能加速？》。这篇文章阐述了我国快递业务量急速增长，物流供应链的韧性和柔性被提到全新高度，然后介绍了从诞生起就背靠阿里系、拥有强大电商基因的物流企业菜鸟，其凭借弹性灵活的柔性智慧供应链竞争力，引起越来越多商家和企业的关注。通过这篇文章，菜鸟强大的差异化物流能力给受众留下深刻的印象，从而强化了菜鸟的品牌形象。

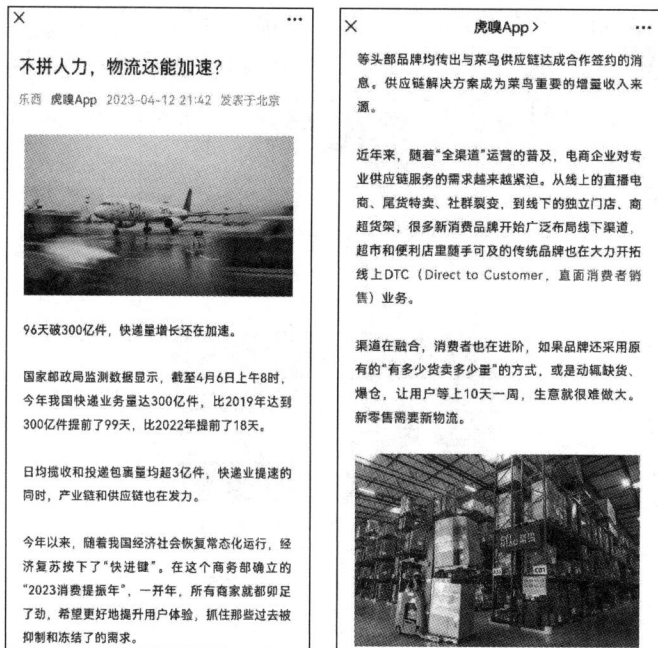

图3-15 推广类传播文案

2. 公众类传播文案

公众类传播文案是指企业或机构处理内外公共关系，以及向公众传递各类信息的文案，主要在官方网站、社交平台上发布。当企业有重要行动或者遇到重要事件时，可以通过发布公众类传播文案来协调关系，从而保证企业正常运行，保护其利益。

公众类传播文案分为公关文案与新闻文案两种类型。公关文案是为企业或机构塑造良好的组织形象、培养良好的公共关系而进行最接近事实的报道；新闻文案是对企业或机构最近发生的新闻事件进行报道的文章，企业或机构可以借此向公众传递相关信息。图3-16所示为华为官方网站中的新闻文案。

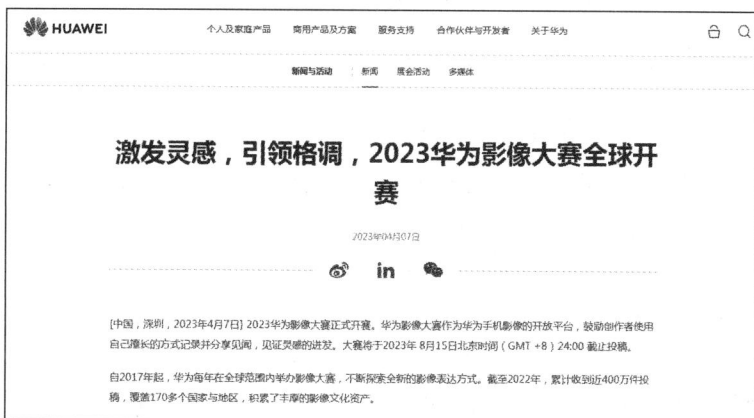

图3-16 公众类传播文案

3. 品牌力传播文案

品牌力传播文案主要用来宣传品牌，提高品牌的知名度与美誉度，塑造品牌形象，积累品牌资产。有些品牌力传播文案是通过介绍品牌产品的知识、获得的荣誉及其影响力来展示品牌价值的，有些则是通过讲述品牌故事、品牌历史给品牌带来附加价值，而这也是效果最明显的品牌力传播文案。图3-17所示为某淘宝店铺在商品详情页展示百雀羚的品牌历史。

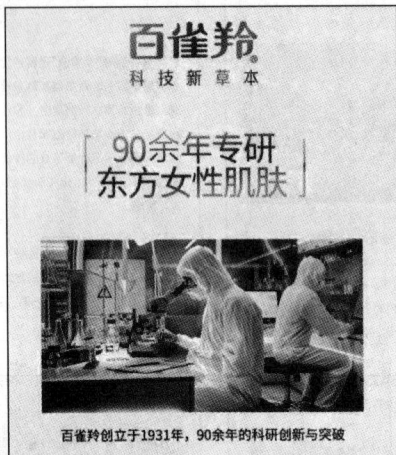

图3-17　品牌力传播文案

3.3.2　新媒体传播文案的营销载体

在新媒体时代，传播文案逐渐从平面媒体转向网络媒体，以网络为媒介进行传播，这更能适应新媒体发展的需要，使产品或品牌得到快速地宣传与推广。

常见的新媒体传播文案的营销载体主要有以下几种。

1. 社交类媒体

社交类媒体主要包括微博、微信等，可以用来分享优质内容。一般来说，微博的分享式文案和微信公众号上的文章都可以称为新媒体传播文案。

2. 资讯类应用

在各大资讯平台（如网易新闻、搜狐新闻、今日头条、腾讯新闻等）上也有各种新媒体传播文案，因为这些资讯平台是受众接收新闻资讯的主要来源，所以流量很大，在这些平台上发布新媒体传播文案通常可以达到很好的营销效果。

3. 论坛

论坛的交互性很强，内容丰富，其发布信息的门槛与成本很低。不过，由于论坛存在管理员，为了使版面友好，防止人们滥发广告，一旦添加推广链接，可能会被删除甚至封号，所以创作者在论坛上发布新媒体传播文案时不要添加链接，可以进行关键词优化，提升被搜索到的可能性。

4. 官方网站

官方网站上有很多展示产品或品牌信息的内容，其中有可以提升品牌影响力的新媒体传播文案，如品牌故事、品牌历史、品牌新闻动态等。

3.3.3　新媒体传播文案的写作要领

人们在网上浏览信息时，经常会发现其中夹杂着很多新媒体传播文案，然而很多新媒体传播文案的广告意味过于明显，让人没有点击并阅读的欲望，其创作者自然就无法实现营销目的。因此，创作者要创新新媒体传播文案的写作思路，寻找合适的写作切入点，既要满足产品或品牌的营销需求，也要防止受众反感。

1. 运用新闻稿形式

人们都有好奇心，都渴望了解新事物、学习新知识，所以新闻类的传播文案很容易获得大量关注。新闻类传播文案的最大特点是"新"，其内容必须是人们不太了解或不太熟悉的事物，如新鲜的事物、观点、知识和话题等，而且文案的形式要符合新闻稿的写作规范。

例如，小米推出了一款小米Buds 4版本的耳机，可体验QQ音乐"母带级"音源，创作者在新闻网站上以新闻稿的形式介绍了该耳机正式发布的消息，同时介绍了这款商品的强大功能，如图3-18所示。

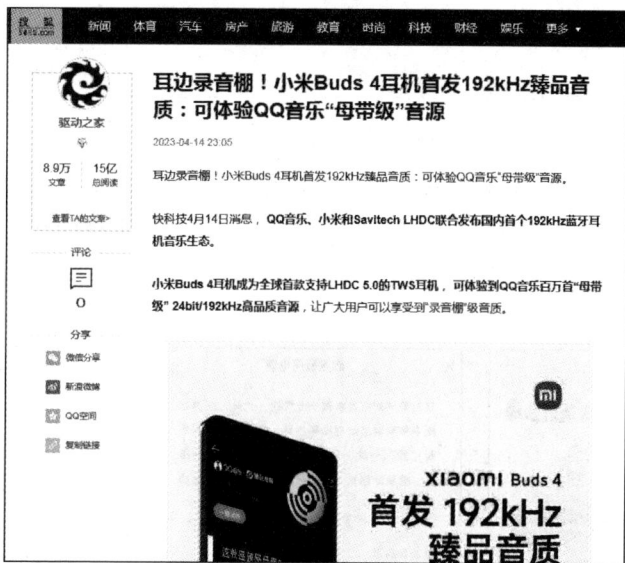

图3-18 运用新闻稿形式

2. 运用概念策略

由于人们对新生事物充满好奇和求知欲，所以创作者可以运用概念策略，将日常生活中人们已经熟悉的事物用一种全新的概念阐述出来，吸引受众关注，从而增强其对产品或品牌的信任度。

创作者在打造全新的概念时，要确保该概念与受众的生活密切相关，高度符合其需求，能够引起其高度重视。

例如，家居品牌梦洁携手天猫推出全新概念产品"咖啡被"，开辟多维营销场景，在传递梦洁高品质的同时，玩转产品概念新花样，实现品牌声量最大化，在咖啡文化盛行的当下，梦洁提炼出"晚上咖啡被蓄能"的创意，在短期内将新品概念、创意形象等进行全方位投递，同时通过"好梦拉满元气值"传播话题，激发受众参与话题互动的热情，如图3-19所示。

3. 分享经验

有的新媒体传播文案通过分享经验，将产品或品牌植入其中，直截了当地告诉受众某种产品的使用效果、使用方法、注意事项等，以此来引起受众的注意，使其抱着主动学习的态度来阅读，从而扩大了该产品或品牌的知名度。需要注意的是，在新媒体传播文案中分享的经验要实用，对受众有较大的帮助，不能用人尽皆知的知识来滥竽充数。

图3-19 运用概念策略

例如，微信公众号"欧派厨房电器"发布的《又到岁末秋冬时，这些厨房清洁妙招请收藏》中，就分享了厨房各个区域的清洁技巧，对经常下厨做饭的受众有很大帮助，能吸引他们的注意。创作者在文中嵌入"汉斯格雅"品牌，推荐了"汉斯格雅"的花岗岩水槽、厨房龙头等，如图3-20所示。

图3-20 分享经验

4. 制造话题

现在人们会在网络上自发地谈论与传播社会上的热门话题，如果将产品或品牌植入其中，就是最好的口碑宣传。创作者可以通过两种方式来制造热门话题，一是借助社会热点制造相关话题，二是针对受众的需要与喜好制造有争议的话题。

不过，制造话题时要注意话题的可控性，尤其是制造有争议的话题时，要做正面的引导，不能让受众对产品或品牌产生负面情绪。

5. 展示技术

一提到"技术"二字，人们就会联想到"专业""高品质""精湛"等字眼，所以产品或品牌的传播文案如果走技术路线，很容易得到受众的认可，尤其是一些创新性技术，可能还会受到各种媒体的报道。

需要注意的是，在传播文案中展示的技术要具有先进性与创新性，能为受众解决实际问题。另外，在向受众展示技术时，创作者要用通俗易懂的语言来描述，使受众明白其中的基本原理，知道该产品能够为自己提供哪些帮助。

例如，微信公众号"爆科技"发布的《方太热水器20周年：全新一代磁化瀑布洗技术引领中国人沐浴品质再进阶》，创作者在文中用通俗易懂的语言，详细介绍了方太的全新技术，如图3-21所示。

图3-21 展示技术

6. 借助权威

"人微言轻，人贵言重"，这就是心理学中的"权威效应"。人们总会不由自主地信服权威人物或机构，例如，知名企业的产品，受众会更认可其品质；名人推荐的产品或者名人创办的公司或机构，更容易得到受众的信任。因此，借助权威也可以作为新媒体传播文案的写作切入点。

7. 讲述故事

人们喜欢读充满感染力的故事，优质的故事型传播文案可以唤起受众的内心感受和欲望，培养其认同感，所以他们不会产生抵触心理，反而会在不知不觉中产生购买欲望。

当然，故事型传播文案的最终目的并非讲故事，而是展示故事背后的产品或品牌。因此，创作者在写作故事型传播文案时要根据自身情况，选择不同的角度来描述和展示产品或品牌的特点，如品牌创始人的角度、产品角度和客户角度，与之对应的故事分别为品牌故事、产品故事和客户故事。

（1）品牌故事

品牌故事是指品牌在创立和发展过程中能够体现品牌的核心精神，展示品牌风貌、有价值的重大事件。品牌故事是品牌与受众之间的情感桥梁，创作者在写作品牌故事时，可以通过增加品牌的历史厚重感与权威性来提升品牌对受众的吸引力，还要赋予品牌精神内涵和价值信仰，加深受众对品牌的认可，从而激发其购买欲望，促进转化。

一般来说，品牌故事包括品牌创始人的创业历史，品牌创建及发展的历史，员工努力工作、爱岗敬业的故事，产品创新的故事，以及与品牌有关的传说等。例如，微信公众号"帮你选车小助手"发布的《比亚迪发展史》一文中就讲述了国内新能源汽车企业比亚迪的品牌故事，如图3-22所示。

图3-22　品牌故事

（2）产品故事

产品故事是指可以传递产品特色与卖点的故事。在写作这类文案时，创作者可以讲述一个有温度、有情怀的故事，并将产品信息融入其中，让受众在被故事吸引的同时产生进一步了解该产品的欲望。

创作者可以从产品原材料及其产地、产品的工艺流程、产品的包装、产品的功能等角度入手来讲述故事。为了使故事更加有趣，赋予产品生命力，创作者还可以用拟人化的手法来描述产品，使其更加生动形象。

（3）客户故事

客户故事主要是让受众从中发现自己的影子，让其产生代入感和认同感，主要描述客户使用产品之前和使用产品之后的变化情况，或者将产品作为故事的线索或情节。

8. 添加案例

创作者可以通过案例来证明产品的效果和质量，这样会让产品更有现场感，更容易获得受众的认可。案例一般由一段文字说明组成，或者是使用者的正面反馈，或者是企业或品牌提供的相关证据。当然，如果在文字的基础上再加几张具有证实性的图片会更有说服力。

值得注意的是，选取的案例要具有代表性，且不能太多。如果案例没有代表性，文案就会显得苍白无力，对宣传推广也没有帮助；如果案例太多，就会显得比较啰唆，甚至使受众心生反感。

例如，方太在微信公众号上发布了一篇文章《他们手执烟火，写下一封幸福情书》，以图文形式展示了几位微信用户的留言，这些微信用户留言讲述了使用方太集成烹饪中心后给生活带来的巨大改变，文字温情动人，很容易让人产生情感共鸣，如图3-23所示。

图3-23 添加案例

9. 打感情牌

人们大多是感性的，其心灵深处会有一个柔软的地方，所以"打感情牌"，触及受众的内心，引起共鸣是写作新媒体传播文案的一种有效方式。

例如，微信公众号"纯甄"发布的《开启纯真瓶，让生活的美好接踵而至》是一篇针对自身品牌纯甄产品的新媒体传播文案，将纯甄与纯真相联系，让受众回归纯真，找寻属于自己的纯真时刻，传达了品牌"一起回归纯与真""纯甄守护美好状态"的理念，能够使受众产生情感共鸣，如图3-24所示。

10. 记录访谈内容

访谈式文案能够有效地提升品牌形象与品牌影响力，创作者可以列出一系列采访提纲，然后找到同行业的资深人士或者目标受众中的代表，按照提纲进行访谈，并记录访谈的内容，整理之后植入营销内容，即可完成访谈式文案，如图3-25所示。

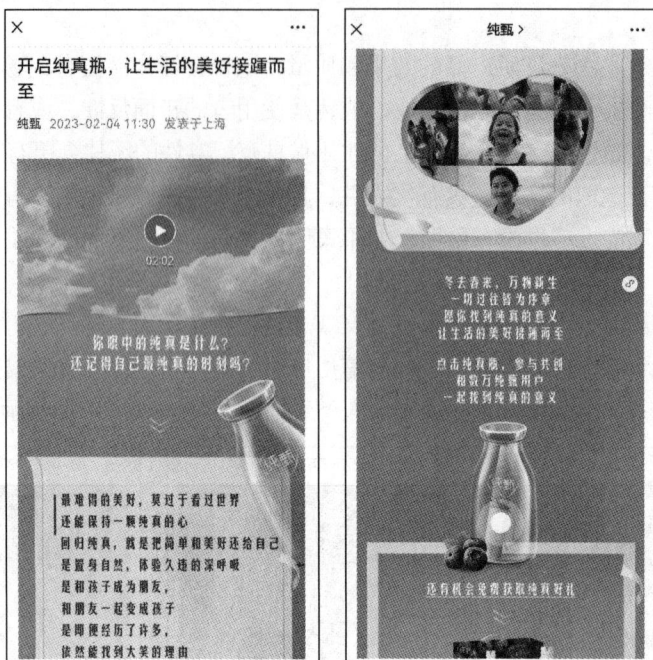

图3-24　打感情牌

图3-25　记录访谈内容

创作者要想写出有水平的访谈式文案，需要注意以下三点。

（1）提纲

提纲的内容包括两个方面，在宏观方面有要达到的目的，要传达的信息，以及想要达到的效果，这些内容都要与营销目标相符；在微观方面有文章结构、访谈话题及语言形式。

（2）交代背景

访谈式文案要将访谈对象的形象生动、完整地展现出来，以便于受众理解，使其更容易接受，因此要将访谈的背景完整地交代出来。假如访谈对象是某个人物，就要清楚地介绍该人物最具代表性的事迹或者荣誉；假如访谈对象是企业，就要详细介绍该企业的行业背景和发展历程，并交代清楚访谈的原因。

（3）话题设计

话题设计主要有四种方式，分别为联想式、表现式、回忆式和单刀直入式，如表3-4所示。

表3-4 话题设计的方式

方式	说明
联想式	抓取访谈对象代表性和显著性的特点来展开联想
表现式	表现访谈对象的才能和爱好，使其产生情感共鸣
回忆式	对访谈对象某一时期的经历着手，使访谈的空间和时间大为拓展
单刀直入式	直接向访谈对象提问，询问人们普遍关心的问题

11. 展示数据

很多时候数据比具体的实例更有说服力，更能获得受众的信任。数据式文案是指通过对某件产品或某个品牌进行数据资料的调查、统计与分析所写成的文案，可以使受众一目了然，从数据中直观地了解某些信息。

【实训案例】

请根据下列关于某款沙发品牌的信息写作一篇适合发布在社交媒体上的新媒体营销文案。

（1）材质：布料为耐磨科技布，实木框架搭配蛇形弹簧。

（2）颜色：以当下潮流设计元素结合百搭浅米色和时尚灰蓝色两种配色方案。

（3）规格：多规格可选，可适合大户型、中户型和精致小户型等房间。

（4）触感：轻柔顺滑。

（5）质量：耐用不易起皮、柔韧抗撕拉、琐屑灰尘擦拭即可。

（6）结构：多点科学承托，紧贴人体曲线，深度放松；人体工学分段靠包，实用座深，舒适标配。

【课后思考】

1. 按照广告目的进行分类，新媒体广告文案可以分为哪些类型？
2. 简述新媒体营销文案的特点。
3. 简述新媒体传播文案的营销载体。

第4章

社会化媒体平台文案写作

知识目标

➤ 了解社会化媒体平台文案的特点与作用。

➤ 了解微博文案、微信文案、社群文案的特点与写作要领。

➤ 了解短视频选题方向、脚本写作与文案写作要领。

➤ 了解直播文案的类型与文案写作思路。

➤ 了解小红书文案、今日头条文案写作时要注意的问题。

能力目标

➤ 能够写作微博文案、微信文案和社群文案。

➤ 能够写作短视频文案和直播文案。

➤ 能够写作小红书文案和今日头条文案。

素养目标

➤ 尊重原创，保护知识产权，维护文案写作领域的良好风气。

➤ 树立系统观念，统筹规划文案写作的全过程。

在新媒体环境下，传播渠道变得越来越多元化、去中心化，社会化网络使分享信息变得更加便捷，每个人的信息获取时间被不同的社会化媒体平台瓜分。因此，创作者需要在不同的社会化媒体平台上发布文案，这就要求创作者对各种社会化媒体平台有充分的了解，并能够熟练运用，从而针对各平台的特点写作合适的文案。

4.1　认识社会化媒体平台文案

随着移动互联网的普及，社会化媒体平台已经深深融入人们的生活中，同时也改变了企业的营销广告方式。社会化媒体平台放大了产品或品牌的口碑效应，用户可以自由地发表关于产品或品牌的观点，每一个观点都有可能对产品或品牌产生重大的影响。

不仅如此，社会化媒体平台还影响了用户的购买决策方式，大部分用户开始通过社会化媒体平台来了解其他用户的消费体验，搜集与产品、品牌或服务相关的更多信息，最后才决定是否购买。因此，创作者要了解用户，为其推送精准、实用、优质的内容，让自己的文案成为其社交货币。

4.1.1　社会化媒体平台及其文案

社会化媒体又称社交媒体，根据社会化营销大师大卫·米尔曼·斯科特在其著作《新规则：用社会化媒体做营销和公关》中提出的观点，社会化媒体是指"人们彼此分享见解、信息、思想，并建立关系的在线平台"。社会化媒体的蓬勃发展爆发出了巨大的能量，其传播的信息成为人们浏览信息的重要组成部分，不仅制造了人们在社交生活中不断讨论的热门话题，还吸引了传统媒体争相跟进。

社会化媒体与传统媒体的区别在于，每个人都可以创建、评论和添加社会化媒体内容，一般表现形式有文本、音频、视频、图片和社区。

社会化媒体平台分为两类：核心社会化媒体平台与衍生社会化媒体平台。

- 核心社会化媒体平台：主要用来增强人与人之间的关系，帮助用户更好地了解与联结其他用户。在核心社会化媒体平台中，用户之间的关系是双向的，可以频繁、自由地交流生活体验或者其他信息，主要包括以交友、兴趣、即时通信、新鲜事等为目的的线上平台。
- 衍生社会化媒体平台：主要用来增强用户黏性，为用户提供个性化的信息，使其更好地做出决策或者获得娱乐。在衍生社会化媒体平台中，用户更偏向单向交流，主要是从内容生产者那里获取信息，主要包括网络游戏、影音娱乐、信息资讯、电商购物四大类平台。

社会化媒体平台文案是指在社会化媒体平台上发布的文案。根据平台类型的不同，可以分为微博文案、微信文案、社群文案、短视频文案、直播文案、小红书文案、今日头条文案等。

4.1.2　社会化媒体平台文案的特点

由于投放平台的不同，以及用户接收信息习惯的改变，社会化媒体平台文案与传统媒体文案相比，具有以下特点。

1. 广告成本低

传统媒体广告成本动辄上百万元、上千万元，甚至上亿元。而随着新媒体的兴起，社会化媒体平台不断发展，企业发布广告的成本逐步降低，并逐步将品牌推广的预算用到社会化媒体平台上。

2. 传播速度快

社会化媒体平台文案的首要特点就是传播速度特别快，基于其极强的互动性和分享功能，文案能够在短时间内形成裂变式传播。因此，社会化媒体平台文案写作要快速、及时，能跟得上网络热点。

例如，2023年4月，淄博烧烤风靡全网，专程去淄博吃烧烤的旅客人数逐渐增多，借助这一热点，很多手艺人推出了淄博烧烤同款文创产品，用琉璃的方式打开淄博烧烤，工艺精湛，栩栩如生，就连在烧烤食材上撒的调料都很有光泽感，让人觉得十分惊艳，如图4-1所示。"闪电新闻"在推出"#淄博烧烤同款文创#"这一微博话题后，很快就引起网友的热烈讨论："淄博是北方陶都、琉璃之乡""香味飘出来了"，网友纷纷对淄博烧烤同款文创表示认可和欣赏，甚至开始寻找购买渠道，如图4-2所示。

图4-1　#淄博烧烤同款文创#话题　　　　图4-2　网友评论

3. 传播渠道及形式多元化

在社会化媒体平台上，文案的传播渠道和传播形式呈现多元化的特征，不再局限于某一种平台。企业为了占据更多的传播渠道，会将同一信息根据渠道的不同写作相应的文案。文案的传播不只以文字的形式，还有图片、音频、视频、游戏等。

在社交媒体中，微信、微博这类主流社交平台已然发展完善，用户量还在持续地增长。同时，新社交平台发展势头迅猛，抖音、快手这类含有社交功能的短视频平台的用户量也已达数亿。然而，它们各自的营销玩法纷杂多样，微博以名人流量和网络达人带动广告，微信以通信交友功能嫁接广告，抖音以娱乐打造爆款等。

4. 有很强的互动性

在社会化媒体平台上，文案的传播不再是单向输出，用户可以使用微信、微博等社交平台很方便地与企业沟通。例如，企业可以通过社交平台收集用户的反馈意见，提升用户在品牌发展或产品生产过程中的参与感；还可以通过游戏互动赠送优惠券，或者通过社交平台进行危机公关等。

5. 有更精准的目标用户

社会化媒体平台的用户都有各自固定的特征，有各自喜欢的平台。例如，"00后"比较喜欢用QQ及QQ空间，常用的视频网站有腾讯视频、爱奇艺、优酷等；进入职场的人们则更喜欢用微信及朋友圈、微信公众号等。另外，由于用户在各大平台上的行为都有数据记录，企业可以根据目标用户进行有针对性的选择，为其推送相关的内容。例如，为大学生推送运动、时尚等内容。

通过算法推荐，平台自身也可以向目标用户推送相应的内容，做到"千人千面"。例如，今日头条会根据用户浏览的新闻资讯类型为其推荐类似的新闻内容；淘宝会根据用户的浏览记录、往期购买记录等推送相应的产品，以提高转化率。

6. 文案可以进行二次创作

社会化媒体平台文案能够被接收其信息的用户进行再创作，并且用户可能会分享再创作的内容，进而扩大该文案的传播范围。

4.1.3 社会化媒体平台文案的作用

随着移动设备的快速普及，大部分用户将其注意力更多地放在移动客户端上。在此背景下，企业必须更多地进行社会化媒体平台营销。然而，由于移动设备屏幕大小的局限，用户可以接收的信息是有限的，而且用户在移动客户端上的注意力是不集中的，这使得企业推广信息的爆发式增长与用户有限的注意力之间产生矛盾。另外，由于在社会化媒体平台上投放广告的品牌数量不断增加，品牌的社会化媒体平台营销费用也越来越高。

社会化媒体平台文案写得好，可以起到四两拨千斤的效果，不仅能够扩大产品或品牌的传播范围，提升产品销量，还能直接减少广告成本。

具体来说，社会化媒体平台文案的作用如下。

1. 促进销售

传统媒体文案往往在传统媒体平台上进行长期投放，引导用户在特定的平台上购买产品。而社会化媒体平台文案可以扩大产品或品牌信息的覆盖面，提高产品或品牌的关注度和曝光度，提高销售转化率。用户通过文案了解产品或品牌，产生兴趣，并最终做出购买行为。另外，社会化媒体平台与电商平台相结合，用户可以在浏览文案、图片或者观看视频时，直接点击推荐的产品购买链接进行购买。

由于转化的及时性，社会化媒体平台文案的营销效果易于评估，品牌能够实现更快、更精准的投放，也能及时调整营销策略，从而提高销售转化率。

2. 塑造品牌形象

品牌开展社会化媒体营销，会通过各大平台推广品牌信息，而且针对性强，内容展现的形式多样。当用户浏览文案时，会在不知不觉中受到品牌的影响，逐渐接受文案中宣传的产品优势，进而增加对品牌的信任度和好感度，而品牌方也将逐渐提升自己的知名度和美誉度。长期来看，品牌资产会逐渐积累。

4.2 社会化媒体平台文案写作要领

随着移动互联网技术的快速发展，人们分享信息越来越便捷，传播渠道呈现出多中心、多元化的特点，人们的关注点不再集中于一个平台上，每个人的信息获取时间被不同的社会化媒体平台分割。因此，创作者有必要了解各种社会化媒体平台文案的特点及文案写作要领，在各平台上发展自己的品牌粉丝，让他们通过分享、点赞或评论等方式与品牌互动，扩大品牌声量。下面将介绍主要的社会化媒体平台文案的特点及其写作要领。

4.2.1 微博文案

作为移动端的基本应用，微博在网络营销中占据了非常重要的位置。基于微博"随时随地发现新鲜事"的特点，其营销效应也变得越来越明显。

1. 微博文案的特点

品牌利用微博这个社会化媒体平台，能够以较低的成本进行大范围、高效的信息传播，所以微博成为众多品牌进行社会化营销的主要平台之一。微博文案写得好，可以吸引大量用户，赚取巨大的流量，而这种流量能够转化为商业价值。

微博文案一般具有以下特点。

（1）简练精要

现在的生活节奏越来越快，人们越来越习惯于快餐式阅读，很多人已经没有耐心阅读大篇幅的文章了。微博上的信息非常多，刷新速度很快，人们为了尽可能多地获取有用的信息，更倾向于阅读可以迅速浏览完毕、不用主动分析和总结的文案。

原来微博的发文字数被限制在140字以内，后来虽然取消了这一限制，但微博文案仍讲究简练精要，言简意赅，所以微博文案最好不要堆砌大量的文字，而是应该用浅显直白的文字传达信息。图4-3所示为"优益C"官方微博发布的一条文案，用非常简洁的话语传达了新版广告片上线的信息，并引导用户享受"优益C"的健康和美味。

（2）主题明确

不管哪一种文案，都要有明确的主题，所以要做好定位，明确用户群体、写作目的和产品卖点等。在写作微博文案时，创作者要使用适当的语言来表达核心内容，并保证内容的真实性和可读性。图4-4所示为"良品铺子"发布的"良食二十四节气"主题微博，并设置了同名专属话题，在该主题下，"良品铺子"会在每个节气发布相关内容，同时推荐与该节气相关的美食。

（3）互动性强

微博作为一个社交化媒体平台，其本身就具有互动性强的特点，所以微博文案也应当具有很强的互动性。互动是指与用户进行对话。如果文案的互动性强，就能很好地激发用户的参与兴趣，使其拥有成就感，享受互动的乐趣，从而成为品牌的忠实粉丝，这对后期的销售转化有着很好的推动作用。

图4-5所示为"极氪ZEEKR"发布的一条微博。这条微博是极氪两周年的专题宣传文案，文案主题为"敢梦的人改变世界"，宣传片一开始题词"献给所有勇敢做梦的人"，然后以小孩子的梦想与成年人将梦想变成现实做对应，给人励志、积极向上的力量。文案最后号召用户关注官方微博，转发并评论，在特定时间会抽取幸运粉丝送上极氪的周边礼品，这是微博文案与用户之间的一种互动形式。

图4-3　简练精要

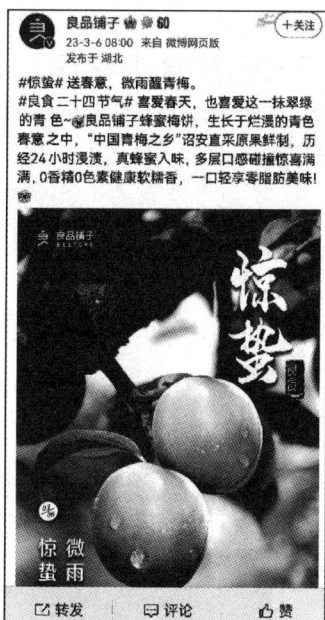

图4-4　主题明确

在微博文案中，除了转发以外，还有评论、点赞、投票等形式。互动可以吸引用户的注意力，帮助品牌增加粉丝。另外，创作者还可以通过微博与用户进行在线交流，加强与用户之间的联系，有些互动甚至能够帮助品牌获取用户对产品或者服务的反馈信息，这有利于品牌有针对性地调整战略，优化产品结构，提高服务质量。

图4-6所示为"立白"发布的一条微博，在3月底号召微博粉丝通过"不脸红宣言"话题表达自己的态度，这种互动形式一方面可以增加该微博的互动量，另一方面可以增加粉丝对品牌的好感度，使粉丝与品牌站在一起。

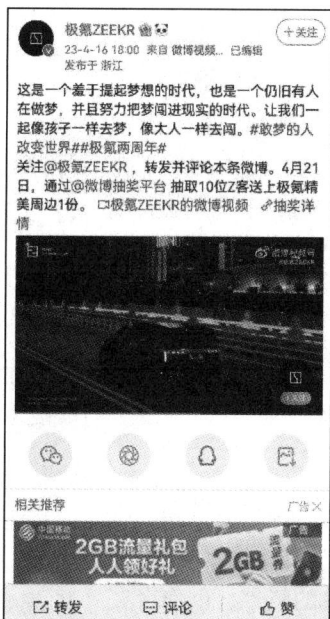

图4-5　转发互动文案

图4-6　立白微博文案

（4）传播速度快

微博文案在发布后能够快速得到回应，使用户产生共鸣，在极短的时间内吸引大量用户转发、评论和点赞，从而达到快速传播的目的。微博文案的这一特点要求创作者要熟练把握用户的心理，并掌握微博文案写作的方法。

图4-7所示为"天猫"发布的一条微博，这条微博有明确的目标用户——热爱骑行运动的人，并为他们提供足够的优惠福利（满2000元减200元、满200元减20元；抽6位送百元骑行好物），成功使得该微博快速传播，短短一天就有将近3000次转发，点赞数达220次，评论数达174个。

图4-7 传播速度快

（5）趣味性强

如果微博文案枯燥乏味，只是简单的文字叙述，就很难吸引用户的目光。微博作为众多网络流行语、表情包和热点话题的源头之一，在如此丰富多彩的交流语境下，微博文案趣味性强的特点毋庸置疑，主要体现在极具个性的语言与丰富的配图上。图4-8所示为"海底捞火锅"发布号召粉丝参与"花式捞面猜猜乐"挑战的微博，看图识别捞面师表演的捞面姿势，文字趣味性强，风格活泼、亲切，"海底捞火锅"把自己叫做"小捞"，把粉丝叫"捞粉"，这种方式可以提高粉丝的代入感。另外，微博文案形式丰富，很多时候会带上各种各样的话题，且文案力求精练、有趣，有的还带有短视频、图片、超链接等。

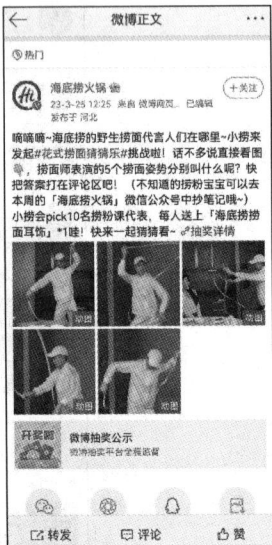

图4-8 趣味性强

2. 微博文案的写作要领

由于微博是一个碎片化信息阅读平台，用户更喜欢短篇幅的内容，这样可以迅速获得他们想要的信息。因此，尽管微博现在已经将发布字数限制放宽到2000字，但根据微博平台的特点，创作者在发布微博时最好精简字数，使信息简单易懂。

微博文案一般会配有图片或视频，这样文案本身无法表达的内容可以通过图片或视频进行补充。微博文案的写作要领如下。

（1）借助热门话题

微博热搜是用户在微博上关注的焦点，也是热门话题的集散地。创作者借助微博热搜上的热门话题来进行营销属于借势营销，是凭借话题的高关注度来引流，从而增加产品或品牌的曝光率，快速获得用户的关注。

在选择热门话题时，写作的文案内容要与热门话题相关联，不能生硬地强行关联，否则会影响用户的心情，对产品或品牌的形象不利。

除了借助微博热门话题外，还可以借助时事新闻、热播剧、节假日等。图4-9所示为"森宝积木"官方微博借助电影《流浪地球2》上映之际的热度所写作的微博文案，"森宝积木"推出《流浪地球2》的联名款产品，可见产品与热门话题关联度高，目标用户定位精准，语言互动性强。

（2）讲述故事

文案的本质是沟通，而故事是一种既好用又高效的沟通方式。故事讲得好，可以感染用户的情绪，使其产生情绪投射，增强代入感。创作者在写作微博文案时，可以结合产品和用户群体来撰写故事，既可以是幽默的故事，也可以是感人的故事或者温馨的故事，以此来加深用户对产品或品牌的认知度。

创作者还可以策划一场活动，征集用户的故事，向粉丝发布，不仅能够打动用户的内心，还能增强品牌与粉丝之间的关联度，拉近双方的距离。例如，"珀莱雅PROYA"官方微博举办了"谢谢参与2022"话题活动，向粉丝征集"谢谢参与"的瞬间，整理之后向用户展示，以此传达"品牌一直陪伴用户"的理念，如图4-10所示。

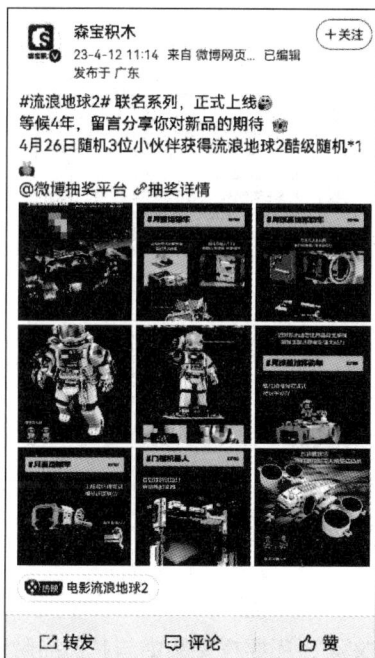

图4-9 借助热门话题

图4-10 讲述故事

（3）情境导入

情境导入能够增强用户的体验感。在写作微博文案时，创作者要有目的地将宣传的产品或品牌融入特定的情境中，经过情境渲染或描述，可以将产品或品牌与该情境进行"绑定"，让用户毫无违和感地接受其信息，并在有所需要时第一时间想到该产品或品牌。

图4-11所示为户外用品品牌"CAMEL骆驼"在官方微博发布的一条文案，这条文案将其产品融入假期出行、跋山涉水的场景中，使用户在度假、游玩时第一时间想到使用骆驼牌的户外用品。

（4）解答疑问

解答疑问是指选取与人们工作、生活密切相关的话题、普遍存在的问题或疑惑来作为选题，并对这些问题或疑惑做出合理的解答，提供良好的解决对策。假如提供的方法很有效，用户会将其作为"干货"而转发分享或收藏，这有助于文案的传播。

图4-12所示为"雕牌"官方微博发布的一条文案，向用户介绍了换季洗衣小妙招，帮助用户解决生活中的问题。该文案主要介绍羽绒服洗衣护理指南，包括温和水洗、浸泡漂洗、晾晒方式、存放的注意事项等，这不仅可以扩大用户范围，还可以提升用户的好感度。

图4-11　情境导入　　　　　图4-12　解答疑问

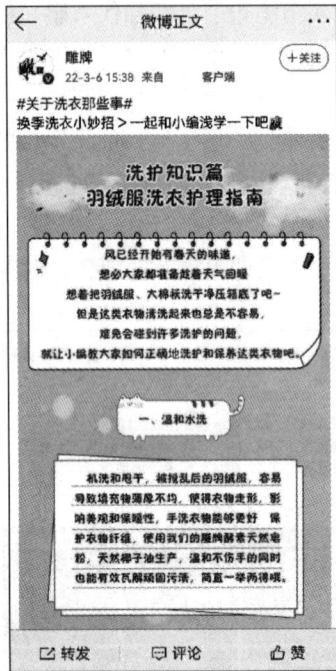

（5）感情真挚

文案是品牌方与用户的情感纽带，在写作微博文案时，创作者要怀着真挚的感情，在洞察用户心理的基础上，通过文案来表达用户想说却没有说出来的心里话，从而感染其情绪，使其对品牌产生好感，从而实现文案地不断传播。

（6）关联营销

关联营销是指不能只为自己的产品写作推广文案，还要在文案中与其他品牌账号进行关联合作，这种"抱团取暖"的营销方式很容易引起用户的关注。一般情况下，相互合作的品牌账号之间要有关联度，可以是产品之间互相搭配，也可以是产品调性相同。

例如，图4-13所示为"海尔"官方微博发布的一条文案，该文案中提到了跑马水平提升课程，该课程由"海尔"和"Keep"联合制作，视频中出镜人员为用户讲解了提升跑马水平的技巧，这些课程在"Keep"平台可以查看，同时推荐用户在室内锻炼时使用海尔的空调，在锻炼后用健康餐犒劳自己，这时可以食用由海尔冰箱保鲜的食材果蔬，或者使用海尔的蒸烤箱快速制作美食。"海尔"和"Keep"的关联体现在使用场景上的关联，说服力很强。

图4-13 关联营销

4.2.2 微信文案

时至今日，微信已经成为中国最大的社交平台之一，也是热门的网络营销和推广平台之一，在社会化媒体营销中占有举足轻重的位置。

1. 微信文案的特点

微信文案是指在微信平台上通过对产品的概念和特点进行深度分析，以文字、图片等形式写出的能够进一步引导用户消费的文案。

微信文案具有以下特点。

（1）目标精准性

在微信平台上，只有关注的用户才能看到创作者发送的信息。因此，微信平台更容易进行后台数据统计和管理，能够更精准地绘制用户画像，进行用户定位。

（2）具备实用性和趣味性

用户关注微信公众号的目的是获取有趣、有料的信息，而不是广告。如果用户发现关注的微信公众号发布的内容中带有大量的广告信息，对植入广告容忍度低的用户就会取消关注，这不仅会减少关注该微信公众号的粉丝量，还会对品牌形象有所损害。

优质的微信文案应该与生活密切相关，与品牌自身定位相符。微信文案的内容要具备实用性和趣味性，可以满足用户的阅读需求，为他们提供良好的阅读体验。

（3）转化率高

用户一般很排斥微信公众号直接发送的广告，即使是忠诚的品牌粉丝，如果广告信息过多，也会非常反感。微信文案可以通过图文并茂的软文巧妙地引导用户关注产品信息，使其十分自然地接受广告，甚至主动寻求更多内容，这无疑会提高广告的转化率。

（4）互动性强

微信是一款即时通信软件，这就使品牌相关的工作人员能够直接与用户沟通联系，一对一地回复用户提出的问题，从而维护品牌形象，这种强互动性的传播效果自然比传统的单一式传播要好。另外，用户在看到感兴趣的内容时会主动分享到朋友圈或微信群，这就扩大了传播范围，形成裂变式的传播效果。

2. 微信文案的类型与写作要领

微信文案主要分为两大类型，即公众号文案和朋友圈文案。创作者可以根据推广需要合理使用相应的类型，做到有的放矢。

（1）公众号文案

微信公众号是个人、媒体或企业在微信公众平台上申请的应用账号，现已成为新媒体营销的常用平台之一。个人、媒体和企业都可以打造自己的专属账号，通过文字、图片、语音、视频等多媒体形式向用户传播信息，实现全方位的沟通和互动。

公众号文案以文章的形式发布软文，微信公众平台为用户提供了多种官方推广形式，如公众号关注、应用下载、卡券分发、品牌活动广告等，可以实现多维度组合定向投放，提高转化率。

对在微信公众号上运营的品牌来说，写出一篇阅读量"10万+"的文案通常会被看作非常成功的传播。很多品牌的新媒体营销关键绩效指标已经转化为阅读量、转发量、点赞数等，但"内容为王"，坚持创作优质内容是公众号文案的核心。

公众号文案的写作要领如下。

① 合理设计标题

任何一篇文案都需要设计一个有吸引力、有辨识度的标题。除了运用诸如悬念式、数据式、对比式等标题写法以外，还需要注意以下事项。

- 合理控制标题字数：微信官方规定，微信公众号文章标题的字数被限制在64个字以内，且页面上最多显示31字，当有标点符号时，页面上可以显示的文字更少，后面的文字会被省略号覆盖。因此，为了充分展示所表达的信息，文章标题不宜过长，字数一般要控制在20字左右。当然，长标题也有其特定优势，如果微信公众号的流量主要来自搜索和其他外部搜索渠道，创作者不妨试写一个长标题，其中包括多个用户感兴趣的关键词，搜索的曝光量会更高。

- 使用分栏式标题：标题前面的分栏显示文章的中心意图，如"夜间阅读""荐号""福利""招聘"等，将关键词前置或后置，用分栏符号隔开，设置专栏活动与用户互动，如图4-14所示。

图4-14 分栏式标题

② 设计吸引人的封面

公众号文案的封面包括封面缩略图和文案标题。一般来说，公众号文案的封面要使用吸引人眼球的图片和标题，以便于引起用户的注意，促使其点击阅读。用户一般会在3～8秒内决定是否点击。因此，如果封面设计得不出彩，就无法引起用户的注意，文案的内容再好也可能会被忽略。

公众号文案通常分为单图文文案与多图文文案，如图4-15和图4-16所示。

公众号文案的封面缩略图一般使用与推送内容相关的图片，假如推送的内容分为不同的系列，就要为每个系列设计相应风格的图片。图4-17所示为"有书"发布的公众号文案封面，其中"亲子""共读""认知""文化""好物"是该公众号开设的不同系列内容，"亲子"主要讲述亲子教育相关的内容，"共读"主要是推荐好书，同时借书中的故事讲述人生道理，"认知"和"文化"主要用来提升用户的认知，而"好物"则是用来推荐商品。这些封面缩略图与平常的缩略图不同，能够让用户直观地看到文案的内容类型。

图4-15　单图文文案　　　图4-16　多图文文案　　　图4-17　"有书"的文案封面图

③ 拟订摘要引导阅读

公众号文案的摘要是指封面缩略图下方的一段引导性文字，用户可以通过这段文字迅速了解文案的主要内容，或者被摘要中提出的问题所吸引，从而点击文案，增加文案的阅读量。摘要通常显示在单图文文案的封面上，多图文文案的封面上则没有。图4-18所示为单图文文案封面上的封面缩略图、标题和摘要。

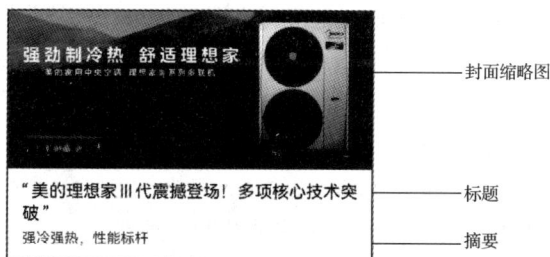

图4-18　摘要设计

摘要的字数被限制在50字以内，其内容可以根据标题拟订。假如是活动文案，可以将额外的优惠信息放在摘要位置吸引用户；假如是推荐图书的文案，可以把书中的金句或者其他人对本书的评价设为摘要。

需要注意的是，如果创作者不添加摘要，微信公众平台会默认将文案正文中的前几句话作为摘要，这无疑浪费了摘要的位置资源。尽管多图文文案不显示摘要，但当这些多图文文案被单独分享出去之后也会显示摘要，所以创作者要认真写作文案的摘要，以免摘要的内容表意不清，影响用户对文案的第一印象。

④借兴趣点引出主题

用户对某种事物越感兴趣，就越容易关注该事物，因此创作者要根据微信公众平台的定位，结合当前社会热点、推广产品的特征和用户的喜好，挑选出合适的选题，通过发布干货、盘点、分享、热点、攻略等相关话题，进行产品或品牌的软文植入。图4-19所示为盘点类文案，创作者为用户盘点正定的传统美食；图4-20所示为攻略类文案，创作者为用户介绍"千山梨花花朝节"的游玩攻略。

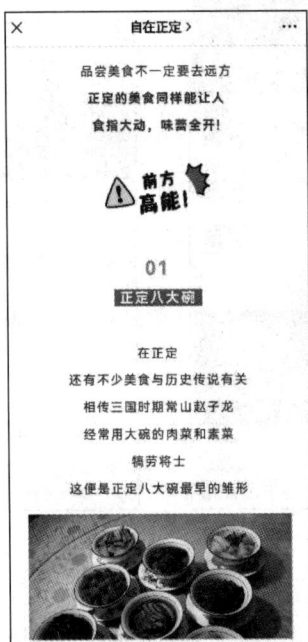

图4-19　盘点类文案　　　　　图4-20　攻略类文案

（2）朋友圈文案

朋友圈是个人化的分享平台，主要分享日常生活、社会热点、心情日志等内容。朋友圈文案可以分为两类，分别是品牌投放的朋友圈信息流广告与个人发布的朋友圈文案。

朋友圈信息流广告是微信在2015年推出的一项功能，迄今为止已经有很多知名品牌在朋友圈投放了信息流广告。品牌投放的朋友圈信息流广告一般注有"广告"或"推广"的字样。图4-21所示为拼多多投放的朋友圈信息流广告。

个人在朋友圈发布文案时，通常具有鲜明的个人风格，用户会通过朋友圈文案的内容来判断创作者的兴趣、品位和性格等。因此，发布的朋友圈文案不能让用户觉得太低级，不然很容易被屏蔽或拉黑。

图4-21 朋友圈信息流广告

个人在发布朋友圈文案时，要尽量分享自己的日常生活和新鲜有趣的事情，不能一味地植入产品广告，可以在分享生活的文案中自然而然地融入产品，使用户通过其真实生活来感受并了解产品，从而对产品更加信任和认可。

当然，纯分享式的文案虽然没有推广产品，但也十分有利于营销，因为它不仅有利于树立形象，使用户感受到一个活生生、有情调的人格形象，还能在他们面前刷存在感，且不让其感到厌烦。

在写作朋友圈文案时，创作者要注重图文结合，选择图片的数量最好是1、3、4、6张，这样的图文结合比较完整，符合人的审美要求，也能提升产品的形象。如果只用一张图片，最好选择全景图，可以将产品完全展示出来，细节更加清晰。

4.2.3 社群文案

社群是指以网络为载体，将拥有共同兴趣爱好和某种需求的用户聚集在一起，相互沟通交流，展示各自价值而形成的一种社交群体。社群能够使用户在虚拟空间中实现人际交往，获得心理上的归属感和认同感。

根据马斯洛的需求层次理论可知，社交需求是人类基本的需求之一。每个人心中都有结识志同道合的好友的需求，以消除自身的孤独感。近年来，随着移动互联网迅速发展，社群的发展十分迅速，很多品牌纷纷选择社群进行营销。

1. 社群文案的特点

社群对于群成员来说是一个半熟的圈子，里边既有熟悉的好友，也有陌生的网友，但在社群内，群成员之间很容易培养熟悉感，而且在活跃的社群氛围下发布文案，更容易使群成员产生相互感染的冲动购买效应。

社群文案是创作者在群内为引导群成员做出预期的商业行为而发布的文案，它是社群营销目标得以实现的必要手段，是社群营销的文字载体。品牌要想在社群中做推广，就必须保持稳定的内容输出，创作出让群成员感兴趣的优质内容，使群成员在对广告不反感的情况下重视文案传递的信息。

社群文案的特点如表4-1所示。

表4-1　社群文案的特点

特点	分析
文字简练	社群文案一般夹杂在群成员的交流沟通中，群成员很少会在社群中阅读长文案，所以社群文案的文字一般比较简练，直达目标
以用户为中心	群成员一般是基于共同的爱好和需求聚集在一起的，所以社群文案要具有针对性，写作社群文案时要以用户为中心，懂得投其所好
条理清晰	社群文案条理清晰，能够帮助群成员快速了解文案的核心内容，从而促成转化

2. 社群文案的写作要领

在写作社群文案时，创作者要把握以下写作要领。

（1）明确内容的主题

创作者要明确内容的主题，根据内容的主题来考虑如何进行文案推广。需要注意的是，选择的主题要能被普遍接受，具有较强的传播性。因此，创作者可以从社会热点、趣味性内容、正能量活动、优惠活动等角度贴近话题，或者用分享互助、引发争议的方式引起群成员的注意。

（2）输出优质内容

在"内容为王"的时代，内容就是流量入口。尽管在很多社群中有些人在不停地发广告、销售产品，但转化率并不高。因此，优质的内容至关重要。内容是社群营销的基础环节，只有输出优质内容，吸引和筛选群成员，引起目标用户的兴趣和关注之后，他们才能真正意识到文案的价值，从而提升该社群的转化效果，改善其商业变现模式，获取更多的收益。

（3）以聊天形式呈现内容

由于社群在本质上属于交流平台，社群文案以聊天形式发布便不会显得太突兀。与单纯的文字相比，聊天形式的文案更容易集中群成员的注意力，使其产生好奇心和新鲜感，减少阅读的疲倦感，营造出一种轻松、愉快的交流氛围，文案传达的信息更容易被他们接受。

（4）内容要通俗易懂

社群文案不能使用过于专业和生僻的词语，以免让人不知所云，从而丧失深入了解的兴趣，而应当使用通俗易懂的语言来表达。

4.2.4　短视频文案

中国互联网络信息中心第51次《中国互联网络发展状况统计报告》数据显示，截至2022年12月，我国短视频用户规模突破10亿。短视频的蓬勃发展引发了一场覆盖内容、社交和营销等多个领域的变革。

1. 短视频选题方向

现在，短视频内容生态的演变和大众品位的升级，使用户对短视频内容进化的需求愈加强烈。短视频的内容覆盖了搞笑娱乐、生活休闲、时尚美妆、母婴育儿、运动健康和知识技能等各个方面，垂直内容细分化趋势不断增强。因此，如果能在短视频选题上赢得用户的青睐，就能占领短视频领域的高地。

（1）短视频选题原则

在确定短视频选题时，创作者应遵循以下原则。

① 以用户为导向

创作者制作短视频的最终目的并不是为了孤芳自赏，而是吸引用户的关注，引发用户的共鸣，所以在构思短视频选题时要从用户的角度出发，优先考虑用户的需求，了解其兴趣和爱好，分析用户日常关注的热点，以及希望解决的问题等。只有重视用户的体验，将短视频投放到平台后才能获得良好的反馈；反之，脱离用户，在没有做足用户分析工作的情况下盲目地确定选题，最后制作出来的短视频只能石沉大海，无人问津。

② 在某一领域垂直深耕

在移动化和社交环境的滋养下，短视频逐渐发展成为主流的内容形态之一。从短视频兴起，到各大互联网公司争相在短视频领域进行布局，短视频的内容格局已经基本成型。在垂直化方向上，美妆、美食、宠物等各大短视频领域的发展空间越发饱和，甚至出现扎堆的情况，所以在更加垂直细分的领域寻找突破口，选择有深度的主题持续生产优质内容，不断打造更加专业、更具影响力的短视频，才能提升用户的忠诚度，增强其黏性。

在平时的积累中，创作者应当收集数据，从播放量、转发量、收藏量及评论中对比分析哪类选题更容易吸引用户关注，并做好总结与记录。对于用户关注度高的选题，创作者可以变换角度之后进行再创作；对于用户关注度低的选题，创作者分析原因之后，在接下来的创作过程中尽量规避，更换选题。

③ 有用性

能够直接触发用户收藏、点赞、评论、转发等一系列行为的短视频是对用户有一定价值的。在构思短视频选题时，创作者应该本着有用性原则，以价值输出为宗旨，让观看短视频的用户有所收获。

目前，短视频泛娱乐化的内容过剩，用户更需要通过实用性的内容来帮助自己提升生活品质或者满足求知欲。因此，在构思选题时，创作者要思考自己创作的短视频能给用户带来什么利益，能否让其产生收获感和满足感，尽量与用户分享一些"干货"内容，这样才能在有价值的内容环境中积累和沉淀忠实的用户。

④ 贴合热点，找准切入角度

当下，围绕热门选题来制作短视频已经成为常用的选题方法。追踪热门事件、讨论热点话题可以有效地吸引用户的目光，让短视频在发布和传播时自带流量。需要注意的是，在短视频市场日趋饱和的今天，同质化的选题越来越多，容易让人产生审美疲劳。因此，在贴合热点的同时，要把握好时机，提升自我的敏感度，在第一时间搭上热点的"快车"，但也不能盲目跟风，要找准热点的切入角度，寻找不同的方向，以独特的视角给用户更新奇的观看体验，这样的短视频才不会流于平庸。

⑤ 创新性

如果选题缺乏创新，就难以制作出有创意的短视频内容。要使选题具有创新性，创作者就必须具有创新意识和创新的实现力。一方面，创作者可以在借鉴别人作品的基础上深入挖掘，以逆向思维和求异性思维寻找鲜有人涉足的领域进行自我创新与扩展；另一方面，要不断地积累经验，增加个人的知识储备，这样才能在不断的学习中获取创新的灵感。选题有了创意，也就有了打动用户的新鲜感。

（2）短视频的主要选题方向

① 搞笑类

搞笑类是短视频中比较火爆的一类选题。用户喜欢以轻松、搞笑的元素来调剂生活，缓解精神上的压力，所以这类短视频的用户群体比较广泛，男女老少皆宜。

在选题上，创作者可以考虑不同的细分领域，例如情景喜剧类，这类选题要注重场景与笑点的结合，力争在笑料包袱上推陈出新，也可以将这类选题做成一个系列，这样可以增加短视频内容的辨识度，吸引稳定的用户；又如搞笑点评类，这类选题要以贴近人们日常生活的话题为主，以接地气的话题进行辛辣的点评，引发人们的共鸣。除此之外，还有搞笑街访和恶搞配音等搞笑类选题方向。

② 美食类

俗话说"民以食为天"，在美食领域，创作者更容易搜集丰富的素材，从不同的角度获得创意灵感。美食类短视频不仅可以向用户展示相关美食，还可以将人们对生活的乐观、积极的态度表达出来。

在美食类选题方向上，常见的类型有美食制作类、美食达人类及美食测评类等。其中，美食制作类在所有美食类短视频中占比最高，因为其制作门槛较低，同时又具有强大的普适性，所以这类选题同质化现象比较严重；美食达人类则是将网络红人和美食结合起来，为自己的短视频贴上一个特色标签，这样制作出来的短视频不是简单的美食介绍，而是把一种风格和理念传达给用户，更能与用户产生情感互动；美食测评类的关键点在于测评的内容和角度，这类选题往往与美食产品的推广相结合。

③ 生活技巧类

生活技巧是指人们在日常生活中总结出来的知识和经验，涵盖健康、饮食、居家、穿搭等方面。在日常生活中，人们难免会碰到各种琐碎、棘手的问题，如怎样清除西装上面的污渍？怎样挑选新鲜的肉类？刚买的新鞋磨脚怎么办？……人们对于生活技巧类短视频的根本诉求就是简单、实用，能让日常生活变得更加方便、轻松，提升生活质量。

④ 娱乐类

娱乐类选题的方向比较广泛，如才艺展示、名人热点、电影解说、娱乐资讯等。由于这类短视频的内容量很大，所以创作者在构思选题时要运用新奇的创意，从不一样的角度进行表达。

⑤ 科技类

随着科学技术的进步及人们知识水平的提高，科技类短视频逐渐受到人们的关注。科技类短视频一般包括智能设备测评、器械拆装实验、创意DIY小发明等，这类短视频要求创作者具备一定的科技知识积累和较强的动手能力。由于科学技术更迭速度比较快，创作者需要不断汲取新的知识，获取新的素材，给用户带来更多有价值的内容。

⑥ 健康类

生活质量的改善使用户对健康的关注程度越来越高，崇尚健康的理念现在已经深入人心。因此，如果创作者是专业人士，就可以从健康的角度入手，选择与用户健康密切相关的主题，为用户解决一些简单的健康问题，普及医学知识，这不失为好的选题方向。

除了以上几种短视频选题方向外，还有诸如体育、旅游、职场、宠物等更多的垂直细分领域。创作者只有找准方向，努力深耕，才能在短视频的创作上有所收获。

2. 短视频脚本写作

在拍摄短视频时，盲目、无规划地拍摄会造成资源的浪费和素材的冗杂，也就难以制作高质量的短视频，所以短视频脚本的写作便成了短视频制作的重要环节，优质的脚本对短视频的拍摄起到提纲挈领的作用。

"脚本"一词属于编剧术语，指表演戏剧、拍摄电影等所依据的底本，或者是书稿的底本，它是故事情节发展的大纲，决定着作品的走向，以及拍摄的具体细节。随着短视频发展的日趋成熟化，脚本逐渐被应用到短视频制作过程中。

短视频脚本是为了获得最佳的画面效果，在短视频拍摄之前构建故事的基本框架，包括人物对白（解说词）、场景切换、时间分割，以及动作、音效等。短视频脚本是服务于短视频拍摄的一种工具，是高效、高质量完成短视频制作的重要手段。

短视频脚本主要包括8个构成要素，即框架搭建、主题定位、人物设置、场景设置、故事线索、影调运用、音乐运用和镜头运用，如表4-2所示。

表4-2　短视频脚本的构成要素

要素	具体内容
框架搭建	拍摄前的整体建构，如场景选择、拍摄主题、故事线索、人物关系等
主题定位	明确主题，找准切入点
人物设置	人物安排，每个人物如何表现主题
场景设置	室内、室外、棚拍或者绿幕抠像
故事线索	情节的发展走向，脚本的叙事手法
影调运用	不同的主题搭配相应的影调，如悲剧搭配冷调，喜剧搭配暖调
音乐运用	渲染气氛，带动用户情绪
镜头运用	运用不同的镜头拍摄不同的画面

短视频的脚本类型主要包括三种，即拍摄提纲、文学脚本和分镜头脚本。

（1）拍摄提纲

拍摄提纲是为短视频拍摄制订的大致框架，它包含了短视频拍摄的基本要点，是短视频最终呈现的大致轮廓。在拍摄纪录型或故事型短视频时，由于拍摄细节存在不确定性，镜头难以预先划分，创作者可以依据拍摄提纲在拍摄过程中灵活调整所要表达的内容。

拍摄提纲一般包括五个部分，如表4-3所示。

表4-3　拍摄提纲的组成部分

组成部分	说明
主题	明确立意，为创作者确定拍摄方向
视角	寻找独特的切入点，更好地表现短视频主题
体裁	根据体裁确定拍摄要求及表现方法
风格	确定短视频的创作基调
内容	用具体的场景架构指导短视频拍摄

表4-4所示为《去重庆旅游》短视频的拍摄提纲。

表4-4　《去重庆旅游》短视频的拍摄提纲

组成部分	内容
主题	"如果有一天你坐上了去重庆的飞机，你希望和谁在一起？"这条视频就是带领网友体验博主在重庆独自游玩的经过

续表

组成部分	内容
视角	家里、飞机上和酒店里、餐厅和重庆室外风景、火锅店、街上摊贩、个人总结
体裁	Vlog
风格	整体轻松、愉快，节奏快，画面跳转迅速，说话语速较快，背景音乐昂扬向上；镜头摇晃感较强，突出真实感和随性感，也能给用户更强的代入感
内容	场景一：在家中找出地图，用一支笔随意选择旅游目的地，选中重庆 场景二：收拾行李，一大早坐飞机，到达重庆酒店 场景三：欣赏重庆街景，在重庆餐厅就餐 场景四：乘坐公共交通前往当地人推荐的正宗火锅店，和一名男孩子拼桌吃火锅 场景五：在重庆街头闲逛，购买相关物品，心情自由自在，在买花时和摊贩对话，整个画面和对白充满烟火气 场景六：博主总结来重庆游玩的感受："重庆是一个浪漫的城市，和家人、朋友一起玩或者自己玩，都很惬意"

（2）文学脚本

传统的文学脚本是指各种小说或故事经过改版后，方便以镜头语言来完成的台本方式。对于短视频来说，文学脚本既沿袭了传统的制作初衷，又被赋予了新的形态。

短视频文学脚本以文学的手法描述短视频的情节发展，把创作者所要呈现的视听效果以文字的形式传达出来，从而形成一个较为完整的流程。它将整个作品中可控场景的拍摄思路用文字诠释出来，是一种较为详细的脚本形式。

文学脚本除了适用于有故事情节的短视频以外，也适用于非剧情类的短视频，如教学类短视频、测评类短视频等。在写作这类文学脚本时，创作者要列出人物需要做的任务、说的台词、所选用的镜头等。

表4-5所示为《台球拐弯教学》短视频的文学脚本。

表4-5 《台球拐弯教学》短视频的文学脚本

内容框架	镜头画面	台词框架
引入主题	台球桌上摆放着白球、黑球和红球，红球紧挨着洞口，击打白球，碰到黑球，因此无法击中红球	当你想要击打的目标球被挡住了一点点的时候，直接击打的话，会碰到黑球
提出击打拐弯球技巧	短视频画面展示球杆击打白球左下角，白球以弧线轨迹绕过黑球，击中红球，把红球打进洞口	击打白球左下角的位置，白球就会走出一点点弧线，绕过黑球，将红球打进
阐述以上技巧的原理	重复刚才进球的画面，但要加上力量分析的箭头示意	原理是当我们打在白球左半边时，会给母球一个向右的挤压力量，同时给母球带上左侧的旋转，之后才旋转回来，这才产生了一点点弧线

内容框架	镜头画面	台词框架
提出黑球挡住半颗球时的击球技巧	示意图显示黑球挡住了半颗球的位置，球员在下一个画面中将球杆立起，同时用力量分析的箭头进行示意，并放出成功击中红球的画面	而如果黑球挡住了半颗球，此时就得把球杆立起来，这样能增加向右的挤压力和纵向的旋转力，想让白球在哪里拐弯，球杆就对准哪里，同样也是击打白球左下角的位置
再次展示拐弯击中红球的场景	以全景的方式展示球员击白球并成功将红球击入洞中的画面	哇，这也太好用了吧！你学会了吗

（3）分镜头脚本

对于短视频拍摄来说，分镜头脚本是最为详尽的脚本形式，是将文字画面转化为视听立体形象的重要环节。它可以根据拍摄场景的具体情况，以拍摄提纲或者文学脚本为基础，运用蒙太奇手法将短视频的画面内容加工成一系列具体、可感、可供拍摄的镜头，是镜头语言的再创造。

分镜头脚本一般采用表格的形式，将镜号、景别、画面、时长、台词、音乐音响等按顺序制作成表格，分项填写。创作者可以根据不同短视频的拍摄需求，灵活安排表格项目，如表4-6所示。

表4-6　分镜头脚本的组成

表格项目	说明
镜号	按组成短视频镜头的先后顺序依次编号
景别	以远景、全景、中景、近景、特写的拍摄角度来表现整体或者突出局部
画面	用精练、具体的语言描述出要表现的画面内容
时长	每个镜头的拍摄时间精确到"秒"
台词	每个镜头下人物的对白，或者对画面的解说
音乐音响	为配合镜头画面安排的音效，可以起到营造氛围的作用

表4-7所示为娱乐剧情类短视频《想要展示我的脸》的分镜头脚本。

表4-7　《想要展示我的脸》分镜头脚本

镜头号	景别	画面	时长	对白（解说词）	音乐音响
1	近景	一女生在对着镜子观赏自己的容貌	6s	（自言自语）"魔镜魔镜，告诉我，谁是世界上最漂亮的人？""张美！"	轻松愉快的音乐
2	中景	张美满面春风地在路上漫步，周围路人回头看她	2s		轻松愉快的音乐

镜头号	景别	画面	时长	对白（解说词）	音乐音响
3	近景	张美在一棵树旁边微笑着自拍，画面生成拍照定格效果	2s	"茄子！"	相机按动快门的"咔嚓"声
4	特写	精心修饰的图片发送到微博	1s		微博刷新的背景音
5	近景	张美一脸满足，伸了伸懒腰，陶醉在幻想中	2s		梦幻风格的音乐
6	特写	微博下方很快出现网友和好友的评论	5s	（旁白）"好美！" "小美还是那么好看！" "美子，你告诉我你怎么保持的？"	梦幻风格的音乐
7	近景	张美盯着微博下方出现的一条评论	3s	（旁白）"姐，接拍照片吗？"	
8	中景	张美沉浸在幻想中，自己在一处广告拍摄基地，手里拿着唇膏、防晒霜、护手霜等，开心地摆着pose	7s	（旁白）"我们有一款产品，需要模特一边使用一边摆pose，我觉得你脸型很好，嘴巴也挺有型的。"	梦幻风格的音乐
9	近景	张美回复对方	2s	"好啊，你把产品图片发来我看看！"	梦幻风格的音乐
10	特写	对方发来私信，打开图片一看，是口罩	2s		"哈哈"的特效声音

3. 短视频文案的写作要领

随着短视频市场规模的不断扩大，各类短视频如雨后春笋般涌现，让自己的短视频脱颖而出，迅速吸引用户的眼球，是制作短视频的关键。

对于短视频来说，标题的拟订至关重要。一个寡淡无味的短视频标题无法吸引用户的注意力，也就不能勾起用户观看短视频的欲望。

优质的短视频标题应以对内容的巧妙提炼为基础，将创新力与个性化的元素融入其中，这样才能对短视频起到画龙点睛的作用。一方面，用户会通过标题来甄选自己期待观看的短视频内容；另一方面，优质的标题可以获得短视频平台更多的推荐机会，所以短视频标题的拟订十分重要。

在拟订短视频标题时，可以运用以下技巧。

（1）把握标题的长度，运用短句强化标题的层次感

各大短视频平台对短视频标题通常会有字数限制，如果标题太短，短视频内容中的有效信息就不能被完整地展示出来；如果标题过长，则给人一种冗赘感。复杂、拗口的长句往往不利于人们阅读，所以短视频标题讲究精确、凝练，以简洁的短句代替长句，可以强化标题的层次感，优化标题结构，让用户获得舒适的阅读体验，从而增加播放量。

例如：《不怕歌曲太好听，就怕歌词太入心！》

《当你学不下去的时候，请你认真看完。加油，同学们！》

（2）巧用数字、标点符号

在碎片化的阅读方式下，人们往往注重第一眼的直观印象，如何在几秒内迅速吸引用户的注意力，成为拟订短视频标题首要解决的问题。与文字相比，简洁、利落的数字能让标题更具视觉冲击力。同时，数字传达出的信息显得客观、精确和专业，使短视频的内容更具可信度。

例如：《7个家庭必备的清洁小妙招，赶紧收藏吧！》

《初学者必学的10个小技巧，你知道几个？》

除了以数字吸引用户的注意力外，标点符号的灵活运用也能给短视频标题增色不少。例如，感叹号可以表达强烈的感情，如抒发赞颂、喜悦、愤怒、叹息、惊讶等情绪；冒号表示进一步解释说明。

例如：《被咱们国货品牌感动了！没想到这个品牌背后的故事又暖心又浪漫！》

《自律的秘诀：如何制订一份真正可执行的计划？》

（3）提取短视频中的爆点，在标题中设置高频关键词

短视频关键词主要包括两种，一种是网络热点关键词，即由当下的热点事件和热门话题衍生出来的关键词；另一种是基于短视频内容的关键词。这就要求创作者在拟订短视频标题时，既要紧跟时事热点，又要从短视频内容中提取人们关注的爆点，用搜索流量较高的关键词来准确表达短视频内容。

设置关键词不仅仅是为了利于用户搜索短视频，更重要的是每个短视频平台都有各自的推荐机制，关键词越精准，越容易按照平台的推荐机制推荐给对相应话题感兴趣的用户。创作者可以将网络热点关键词与短视频内容关键词进行优化组合，这样就会大大增加短视频的播放量。

例如，在淄博烧烤火爆全网后，很多创作者制作了与该话题相关的视频内容。某短视频博主前往淄博实地体验淄博烧烤的壮观场面，制作了一个Vlog，发布后的45分钟就获得约1500个点赞、200多个转发和100多条评论。——《火爆的淄博烧烤，到底味道、体验怎么样？》

（4）设置悬念，激发用户的好奇心

一个充满悬念的短视频标题可以激起人们的好奇心，而这种好奇心正是促使人们打开短视频的动力。这样的标题通过制造悬念，提出疑问，使用户产生猎奇的心理，促使其打开短视频一探究竟。

设置悬念的方法有三种：一是把标题设置成一个疑问句，通过提出问题来激发用户观看短视频的兴趣；二是在标题中制造对比和冲突，为用户打造差异化体验；三是打破人们的常规认知，以独特的角度吊起用户的胃口。

例如：《你知道吗？为何夜空是黑色的？》

《六岁小朋友单挑姐姐，一顿操作猛如虎，最后结局亮了！》

《我是万万想不到啊！这些人竟然唱过歌？哪位最让你感到意外呢？》

（5）在标题中明确用户指向，增加代入感

在短视频标题中，将用户指向"标签化"，明确短视频内容所针对的人群，可以拉近创作者与用户的心理距离；还可以使用第一人称、第二人称，以场景对话的方式拟订标题，从用户的角度出发，以用户的体验为主，强化用户的代入感。

例如：《大一新生必看！刚进大学"3不要"！少走弯路！》

《今年夏天，你打算去哪里看海？》

4.2.5 直播文案

直播文案，又称直播营销文案，可以帮助直播间提升人气，活跃气氛，强化直播IP。直播有一个完整的流程，从策划到执行，都有营销文案进行指导，以保证正确的方向。一般而言，直播文案可以分为直播脚本文案、直播预热文案、直播标题文案、直播话术文案等。

1. 直播脚本文案

直播脚本文案是一份流程表，包含了直播的所有内容：直播时间、直播主题、直播产品、直播话术、直播间要做的事情等。有了高质量的直播脚本文案，在直播前做一遍预习，主播便可以更好地顺着流程做完直播，从而提升直播效果和带货转化率。

在做整场直播脚本策划时，具体的思路如表4-8所示。

表4-8　整场直播脚本策划的思路

事项	具体思路
确定主题内容	本场直播要做什么？是卖货、聊天、游戏还是展示才艺？根据粉丝画像、直播账号定位来确定整场直播的主题
准备直播设备	一场直播的基本设备包括手机、声卡、话筒、补光灯等；美妆类直播，灯光要有美颜作用；服装类直播，要准备晾衣架……在确定直播主题后，主播要根据内容需求，在准备最基础的直播设备情况下，还需要完善直播内容所需要的器材、工具
安排人员分工	整场直播需要哪些人？如果卖零食，需要助理配合进行试吃；如果卖衣服，需要模特帮忙试穿；如果直播间的产品多，需要团队人员配合提示产品的优惠活动……
制订直播预热方案	写作直播预热文案，找准直播预热渠道，提前规划直播引流指标
直播流程设计	对直播过程中的每一个环节的顺序进行安排，如产品解说环节、抽奖环节、上链接环节、聊天环节、才艺展示环节……
细节策划	策划以下细节：直播中抽奖的频次、每一款产品的卖点、引入产品的话术、引导关注的时间点、每一款产品的优惠活动、促单话术、催单话术……

表4-9所示为整场直播脚本模板。

表4-9　整场直播脚本模板

整场直播脚本				
直播主题	"双十一"要来了！	主播	A	注意事项：要根据直播间用户的反馈做出适当调整；对于产品的功能，不要夸大，应如实介绍
直播目标	销售额50万元	运营	B	
直播产品	男士包	场控	C	
直播时间	11月8日20:00—22:40	副播	D	
时间分配	流程	具体活动		
3分钟	打招呼	热场，和用户打招呼，告知本场直播主题和直播间会送出的福利，以留住用户；可以先抽奖，让直播间气氛活跃起来		

整场直播脚本		
7分钟	简单互动	一边和用户互动，一边引出本场直播的产品，从产品的品牌、口碑、销量等方面开始打开话题，并强调自己直播的时间和频率
5分钟	调动情绪	设置一波福利赠送，如互动抽奖、发红包，鼓励用户转发分享直播间，吸引更多的用户进入直播间
10分钟	过流程	过一遍流程，让用户知道本场直播将会有哪些产品，主播会做什么
110分钟	讲解产品	按照安排好的时间和直播前的演练，把控产品解说节奏，做好产品解说、产品上下架和优惠活动
20分钟	补充、答疑	回复前面没来得及回复的用户评论，适当剧透下次直播的主题和福利
5分钟	引导关注和直播预告	引导用户关注直播间账号，然后预告下期直播的直播时间和具体的福利

　　整场直播脚本侧重于对整场直播的流程进行规划，而电商直播的主要内容是对产品进行介绍和推荐，为了提高产品的转化率，主播应当对每一款产品的卖点、优势和特征了如指掌。单品脚本就是指导主播对某一款产品进行解说和介绍的脚本。单品脚本要以表格的形式写下来，将产品卖点和利益点清晰地体现在表格上，以确保主播对产品有更清晰的了解，在直播讲解过程中不遗漏重要的产品信息。

　　单品脚本主要包括品牌介绍、产品介绍、直播利益点和直播时的注意事项等要点，具体的内容如表4-10所示。

表4-10　单品脚本

项目	产品宣传点	具体内容
品牌 介绍	品牌理念	让我们为您减负
产品 介绍	产品名称	户外休闲男士单肩包
	产品卖点	（1）重量轻：轻量化包体设计，自重仅0.27千克； （2）布局合理：8袋4隔层，多功能存储；大容量主袋，可容纳平板电脑； （3）方便省心：便捷前袋，设置贴心钥匙扣；后侧壁袋，贴身存储； （4）防水面料：荷叶防水面料，经过特殊涂层处理，水珠轻松滑落，不沾水； （5）可伸缩肩带：肩带长度在700～1450mm，适合各类人群
	产品试用	让模特试戴男士单肩包，在镜头前展示各个角度的效果，并展示拉链、包内、包的材料等方面，360°无死角呈现产品特征和优势
直播 利益点	"双十一" 特惠	今天在直播间内购买此款男士单肩包可享受"11.11"特价，下单备注主播名称即可

项目	产品宣传点	具体内容
直播利益点	留人福利	（1）直播间满5000人抽奖； （2）整点抽奖； （3）不定时推出优惠券； （4）问答抽奖
直播时的注意事项		（1）引导用户领取购物券，明确告知购物券的位置、领取方式和适用产品； （2）引导用户分享直播间、点赞等； （3）引导用户加入粉丝群

2. 直播预热文案

很多商家抱怨开通直播间后没有多少人气，转化率很低，其中很大一个原因是没有进行预热，或者直播预热效果不佳。在做直播预热时，直播团队要根据实际情况写作以下几个方面的文案。

（1）产品剧透

产品剧透是指将直播间要推荐的产品罗列出来，开门见山地告诉用户有哪些产品。当用户看到预热文案时，很有可能刚好需要这款产品，而产生进入直播间观看直播的欲望，而这样进入直播间的用户是非常精准的。例如，"明晚8点半，丽姐首播，准备了很多漂亮衣服，看到这条视频的朋友们要来哦！"

（2）干货分享

很多用户进入直播间不只是为了买东西，还想要学到点知识或技能。直播团队在写作直播预热文案时，可以向用户告知，进入直播间可以免费学习一项技能和一些小技巧，帮助用户解决生活与学习上的难题。例如，"朋友们，想尝尝冷吃鸡尖吗？冷吃，热量少，今天晚上7点我教大家做，记得来看直播。"

（3）巧用名人效应

很多直播间会邀请名人来直播间做客，直播间通过名人效应会吸引更多用户前来观看，这其中就包括很多该名人的粉丝，这也为直播间拓宽用户群体范围提供了可能。例如，"3月8日晚6点，来我的直播间，可能会看到××（某知名艺人）现场表演唱歌哦！"

（4）福利赠送

很多用户进入直播间是因为直播间的产品优惠力度大，提供的福利多，所以直播团队要在直播预热文案中适当地抛出一些福利条件来吸引用户关注，如送礼品、抽奖、发红包等。例如，"××家粉丝突破120万了！准备了超多福利！红爪红尾大海虾，壳薄肉厚，价格低到想象不到，晚上8点来直播间。"

3. 直播标题文案

在直播平台上，同一时段有很多人直播，直播标题更吸引人的直播间，其人气会相对较高。要想写出吸引人的直播标题文案，创作者可以从以下几个方面考虑。

（1）蹭热点

人们对热门话题普遍保持较高的关注度和好奇心，因此热门事件、热门节日、热门影视剧可以作为直播标题的亮点，以吸引用户点击，如图4-22所示。

（2）戳中痛点

直播标题可以以某产品或某话题中的核心烦恼为中心，戳中用户的痛点的同时告诉用户解决方案。要想精准地戳中痛点，创作者要深入了解用户的需求，将产品与解决办法联系在一起，如图4-23所示。

（3）逆向思维

逆向思维就是在常规思路上进行逆向表达，形成反差，然后制造惊喜，使用户有新鲜感，从而吸引用户的注意力，如图4-24所示。

图4-22　蹭热点　　　图4-23　戳中痛点　　　图4-24　逆向思维

（4）教授技能

教授技能与戳中痛点相似，都是告诉用户能解决什么问题，区别在于教授技能的标题更直接，范围更广，更倾向于干货学习，如图4-25所示。

（5）制造悬念

直播标题可以使用欲说还休的语言来制造悬念，激发用户的好奇心，让用户忍不住地想看一看直播中会有什么令人期待的事情发生，从而吸引他们点击标题进入直播间，如图4-26所示。

（6）设置利益点

直播标题中可以设置简明易懂的利益点，这类标题简单粗暴，有很直接的引流作用，如图4-27所示。

图4-25　教授技能　　　图4-26　制造悬念　　　图4-27　设置利益点

4. 直播话术文案

直播话术的作用是为了帮助主播更有技巧地引导、互动并促成交易，所以不能机械重复，而是要融会贯通，灵活表达。

在整个直播过程中，直播话术具体可以分为以下几种。

（1）聚人话术

聚人话术应用于直播开场阶段，可以起到一定的暖场作用，拉近与用户的距离，吸引其注意力。聚人话术还可以细分为欢迎话术和宣传话术。

- 欢迎话术：主播针对入场的用户进行欢迎，拉近用户与主播的距离。方法有三：一是解读用户的账号名称，如"欢迎××进入直播间，你的这个名字很特别啊，是有什么故事吗"；二是寻找共同话题，如"你是不是和我一样一换季就过敏，换好几个产品都不合适？这种情况下我一般会使用……"；三是用福利预告带入直播主题，如"朋友们，今天纯放福利了，我今天手上这件卫衣，只要两位数价格，工厂直发，纯福利"。

- 宣传话术：主播向用户告知直播时间和直播内容，以增加用户对该直播间和主播的熟悉度。在宣传直播时间时可以说"非常感谢观看我直播的朋友们，我每天的直播时间是晚上7点到11点，风雨不改，没点关注的朋友们记得点关注，点了关注的朋友们记得每天准时来看"；在宣传直播内容时可以说"我是××，今天来给大家分享几个美妆小技巧，学会了以后你也可以成为美妆达人，记得关注我，了解更多简单易上手的美妆技巧"。

（2）留客话术

留客话术主要是通过互动的方式，让用户感知到切身的服务，使用户的诉求能得到较快的回应，同时主播也能较快地得知用户的反馈。

留客话术主要有发问式互动话术、选择性话术、节奏型话术等。

- 发问式互动话术：主播可以向用户提问，但用户的答案只能是肯定或否定，用户可以很快做出反馈，主播能够快速获得用户的答案，不至于在等待答复时冷场。这类话术一般是提问用户对产品介绍的问题，目的在于及时解决观众的疑问，建立信任感，如"刚刚给大家介绍的美妆小技巧，大家学会了吗""这款护肤品大家以前用过吗"。

- 选择性话术：主播向用户抛出一个选择题，答案一般只有两个选项，用户可以很快做出反馈。例如，"想看换左手这套衣服的打'1'，想看换右手这套衣服的打'2'，一会儿模特试穿，让大家看一下效果。"

- 节奏型话术：主播让用户在评论区密集地发送相同的文字，营造直播间的火热氛围，从而给新进入直播间的用户留下深刻的印象。例如，"想要这款护肤品的朋友，我们满屏刷起来好不好？把'好看'打在公屏上。"

（3）锁客话术

锁客话术可以分为展示型话术、信任型话术、专业型话术和验证型话术。

- 展示型话术：主播在介绍产品时可展示产品的质量、使用感受与和其他渠道对比的价格优势，让用户直观地看到效果。例如，"这个牌子的口红给人一种很温柔的感觉，它的颜色鲜艳，看了以后让人觉得如沐春风，这个感觉非常舒服。"

- 信任型话术：主播可在直播时强调自己使用过产品，并强调自己使用产品的感受，以增加主播在产品讲解的真诚度，同时衬托该产品的质量，打消用户对产品的疑虑，建立信任感。例如，"我也买了这个牌子的护手霜，我个人比较喜欢这两款产品。"
- 专业型话术：主播在介绍产品时可以从专业角度出发，对产品的材质、特性进行详细讲解，指导粉丝根据自己的情况选择产品。例如，"即使是职业气场浓厚的白衬衣和古板蓝西装，在用素色灰白印花丝巾点缀后，就会瞬间点亮整体穿搭，让你的气质与众不同。"
- 验证型话术：主播可以现场试用产品，分享使用体验和效果，以验证产品功能。例如，"接下来我让模特穿一下，大家看一看效果……这款裤子的垂感还是很强的，穿着还显瘦。"

（4）说服话术

说服话术是指主播从产品的功效、价位、成分、包装设计、促销力度和现场使用结果等方面进行讲解，进一步帮助用户做出选择所采用的话术。说服话术主要包括低价话术和话语场景话术。

- 低价话术：直播的优惠活动是影响用户在直播间购买产品的重要因素，如果商品有较高的折扣，优惠力度特别大，有需求的用户会很痛快地下单，直播间的销量也会节节攀升。因此，只要直播间举办优惠活动，主播就可以向用户告知优惠条件，如"买一送一""满100元减50元"等。例如，"大家能不能点到5万赞，点赞数够了以后，我会给大家上福利，今天这款产品门店价格是370元，在我直播间帮我点赞的，我直接给你们7折价，这个价格是非常实惠了！"
- 话语场景话术：主播要用话语为用户构建美好的场景，让用户感受到产品带来的利益，满足用户的想象和需求。例如，"这款香水给人的感觉，就好像在花园里漫步，沐浴着春日阳光，周围全是花香，真是太解压了！"

（5）催单话术

催单话术是为了强化用户对产品的认可，重点强调产品的价格、优惠和物超所值，给用户一个不得不买的理由，尤其是增加用户的紧迫感，使用户抓住来之不易的机会，赶紧下单。例如，主播可以强调优惠产品的数量不多，时间紧迫，用倒计时的方式促使用户尽快下单，"我们之前直播的时候，这个产品一上架就销售一空，所以想买的朋友们不要犹豫，下单就行了。""这款产品库存有限，还剩500单，如果看中了一定要及时下单，不然一会儿就买不到了。好了，倒计时5、4、3、2、1，上链接！"

除此之外，主播还可以引导用户下单，为用户讲解如何下单，并演示下单操作。例如，"大家可以点开商品链接，看到优惠券，点击之后就会自动领取，然后大家点击'立即购买'，填好你需要的数量，再点'确认'就好了。接下来我让助理帮大家演示一下。"

（6）结束话术

结束话术是指在直播结束时所说的话，一般是对用户表示感谢，并预告下次直播主题和福利。

- 感谢话术：主播可以抒发自己的真实感情，感谢用户的陪伴和支持，例如，"谢谢你们来观看我的直播，谢谢你们的点赞和支持，明天晚上不见不散！"
- 预告话术：主播可以为用户预告下次直播的内容，包括直播主题、福利、产品等，使用户对下一次直播产生期待。例如，"谢谢大家捧场，今天的直播就接近尾声了，明天晚上7点到11点，同样的时间开播，我会为大家带来不一样的产品，而且都是大品牌，质量有保障，今天先卖个关子，大家敬请期待！"

4.2.6 小红书文案

小红书是一个生活方式平台和消费决策入口，主要用户群体为年轻人。小红书通过机器学习对海量信息和用户进行精准、高效匹配。随着社交电商的发展，小红书成为中国非常受欢迎的社交购物平台之一，截至2022年12月，小红书的日活跃用户量达2.6亿。随着用户数量的增长，小红书也成为重要的广告投放渠道、营销推广渠道和内容平台。

为了提高小红书账号的营销推广能力，创作者在写作小红书文案时要注意以下几个方面。

1. 确定合适的昵称

昵称是开启小红书文案写作的第一步，是创作者对外的第一张名片。创作者确定昵称的目的是让用户知道创作者的身份、能做什么、做的事情是否对用户有帮助，从而让用户更加清晰地了解创作者的价值，给用户一个关注的理由。

确定昵称有一个很好用的公式：爆款昵称=简单、好写、常见的昵称+内容细分领域。这两者可调换顺序。例如，学习类的账号可以取昵称为"××爱学习""××爱分享""学习达人××"等。通过观察小红书上的人气博主，可以看出他们都有一个特性，就是昵称非常简单，让用户看一眼昵称就明白了博主的定位和价值。

2. 写作吸引人的账号简介

小红书账号简介的作用是快速体现创作者的人设，获得用户的信任感和认同感，增强对创作者的认可度。小红书账号简介可以从专业度、独特性和经历等三个方面入手。

（1）专业度

创作者可在账号简介中着重体现自己的专业和特长，展示出自己的价值，一般有两个重点描述方向：数据化描述+具体领域定位。常见的句式有：××职位+××年相关经历+××奖项证明；善于××，已帮助××人实现××目的；分享××具体领域内容，帮助你实现××目的；主攻××领域，擅长××、××等内容。例如，某美食博主的账号简介就突出了自己的主攻领域和为用户提供的帮助——"6年美食博主|主攻美食领域内容|帮助你学会做零食、甜品、做饭、做辅食"。

（2）独特性

与凸显专业度的账号简介相比，凸显独特性的账号简介更适合有一定影响力和特殊经历的人，通过差异化来显示自己的特殊之处，从而使用户产生情感共鸣。例如，某年龄较大的博主在账号简介中这样介绍自己"年龄只是数字，我的精彩人生才刚刚开始"。这句话精准定位了产生年龄焦虑的用户群体，可以鼓励这些用户正视自己的年龄，提升对生活的热爱。

（3）经历

介绍经历的账号简介一般适用于头部博主和一些具有超高成就和超强经历的人，以起到"标新立异"的作用，帮助博主快速体现IP价值。创作者可以用一句话概括一段经历，同时将悬念抛给用户，吸引用户浏览和关注。例如，某博主的账号简介为"清华计算机/IBM（International Business Machines Covporation，国际商业机器公司）工程师/全职妈妈/兼职博主"，这就给用户留下了一个巨大的悬念——她是如何实现从清华计算机毕业生、IBM工程师向全职妈妈、兼职博主过渡的？这个账号简介把目标用户精准定位为渴望家庭和工作能够兼顾的妈妈们。

3. 拟订合适的标题

做小红书不能只关注文案的内容，创作者也要学会包装内容，而标题就是包装内容的第一步。在拟订小红书文案标题时，创作者要站在用户角度思考，从用户需求、痛点和心理感受出发。以下方法可以增加小红书文案标题的吸引力，如表4-11所示。

表4-11 小红书文案标题的拟订方法

方法	说明	举例
用数字凸显价值	在标题中使用数字可以增加辨识度，让用户更直观地感受内容的价值，激发其点开文案的欲望	《强推！1年时间让我脱胎换骨的24个好习惯》 《过了20岁，一定要尽早养成这32种认知》
增强指导性	小红书用户搜索的主动性强，通常会在平台内对一些问题进行主动搜索，指导性强的标题有更强的针对性，从而提高文案的吸引力	《职场人必备技能，让你能力翻番》 《如何停止胡思乱想，告别精神内耗》
突出性价比	突出产品的高人气、高销量，介绍卖点，并利用优惠和低价营造反差，使用户觉得性价比高	《超可爱！9元宝藏好物，平价纯分享》 《今年夏天超火的格子衬衫，均价只要50元》
制造戏剧冲突	通过感觉上的差异引起用户的兴趣，如制造矛盾、冲突、反差等，唤醒用户的猎奇心理	《1000元如何花出5000元的品质？这些工具简直相见恨晚》 《已毕业一个月，没花家里一分钱读完研究生》
进行对比	通过与参照物的对比，让用户产生进一步了解的欲望	《为什么比你忙的人比你有时间？总结一下我的时间管理技巧》 《比失去朋友更可怕的是刻意维持一段关系》
圈定人群	通过特定的标签和属性，圈定人群	《让人欲罢不能的学习方法》 《一说话就紧张？4招快速告别当众说话恐惧症》

4. 采用"三段式"结构写作文案内容

小红书文案正文结构以"开头+中间+结尾"三个部分构成。

- 开头：重复关键词，多用强调词，建立创作者与内容之间的联系。
- 中间：分条目论述重点内容，内容要与关键词密切相关，总字数控制在200～500字，每一条目前可以用符号"·"，在视觉上会让用户觉得更有条理。
- 结尾：号召用户点赞、收藏和互动，并加关键词@官方账号，添加讨论度高的话题。或者重复强调自己的人设和专业性，以及可以给用户提供的价值。

需要注意的是，在排版时小红书文案中要使用可爱的表情符号，这样可以提高文案的美观程度，增加用户的阅读兴趣，影响用户的心理状态，对增强用户点赞、收藏和评论的主动性很有利。

图4-28所示为某小红书博主发布的文案，该文案就是按照"三段式"结构撰写的。开头

强调标题中提及的关键词"假努力"，分享走出自我感到假象的方法，中间分条目论述若干方法，最后总结主题，并强调自己的专业人设。

图4-28　小红书文案内容结构示例

4.2.7　今日头条文案

自媒体行业的从业人员众多，而头条号借助今日头条的智能推荐引擎及其庞大的用户群体，在自媒体平台中具有举足轻重的地位。那么，在今日头条上写作文案时应当注意哪些问题呢？

1. 提高阅读率

阅读率就是阅读转化率，即点击进入文章的用户比率。要想提高阅读率，创作者必须写好标题。

一个好标题要引人入胜，足够吸引人们的眼球，能够激发人们的好奇心理，但切忌做"标题党"。因为"标题党"虽然会提升阅读率，但由于标题与内文关联度不大，所以会导致跳出率、阅读速度和阅读进度等数据表现很差。其实，优质的标题应是"猎奇性""趣味性""实用性"和"关联性"的结合体。

2. 提升阅读进度

创作者精心策划的内容拥有较高的质量，但很多时候获得的阅读量不及随便写出来的文章。这是因为精心策划的内容大多篇幅较长，而篇幅的长短对阅读进度的影响很大。用户浏览信息很多时候并不抱有特定的目的，只是打发时间而已，对于篇幅较长的文案大多没有耐心读完。

文案篇幅适中是提升阅读进度的关键，一般来说1000～2000字的文案最受欢迎。因此，创作者在发布今日头条文案时，要明确主题，每篇文案重点说清楚一个问题即可。

3. 降低跳出率

跳出率是指阅读不足20%就跳出页面不再阅读的用户比率。因此，创作者在写作今日头文案时要直接点明主题，开门见山，不要一上来先阐述背景、意义之类的内容，这样只会导致用户跳出页面。

4. 降低阅读速度

阅读速度是评判用户喜欢文章的指标之一，用户越喜欢，其阅读速度就越慢。因此，创作者要想方设法提高文案的质量，增强其可读性。增强可读性的方法有很多，如写作故事型文案，用感人、幽默或者有悬念的故事来吸引用户阅读。

另外，创作者还可以充分利用"F"形视觉规律。用户在浏览内容区域时，最常见的是首先以水平方式浏览，通常是内容区域的上半部分，这构成了"F"形的头部；然后用户会在屏幕左侧垂直浏览，寻找自己感兴趣的内容，并继续以水平方式浏览，这就构成了"F"形的下半部分，如图4-29所示。

因此，创作者可以适当地多分段，将重点内容写在段落的开头，以及时抓住用户的注意力，使其耐心地继续阅读下面的内容。

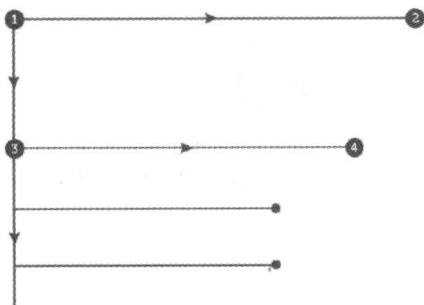

图4-29 "F"型视觉规律

【实训案例】

请根据下列图片中的信息（见图4-30），为小米空调写作一篇微博文案和微信文案。

图4-30 小米空调的营销信息

【课后思考】

1. 简述社会化媒体的类型。
2. 简述社会化媒体平台文案的作用。
3. 简述微博文案的写作要领。

第5章

新媒体新闻写作

知识目标

➢ 了解新闻的特征、要素、结构及常见的新闻体裁。

➢ 了解新媒体新闻的特征。

➢ 了解新媒体数据新闻的特征和类型。

➢ 了解新媒体新闻和新媒体数据新闻的写作要领。

能力目标

➢ 能够规避新媒体新闻的写作误区。

➢ 能够制作新媒体数据新闻图表。

➢ 能够分析新媒体新闻和新媒体数据新闻的案例。

素养目标

➢ 追求真相，坚持准确、公正、客观、全面的报道原则。

➢ 做国家与群众之间的桥梁，提高职业道德和社会责任感。

　　近年来，随着新媒体平台的迅速崛起，人们获取新闻的方式发生了很大的变化，新媒体在新闻宣传报道中发挥着积极且重要的作用。在报道形式上，新媒体新闻全面融合文字、图片、短视频、动画、H5、数据新闻、Vlog等多元化表达，并通过"两微一端一抖"形成传播矩阵。本章从新媒体新闻的基础知识出发，详细介绍新媒体新闻和新媒体数据新闻的写作要领，帮助读者分析新媒体新闻和新媒体数据新闻的案例。

5.1 认识新媒体新闻

在新媒体环境下，数字技术的发展给新闻事业带来了前所未有的变革，新闻传播的媒介从传统的纸媒（报刊）和电子媒体（广播、电视），走向以手机为主的移动互联网络。新媒体作为一种新兴的传播媒介，为新闻写作提供了一个更为广阔的空间。

5.1.1 新闻概述

在大众传媒尤其是纸媒兴盛的时代，新闻写作在长期的发展过程中积累了许多宝贵的经验，形成了相对固定的标准和规范。新媒体兴起后，新闻的写作主体、写作特点和写作技巧等都发生了巨大的变化，但新媒体新闻写作并非完全脱离了传统的新闻写作。在进行新媒体新闻写作时，创作者要充分了解传统新闻的特征、要素、结构和体裁等，在其基础上顺应时代的特点，不断创新。

1. 何为新闻

新闻是经新闻媒体传播的记录社会、传播信息、反映时代的一种文体。新闻的概念通常有广义和狭义之分：广义的新闻是指对新近已经发生和正在发生，或者早已发生却新近发现有价值的事实进行及时报道和传播，包括消息、通讯、新闻特写、新闻专访和新闻时评等；狭义新闻则专指消息这种体裁，即以概括的叙述方式、简明扼要的文字，迅速、及时地报道国内外新近发生的有价值的事实。

2. 新闻的基本特征

新闻的基本特征包括真实性、及时性、新鲜性和公开性，如表5-1所示。

表5-1 新闻的基本特征

特征	说明
真实性	在新闻报道中的每一个具体事实必须合乎客观实际，即表现在新闻报道中的时间、地点、人物、事情、原因和经过都要经得起核对，而且新闻报道要与具体事实相符，能反映全面的事实真相。其中包括两层含义：一是新闻所报道的事件、人物、数字、思想观点等都必须准确、可靠，引文、史料及背景材料也同样准确、有据；二是准确地报道全面的事实
及时性	新闻报道应有社会效果的时间限度，即在什么时间范围内使新闻生效。在新闻实践中，新闻报道包含时新性和时宜性两个层面，时新性指新闻报道应及时、迅捷，时宜性则强调发表的时机，两者要求平衡和统一。一般而言，事件性新闻时效比较短，而非事件性新闻时效比较长
新鲜性	主要有三层含义：一是具有时间性，报道新近已经发生和正在发生，或者早已发生却新近发现的事件；二是构成新闻的事实要新，报道人们未知、欲知的事实，能够吸引受众的注意；三是报道的角度要新，能从事件的独特角度进行叙述
公开性	新闻是一种公开发表的文体，新闻事实只有公开报道出来，为大众所知晓，为社会所承认，才能实现其新闻价值，媒体制作新闻的目的就是为了向大众传播事实

3. 新闻的六要素

从表达方式上看，新闻以记叙为主，其基本要素大致与记叙文相同。

新闻的六要素包括时间、地点、人物、事件的起因、经过和结果。很多学者将新闻的六要素总结为"5W1H"，即Who（何人）、What（何事）、When（何时）、Where（何地）、Why（何因）、How（如何）。

一篇新闻报道，无论是消息，还是通讯、新闻特写，一般都包含这六个要素。例如下面这条新闻中，六个要素就交代得非常清楚。

今天（4月23日）是第28个世界读书日，这两天各地都举办了丰富多彩、形式多样的阅读活动。为进一步推动全社会广泛参与阅读，形成爱读书、读好书、善读书的浓厚氛围，河南省新华书店发行集团有限公司开展了"最美四月天"阅读季暨2023年世界读书日主题阅读推广活动，其中中原图书大厦举办的河南首家创意阅读市集中展示了近万种图书，吸引了众多读者参加。

4. 新闻的结构

新闻结构是指新闻作品谋篇布局的整体设计。新闻在结构上一般包括标题、导语、主体、背景和结语五个部分。

- 标题：一般包括引标题、主标题和副标题等。新闻标题的拟订要求准确概括新闻的主要内容，要突出重点，简洁醒目。图5-1所示为新闻标题，其中"品味老建筑、欣赏美术展，湖北武汉有个文艺范的历史文化街区"为新闻的引标题，"在昙华林，与艺术比邻"为新闻的主标题，"艺术为城市添彩"为新闻的副标题。

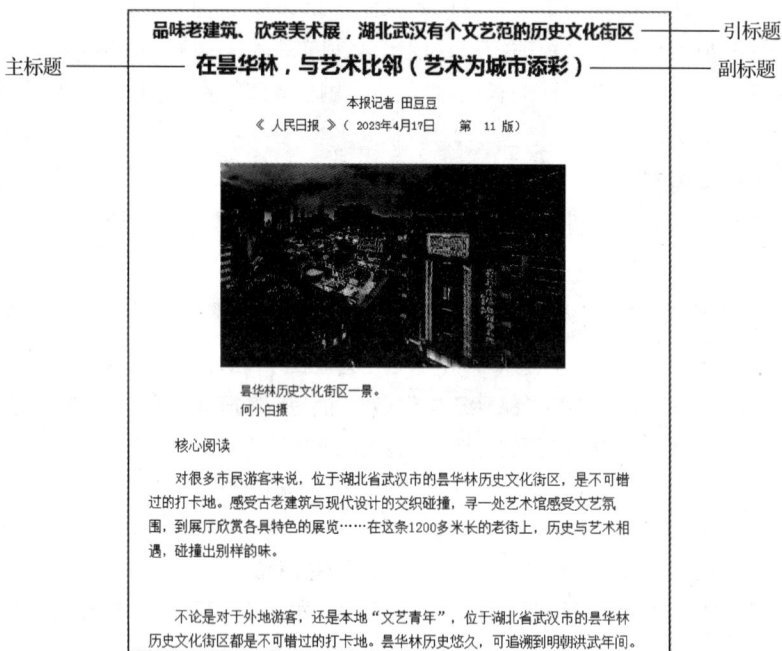

图5-1　新闻标题

- 导语：新闻正文开头的第一段或第一句话，它以简明扼要的语言揭示新闻的核心内容，集中呈现最重要、最新鲜或者最有特点的新闻事实，吸引读者进一步阅读。
- 主体：新闻的主干，它承接导语，用典型而充分的新闻事实、必要的背景材料，对导语进行补充和发挥，用于进一步扩展和阐述导语所揭示的主题，或者回答导语中提出的问题。
- 背景：新闻事实发生、发展的历史条件和环境条件。历史条件指事实自身的历史状况，环境条件指事实与周围事物之间的联系。新闻背景的介绍对新闻事实起到说明、补充与衬托的作用。

- 结语：新闻正文的最后一句话或最后一段，是新闻事实的结尾。新闻的结语可以阐明所述事实的意义，加深读者的理解与感受。新闻的结尾方式有小结式、评论式和希望式等。

5. 常见的新闻体裁

新闻体裁指新闻报道作品规范化的类别和样式。新闻事业的快速发展让新闻体裁也呈现多样化的特点，根据表达新闻材料的手法、口吻和组织材料的结构不同，可以将新闻的体裁归为新闻报道类（如消息、通讯、新闻特写、新闻专访、调查报告、新闻公报等）、新闻评论类（如社论、评论员文章、新闻时评、思想评论等）和新闻附属类（如散文、杂文、诗歌、回忆录、报告文学等）。

下面将介绍几种常见的新闻体裁。

（1）消息

消息即狭义的新闻，是用简洁明快的语言及时报道新近发生、有价值的事实的一种新闻文体。消息一般报道的事实比较单一，突出叙述最新鲜、最重要的事实，通常不对人物或者事件进行浓墨重彩、精雕细琢的描写，所以具有真实性、时效性及短小精悍的特点。图5-2所示为新华社报道的一则消息。

图5-2 消息

按照不同的标准，消息可以分为以下不同的类型。

- 按照新闻事实的发生状态，可以分为突发性新闻、持续性新闻和周期性新闻。
- 按照消息报道的时态，可以分为事件性新闻和非事件性新闻。
- 按照新闻事实的材料组合，可以分为典型新闻、综合新闻和系列新闻。
- 按照新闻发生的地区与影响范围，可以分为国际新闻、国内新闻和地方新闻。
- 按照反映社会生活的内容，可以分为政治新闻、经济新闻、法律新闻、军事新闻、科技新闻、文教新闻、体育新闻、社会新闻和娱乐新闻等。

（2）通讯

通讯指运用叙述、描写、抒情与议论等多种手法，具体、详细、生动、形象地报道客观事实或者典型人物的新闻体裁，是记叙文的一种形式。

按照内容来划分，通讯一般分为人物通讯、事件通讯、概貌通讯和工作通讯等；按照形式来划分，可以分为一般记事通讯、访问记（专访、人物专访）、小故事、集纳、巡礼、纪实、见闻、特写、速写、侧记、散记和采访札记等。

通讯和消息一样，也要求及时、准确地报道生活中有意义的事实，但报道的内容比消息更具体、系统。

通讯的特点如表5-2所示。

表5-2　通讯的特点

特点	说明
较弱的时效性	通讯的时效性不及消息的时效性那样严格
详细、深入	通讯要对事件的来龙去脉、环境、背景做具体描写，这是有别于消息的一个显著特点
形象性	通讯不仅要用事实说话，还要有情节、有联想，用形象的语言对事实进行生动的叙述
评论性	通讯可以对客观事实和典型人物进行议论和评价，表明一目了然、是非鲜明的思想观点

（3）新闻特写

新闻特写是指截取新闻事实的横断面，即抓住富有典型意义的某个空间和时间，通过一个片段、场面或镜头，对事件或人物做出形象化报道的一种具有现场感的新闻体裁。它以描写为主要手法，是新闻体裁中极富表现力的一种体裁。新闻特写通过截取新闻事实中某个最能反映其特点或者本质的片段、剖面或细节来进行集中刻画，从而给人们留下深刻且鲜明的印象。

新闻特写讲究落笔集中、突出，以浓淡相宜的手法真切地再现事实，或者用幽默风趣的语言风格让作品意蕴悠长。新闻特写一般分为事件特写、场面特写、人物特写、景物特写、工作特写和杂记性特写等。

（4）新闻专访

新闻专访是新闻创作者事先选定采访对象，对特定的人物、文体、事件、风物等进行专题性现场访问后所写的报道。它是以新闻创作者与人物谈话的方式获取直接材料，并在报道中穿插背景材料而形成的一种特殊体裁。

新闻专访通常分为人物专访、事件专访、问题专访和风貌专访，在叙述手法上主要采用第一人称进行写作，比一般的报道要详细且生动，是一种集新闻性、思想性、知识性和趣味性于一体的可读性很强的新闻体裁。

（5）新闻时评

新闻时评又称时事评论，简称时评。它是新闻创作者借助大众传播工具或载体，对刚刚发生的新闻事实、现象或问题，在第一时间发表自己观点的一种有理性、有思想、有知识的新闻体裁。新闻时评以议论时事为主，最初专指时事短评，现多指新闻性、针对性很强的个人署名的专栏评论，如图5-3所示。

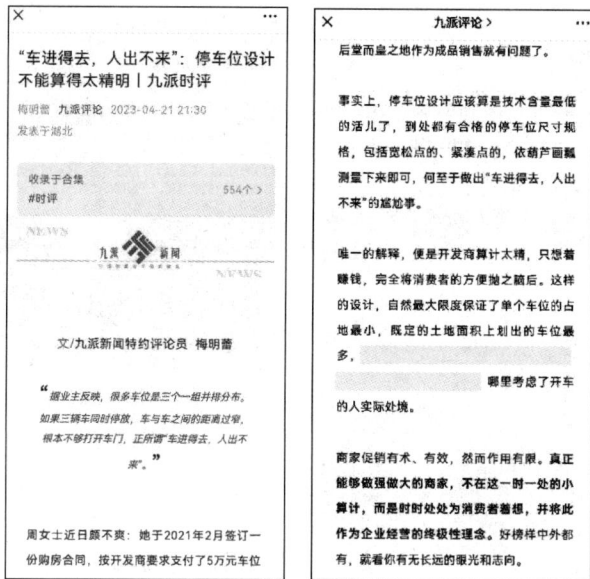

图5-3　新闻时评

5.1.2　新媒体新闻概述

在新媒体时代，信息的传播呈现出交互性与即时性的特点，海量的信息内容可以在全球范围内共享，加之服务的个性化与社群化，以及表达方式的多元化与超文本链接等，在一定程度上变革了信息传播与接收的特点、规律和格局。在这样的大环境下，新闻的传播技术、传播载体及受众的阅读习惯都发生了巨大的改变，所以新闻的写作特点也随之发生了变化，越来越多的元素融入新闻创作和传播的过程中。

1. 何谓新媒体新闻

新媒体的兴起打破了以大众传媒为主流的新闻传播体系，颠覆了以传播者为中心的新闻传播模式，手机和网络成为人们日常生活的重要组成部分，每个人都可能成为信息的发布者和传播者。新媒体新闻就是在数字技术的支撑下，以新兴移动互联网络为载体，记录与传播信息的一种文体。

2. 新媒体新闻的特征

新媒体新闻具有以下特征。

（1）话语表达的视觉性与形象性

在新媒体环境下，受众的阅读习惯发生改变，碎片化的阅读方式让受众对新媒体新闻的话语表达有了更高的要求，视听结合的立体阅读体验成为吸引受众关注的重要因素。伴随着新媒体技术的应用，新媒体新闻在话语表达上不再局限于文字和图片结合的简单形式，而是在文字和图片结合的基础上融合了声音、动画和视频等多种元素。画面与色彩的结合让新媒体新闻的表现形式呈现灵活多变且直观的特点，信息内容也更加具有表现力和吸引力，从而加深了受众对某一新闻事件的印象。

图5-4所示为新浪微博中采用文字配以图片、视频的方式对新闻事件的生动报道。多种多样的呈现方式让受众对新闻事件有了更为直观的了解，增强了新媒体新闻阅读的趣味性，同时也吸引了受众的注意力。

图5-4　新媒体新闻多种多样的呈现方式

从语言上来讲，新媒体新闻的话语表达更富形象性，写作语言朝着多彩化和时尚化的方向发展。文字是构成新闻作品的基本单位，对于新闻内容的呈现有着举足轻重的作用。在新媒体新闻写作过程中，新闻创作者为了完善视觉化的呈现方式，会吸纳社会生活中的流行语及热门的网络用语，这样不仅可以满足受众视觉化阅读的需要，还可以拉近受众与新闻创作者之间的距离，形成良好的互动模式，从而让新闻得到更大范围的传播。

例如，微信公众号"界面新闻"发布的这则新闻《"中式汉堡"的风能吹多久？》，其中就引用了一些网络流行词汇，如"脑洞大开""黑暗料理"，在语言风格上也很贴近受众，如图5-5所示。

图5-5　"界面新闻"发布的一则新闻

（2）互动性

在传统的新闻写作中，新闻创作者掌握着新闻话语的控制权，受众要获取新闻信息则要通过固定的栏目或者节目板块，新闻创作者与受众的地位并不平等。而在新媒体时代，新闻创作者与受众之间的界限逐渐模糊，每个人既可以是信息的接收者，也可以是信息的传播者，新闻创作者与受众之间建立了平等的关系，数字化的媒体平台也为新闻创作者与受众创造了更多的互动沟通的机会。

在新媒体平台上，针对某一新闻事件，受众可以积极地进行讨论，自由发表自己的观点，也可以采取点赞、转发和分享等多种方式形成二次传播，扩大新闻的影响力。新媒体新闻的互动性大大提升了受众对新闻的参与价值，极大地影响着新闻的舆论走向。

图5-6所示为微博客户端新闻事件的点赞、评论、转发与分享等互动功能。

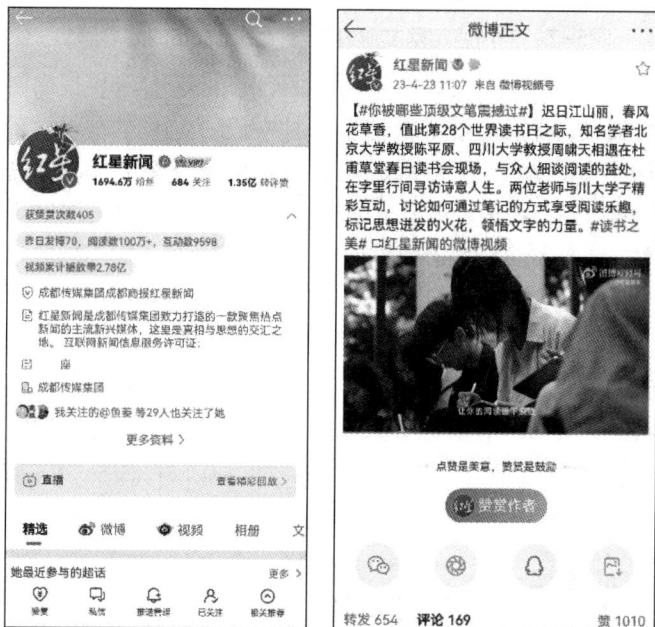

图5-6　新媒体平台的互动功能

（3）时效性更强

时效性是新闻最基本的特征，时效性对新媒体新闻来说具有更加重要的意义。随着全球网络互联进程的持续推进，新媒体新闻的时效性在技术层面得到了有力的支撑，新媒体新闻的发布与传播进入"以秒计数"的时代。

随着媒介技术的发展，新媒体新闻的时效性日益凸显，特别是在一些重大突发事件的报道中，新媒体扮演着越来越重要的角色。以2023年5月12日凌晨2时在四川甘孜州泸定县接连发生的4次地震为例，中国地震局网站在第一时间发布消息，而在地震发生后，许多当地的网友将地震发生时的感受记录下来并发布在微博上，关注四川泸定县地震的人们能及时了解第一手资讯，如图5-7所示。

（4）动态性

在传统的新闻写作中，新闻创作者在发表一篇新闻作品之前，通常要进行细致的采访或者调研，在了解了新闻事件的大体面貌后再对其进行完整的叙述，受众可以在一篇新闻报道中知晓整个新闻事件的发展脉络。

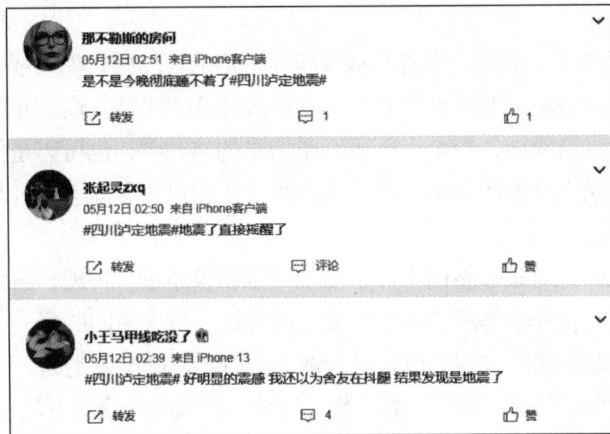

图5-7 四川泸定网友通过新媒体平台发布的地震消息

而在新媒体时代，数字技术的发展极大地缩短了新闻的制作和传播周期，新闻的时效性让信息更新的频率大大加快，受众对新闻报道的即时性有了更迫切的需求。新闻创作者为了抢占新闻发布的先机，往往从新闻事件的初始就进行跟进报道。随着新闻事件的不断发展与新闻事件背后重要信息的挖掘，新闻报道的内容也会随之更新，整个过程表现出动态发展的特点。

由于动态性的特点，新闻事件的价值也随着新闻报道的更新而不断变化，当重要的信息后续补充进来，或者事件走向发生反转时，都可能使该新闻获得更高的关注度，其价值也随之得到提升。

例如，2023年3月淄博烧烤火爆全网，很多新媒体平台便对一系列与淄博烧烤相关的事件、人物进行跟进报道，吸引了很多关注淄博烧烤的受众阅读、评论与转发，如图5-8所示。

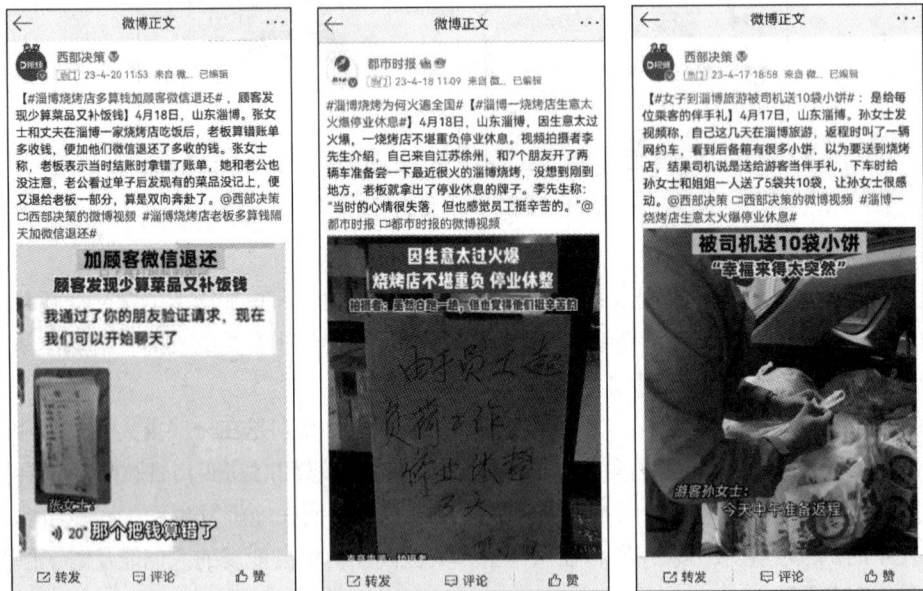

图5-8 新媒体平台对淄博烧烤的系列报道

5.1.3 新媒体数据新闻概述

随着新媒体的迅速发展，新闻的呈现形态也在发生改变，在新媒体产生的海量数据和逐渐成熟的数据分析处理技术的基础上，新媒体数据新闻诞生，它可以整合各种媒介优点，使新闻更符合信息时代的需求。

相较于传统新闻，新媒体数据新闻具有显著的特色和优势，其不仅是一种新闻形态，更代表了现代化社会的发展趋势。新闻创作者要学习新媒体数据新闻，走进新闻传播的前沿领域，跟上时代变革的步伐。

1. 数据新闻与新媒体

数据新闻，又称数据驱动新闻，即"用数据处理的新闻"，它是基于数据信息的采集、分析、呈现的新闻工作方式。数据新闻是指借助计算机进行数据抓取、过滤和分析，最终以可视化形式呈现新闻内容，以促进受众理解事实真相的一种新闻报道方式。数据新闻代表新闻行业未来的发展方向，是新闻学在大数据时代的新研究领域。

数据新闻与新媒体具有紧密的联系，在新媒体时代，各大新媒体平台每时每刻都在产生海量信息，这些信息为数据新闻的产生提供了基础，而新媒体广泛的发布渠道和强大的传播效果也可以增加数据新闻的影响力。

2. 新媒体数据新闻的特征

新媒体数据新闻具有以下特征。

（1）以海量数据为基础

数据是新媒体数据新闻存在的基础，收集数据并对其进行结构化、知识化地处理，总结各个数据之间的关系，就可以将单独的新闻事件上升到情境报道的高度。使用数据传播信息，而不是单纯地用文字传播信息，这对传统新闻内容的生产和叙事模式做出了创新。

（2）以数据分析处理技术为支撑

面对庞大的原始数据量，如果未经处理就使用，受众只能看到事实的局部，只有对这些原始数据进行多维度的数据关联和比较才能获得更深层的数据意义，得到一些普适性结论，进而发挥数据的真正作用，这就需要借助复杂的数据分析处理技术，制作可视化图表，使新闻内容论证更详细。

（3）进行数据可视化报道

数据可视化报道是以信息图、动态图、交互图和视频等方式，配上少量的文字描述的新闻报道。在报道新闻时进行数据可视化，可以将冗杂的新闻数据信息和错综复杂的关系链以生动形象的方式呈现出来，增强受众的阅读体验。

（4）以移动端为主要传播渠道

随着智能手机和移动互联网的普及，移动端逐渐成为新媒体发展的主要阵地，新媒体数据新闻也逐渐在移动端受到重视，实现由PC端向移动端的转移。移动端阅读优化了阅读体验，极大地提高了受众的参与度，进而提高了新媒体数据新闻的传播效率。

（5）以服务公共利益为出发点

大数据可以反映出受众对某类事物的态度倾向，以及某个事件的成因，这为政府制定政策、企业推广产品和媒体舆论宣传提供了依据。新闻创作者对新闻数据的处理和呈现是为了让受众了解大数据时代中数据变迁的内涵，了解宏观数据是如何影响个人的。

由此可见，新媒体数据新闻的出发点是服务公共利益，媒体和新闻创作者要"以人为本"，重视受众数据，从受众态度、行为数据中感受社会变化，在传播数据新闻时为受众解释数据和社会、个人之间的关系。

3. 新媒体数据新闻的类型

按照不同的分类标准，新媒体数据新闻可以分为不同的类型，如表5-3所示。

表5-3 新媒体数据新闻的类型

分类标准	类型	具体说明
处理的数据范畴	大数据型新闻和小数据型新闻	大数据型新闻的报道对象牵涉面较广，样本比较庞大，数据量巨大，因此需要投入的人员数量也很多，花费时间较长，耗资巨大，一般出现在具有较强社会影响力的选题中。目前，新闻业的数据新闻大多是小数据型新闻，数据来源少，数据量小，投入的人力和财力较少，操作和推广比较便捷
数据来源	自采数据型数据新闻和非自采数据型数据新闻	自采数据型数据新闻是新闻创作者直接通过深度访谈、问卷调查、深入调查等方式获取第一手资料，将这些资料进行数据量化后制作成新闻报道，所以具有较强的原创性和独家性，数据纯度较高，处理难度相对较小；非自采数据型数据新闻是新闻创作者通过合作、购买等途径从第三方获取的二手数据，其采编成本较低，但可能面临数据不可靠、报道失实的风险
选题性质	事件选题型数据新闻和话题选题型数据新闻	事件选题型数据新闻是把某一具体的新闻事件作为报道的核心，处理、解读具有现实意义和分析价值的数据并呈现出来，主要用于会议、活动、庆典、重大事故等重大新闻报道；话题选题型数据新闻是围绕某个话题采集和分析相关数据，并进行解读和呈现的新闻报道，更适合反映和思考社会现象和热点问题，但时效性较差
采编方式	调查型数据新闻和常规型数据新闻	调查型数据新闻需运用较复杂的数据分析手段，深入、系统地分析社会事件或热点问题，耗时较长；常规型数据新闻数据来源较单一，处理和分析的手段较简易，多把数据集作为数据来源，采用简单的可视化方式呈现新闻报道

5.2 新媒体新闻写作

新媒体新闻写作既面临着变革的压力，又蕴藏着发展的契机，在信息化的浪潮中呈现新的走向。一方面，传统新闻创作者既要继承传统新闻写作的优势，又要顺应新媒体环境的变化特点，与时俱进；另一方面，受众在向新闻创作者转变的过程中，要通过不断学习来提高自身的知识水平和能力素养。

同时，在新媒体新闻写作中还存在一些问题，新闻创作者只有在遵循新媒体传播规律的前提下，掌握新媒体新闻的写作要领，规避新媒体新闻的写作误区，才能让新媒体新闻写作走上规范化的道路。

5.2.1 新媒体新闻的写作要领

掌握一定的写作要领对新媒体新闻来说至关重要，下面将从标题、导语、主体和超链接设置等方面对新媒体新闻的写作要领进行介绍。

1. 强化标题意识，吸引受众关注

常言道："文好题一半。"人们经常将标题比作新闻的"眼睛"。在传统新闻写作中，标题的作用就十分重要，在受众注意力稀缺的今天，海量的信息不断更迭，每时每刻都有大量新闻资讯源源不断地产出，所以标题对于新媒体新闻写作的重要性更是不言而喻。

在新媒体时代，受众的目光和思想穿梭于各种各样的新闻资讯当中，信息的过载让受众的时间与精力急剧收缩，如何在短时间内抓住受众的注意力已经成为新闻创作者特别关注的问题，而标题正是首先要突破的"关卡"。

通常情况下，受众会根据标题质量的优劣来决定是否阅读正文。如果标题很精彩，引人注目，该新闻的点击率自然就节节攀升；而一个平淡无奇、索然无味的标题注定鲜有受众关注，最终被淹没在信息的大潮中。

标题除了可以吸引受众的注意力外，还包含对正文信息的提示。受众从标题中获取信息，结合自己的兴趣和内容偏好来甄选对自己有价值的新闻资讯，也可以通过确切的关键词检索自己需要的新闻资讯。随着大数据技术的发展，每个新媒体平台都有各自的推荐机制，可以根据标题中的关键词为受众推荐其关心的新闻资讯。

因此，标题的拟订对新媒体新闻写作来说至关重要。优质的标题能够起到引导和提示的作用，具有很强的导读价值和检索价值，新闻创作者必须重视标题的拟订，才能为实现新闻作品的价值打下良好的基础。

新媒体新闻标题的拟订可以采用以下方法。

（1）实题为主，直截了当

传统媒体新闻的标题大多采用虚实结合的手法，而在信息如浮云掠影的新媒体时代，人们没有过多的精力去猜测新闻标题的实际信息是什么，所以新媒体新闻的标题要以实题为主，直述新闻事实，力求明确、直白。图5-9所示为一则新媒体新闻的标题，直接揭示新闻事件的主要内容。

图5-9　直接揭示新闻事件主要内容的新媒体新闻标题

（2）高度概括事件内容，注意控制字数

由于受众的时间与精力有限，新闻创作者要想吸引受众的注意力，就必须用精练、准确的语言对事件内容进行高度概括，以简洁的标题文字来突出事件的重点。在新媒体平台上，受众通过新闻标题来决定是否点击并进行下一步的阅读，因此新闻标题不宜过短，否则无法揭示新闻的内容信息，但也切忌过于繁杂，以免在标题页面显示不全。例如，"两微一端"的标题字数应控制在4～28字，最常见的中长标题字数为19～22字。

（3）贴近生活，通俗易懂

在拟订新媒体新闻标题时，新闻创作者应该站在受众的立场上，用直白、生动的语言概括新闻事实，避免用词晦涩难懂，尽量做到雅俗共赏、易于理解，这样才能激起受众继续阅读的欲望。例如，"人民日报"微信公众号上发布的新闻，其标题都非常贴近受众的日常生活，直白且便于受众理解，如图5-10所示。

图5-10　"人民日报"微信公众号发布的新闻

（4）设置关键词

新闻创作者可以在标题中有意识地设置关键词，包括新闻内容中出现的要点词汇及网络热门的关键词，充分考虑受众的搜索习惯和新媒体平台的推荐机制，让新闻作品拥有更高的点击量。

图5-11所示为"新华网"微信公众号发布的新闻《"丫丫"将回国，身体状况如何？》，这则新闻标题中的"丫丫""回国"即为关键词，能够提升受众对新闻事件的关注度，提高新闻作品的点击量。

图5-11　在新闻标题中设置关键词

（5）新颖独特，富有创意

在标题的拟订过程中，新闻创作者可以适当运用一些修辞手法，如双关、比喻、象征等，也可以使用一些生动有趣的网络流行语，运用创意和巧思让新闻标题更加新颖、独特，让受众过目不忘，印象深刻，从而点开正文一探究竟。

图5-12所示为微信公众号"辣椒新闻"发布的一则新闻，其标题为《坐火车再也不怕吵了！网友：喜大普奔》，"喜大普奔"出自网络流行语，运用在标题中显得生动、有趣。

图5-12　新颖独特的新媒体新闻标题

2. 制作精彩的新闻导语

英国新闻学家赫伯特·里德曾说："导语是新闻的生命"，可见导语在新闻中的重要地位。新闻导语就是一个新闻作品的开头部分，它用精练的文字凝聚了该新闻的核心内容，是新闻作品的精华所在。受众通过阅读新闻导语，可以快速了解新闻的主要内容，并决定是否进行更进一步的阅读。与标题一样，新媒体新闻的导语要具有足够的吸引力和阅读价值。

一段精彩的新闻导语不但能够牢牢抓住新闻事件的核心，对新闻起到提纲挈领的作用，而且能够调动受众的阅读兴趣，吸引受众进行深入阅读，从而对新闻作品价值的实现起到立竿见影的效果。

在写作新闻导语时，新闻创作者可以从以下几个方面来着手。

（1）精心打磨，精练概括

在碎片化的阅读习惯下，人们更倾向于直接切入主题，通过导语来了解新闻的要点。因此，在写作新闻导语时，新闻创作者必须精简语言，精心打磨，力求用简洁、高度概括性的话语对新闻作品起到良好的推介作用。

例如，"河北新闻广播"微信公众号上发布的新闻《24小时连破2起！警方提醒：这个习惯很危险》的导语："近日，浙江杭州萧山公安在24小时内连续侦破2起盗窃案件。值得注意的是，案件中的受害人都有同样的习惯，将备用钥匙放在门口"，如图5-13所示。在这段导语中，时间、地点、人物与事件都用十分简洁的语言概括出来，让受众对新闻内容有一个初步的了解。

（2）设置关键词，便于检索

与新媒体新闻的标题一样，导语中关键词的设置可以为新闻作品贴上准确的"标签"，这样受众在浏览新闻内容时，便可以很容易地识别自己感兴趣或者关心的新闻内容，新媒体平台也可以将相关的新闻作品推荐给目标受众。

例如，"央视新闻"微信公众号发布的一则新闻《"复兴号"怎么飞上天？潍坊风筝还有这些故事》中的导语包含了两个关键词"潍坊"和"风筝"（见图5-14），这就为受众的搜索和新媒体平台的推荐提供了精准的关键词。

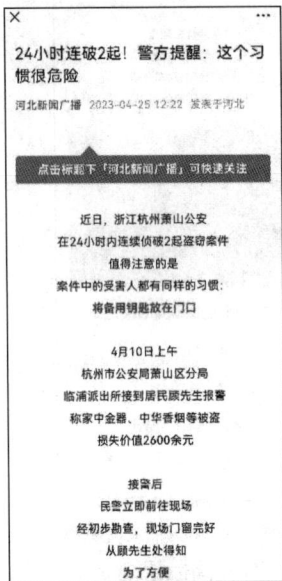

图5-13 新闻导语

图5-14 在导语中设置关键词

（3）打造细节，引发受众共鸣

在写作新闻导语的过程中，细节的打造可以增加新闻的现场感和参与感。一个画面的再现，一个动作的变化，一个场景的描述，都可能起到打动人心的作用。新闻创作者要注意用心观察，从微小之处彰显新闻的核心价值，打造细节，从而引发受众的共鸣。

（4）运用丰富的表现形式

新媒体新闻导语的类型多种多样，如评述式导语、叙述式导语、描述式导语、结论式导语、悬念式导语、对比式导语等，如表5-4所示。新闻创作者要能灵活运用，敢于创新，以更加生动的表现形式写作新媒体新闻的导语部分。

表5-4 新媒体新闻导语的类型

类型	主要内容
评述式导语	直接发表对新闻事件、人物的观点和看法
叙述式导语	用摘录或综合的方法把新媒体新闻中最新鲜、最主要的事实简明扼要地写出来
描述式导语	对新媒体新闻的主要事实或某一有意义的侧面进行简洁、朴素而有特色的描写
结论式导语	把结论写在开头，提示报道某一事物的意义、目的，或对新闻事件的总结
悬念式导语	在导语中设下悬念，提出问题，吸引受众
对比式导语	将性质相反或情况迥异的新媒体新闻加以对比

例如，微信公众号"央视新闻"发布的一则新闻《安徽又又又放归扬子鳄了～野外遇见它们要跑吗？》，其导语先阐述了2023年扬子鳄野外放归活动的顺利完成，然后提到累计放归人工繁育扬子鳄的数量，最后引出网友提出的问题"野外遇到鳄鱼可怎么办"，给受众留下悬念，促使受众来了解扬子鳄，如图5-15所示。

3. 全方位打造优质的新闻主体

在一个完整的新媒体新闻作品中，主体是承接导语的主要部分，它用典型且有价值的新闻事实，以及必要的背景材料介绍对导语进行补充和扩展，用于表现新媒体新闻的主题。如果说导语是整个新媒体新闻作品的基调，那么主体部分就是新媒体新闻的旋律。新媒体新闻主体要按照导语的提示对新闻事实展开叙述，使其具体且完整，充分体现"新闻要用事实说话"的特点。

一个新媒体新闻作品，无论其标题多么抓人眼球，导语多么精彩绝伦，如果没有主体部分对新闻事实的完美诠释，那么这个新媒体新闻作品就是不完整、不深刻的。因此，新闻创作者要重视主体部分的写作，掌握写作要领，更完美地呈现新闻事实。

图5-15　悬念式导语

具体来说，新媒体新闻主体的写作要领如下。

（1）注重层次感，对新闻事实的陈述要做到清晰、有条理

在时间和注意力被割裂成碎片的"浅阅读"时代，新媒体新闻主体部分如果杂乱无章，就会将受众的耐心消耗殆尽，没有人会把过多的精力放在厘清主体内容的思路上，所以新闻创作者必须将新闻事实层层铺开，分清主次，关照内容的整体和局部，做到清晰、有条理地叙述新闻事实，增强新媒体新闻的可读性。

（2）多维结合，增强新媒体新闻主体部分编排的视觉冲击力

在数字技术的支撑下，新媒体新闻的主体部分写作呈现多元的表现方式，传统新闻中文字搭配图片的视觉效果已经不能满足受众。要想增强新媒体新闻主体部分的视觉冲击力，吸引受众的注意力，就要熟练掌握各种新媒体编排技巧，将文字与图片、声音、动画、视频等充分结合起来，这样不仅满足了受众的视听需求，也增强了新媒体新闻的代入感与可信度，促进了新媒体新闻作品的快速传播。

（3）语言要平实、通俗易懂，切忌生涩难懂、内容空洞

在新媒体环境下，新媒体新闻作品的创作者与受众之间是一种平等对话的关系。因此，在进行新媒体新闻主体的写作时，新闻创作者应尽量选取贴近普通大众的语言，用平实、通俗易懂的文字与受众进行沟通，避免使用生涩难懂、内容空洞的语句，这样才能拉近与受众的距离，让新媒体新闻作品实现有效传播。

（4）采用倒金字塔式结构组织排列

倒金字塔式结构就是将新闻事实的重要程度或者受众关心程度按照依次递减的顺序排列开来，把最重要的写在前面，然后将各个新闻事实按其重要程度依次写下去。换言之，就是坚持重要信息优先原则，在一开始就把受众想要阅读的内容直白地叙述出来，这样既便于受众阅读，又能给其留下深刻的印象。

4. 建立超链接，丰富新闻内容

超链接是指从一个网页指向一个目标的连接关系，这个目标可以是另一个网页，也可以是相同网页上的不同位置，还可以是一幅图片，一个电子邮件地址，一个文件，甚至一个应用程序。从本质上讲，超链接属于网页的一部分。

将超链接应用到新媒体新闻写作中，不仅拓展了新媒体新闻的内容，也深化了新媒体新闻所要表达的主题，对新媒体新闻文本的表达起到辅助作用，在一定程度上也加深了受众对新闻事实的认识和理解。

通常情况下，新媒体新闻超链接的目标可以是相关知识介绍，也可以是相关背景信息材料，还可以是一个关键词的搜索或者一个相关的网站，其位置一般放在主体结尾，或者直接在新媒体新闻主体中添加。

超链接的建立对新媒体新闻起到解释说明的作用，增强了新媒体新闻的知识性、趣味性和可读性，有利于受众围绕新媒体新闻获取拓展性信息。在建立超链接时，还要考虑链接的目标是否紧扣新媒体新闻的主题，并根据其价值进行取舍。图5-16（a）所示为在新媒体新闻结尾建立的超链接，点击超链接，即可进入描述更为详细的头条文章页面，如图5-16（b）所示。

（a）　　　　　　　　　　（b）

图5-16　在新媒体新闻中建立超链接

5.2.2　新媒体新闻写作的误区

新媒体的快速发展为新闻写作注入了新鲜的活力，但不可否认的是，由于新闻创作者的多元化、写作目的的复杂化，一些新媒体新闻作品也逐渐显现出一些值得深思的问题，这些问题甚至会严重影响新媒体新闻的发展。

新闻创作者要充分认识当今新媒体新闻写作中出现的问题，在写作时避免陷入这些误区。

1. 语言失范，影响受众阅读

新闻作为一种面向大众的公开性文体，无论其传播媒介如何变化，在语言的运用上都应具有一定的规范性。

在传统媒体新闻的写作中，语言一般为严肃的书面语，而随着新兴媒介的发展，以及生活

方式和文化形态的改变，语言的发展也呈现出新的发展趋势：语言生动、时尚化，新的词语被自由地制造、使用和传播，并在使用中约定俗成，一方面，让新闻的表达更贴近人们的生活，具有趣味性；另一方面，也给语言的规范性带来了一定的挑战。

（1）粗制滥造

传统媒体新闻创作者一般具有较高的职业素养，而新媒体新闻创作者的范围较广泛，其中不乏存在一些低素质、低水平的创作者，写出的新闻作品语句不通、错字连篇、逻辑混乱，严重影响了受众的阅读体验。

（2）盲目吸纳网络语言

网络语言的大量涌现虽然为新媒体新闻写作增添了一些时尚性、趣味性的元素，但如果盲目地使用网络语言，将古怪、生僻、晦涩难懂的词语运用到新媒体新闻写作中，不仅有失规范，还会影响到新闻的客观性与严肃性，这样并不利于新媒体新闻的传播。

2．新媒体新闻标题拟订有失水准

新闻标题对新媒体新闻来说意义重大，受众是否会选择阅读在很大程度上取决于新闻标题。好的标题可以让受众立刻产生点击的欲望，而一个有失水准的标题不仅会让受众的理解出现偏差，甚至还会让其产生反感。

（1）题文不符的"标题党"

为了博取受众的关注，增加新闻的点击量，有些新闻创作者在标题中偷换概念，甚至使用夸大其词的手法，以博取受众眼球，然而真正的新闻内容却与题目严重不符，这就是题文不符的"标题党"。该行为既浪费了受众的宝贵时间，欺骗了受众的感情，也严重影响了新媒体新闻平台的形象与可信度。

（2）用词不当

一些新闻创作者为了获得轰动效应，利用受众猎奇的心理，在标题中使用一些敏感、低俗、不得体的词汇，这样的标题既给受众带来了负面的阅读感受，也污染了当前的网络环境。

（3）表述不清

标题的作用是快速吸引受众的注意力，所以标题的拟订力求概括新闻事实，提取清晰的新闻信息。而有些新闻创作者在拟订标题时表述不清，不知所云，受众也就不会有深入阅读的意愿。

3．内容虚假，偏离新闻的真实性

新闻的真实性是新闻信息得以存在的根本条件，是新闻的生命。失去真实性，新闻便失去了存在的意义和传播的价值。一旦虚假新闻在网络上被广泛地转发和传播，就会影响受众对该事件的认知和判断，并造成不可逆转的严重后果。

一些新闻创作者在没有进行实地调查或者调查不实的情况下，直接从网络上搜索新闻素材，不加甄别地运用到新媒体新闻写作中并发布出去，造成虚假新闻的出现；还有些新闻创作者专业知识不过关，对新闻事件缺乏专业的认识，一知半解，妄自揣摩，这样写出的作品也有失新闻的真实性。

4．机械搬运，同质化内容泛滥

新媒体传播渠道的不断增加，让新媒体新闻的传播更加迅速，新媒体新闻作品的数量也呈井喷之势。在这样的情况下，挖掘新闻事实并选好角度，体现其独特价值变得越来越不容易。一些新闻创作者一味地追求作品数量，从其他新媒体平台上将新闻作品机械地搬运到另一平台上，没有改变，也没有创新，这样的方法只会让同质化的新闻内容愈加泛滥，受众也无法提起阅读的兴趣。

针对这样的问题，新闻创作者要提高对自身的要求，避免陷入新媒体新闻的写作误区。

首先，新闻创作者要提高自身的专业素质，提升写作水平，认真学习语言规范，多读多写，积累丰富的写作素材，提高职业素养。在创作新媒体新闻作品时，在遣词造句上仔细斟酌，用心打磨作品，规范新媒体新闻写作语言特别是标题语言的运用。

其次，新闻创作者还要提高自身的责任意识和法律意识，在写作前深入调研，分辨素材的真实性，本着"新闻无小事"的原则，不造谣、不传谣，坚持引导积极、健康的舆论方向，自觉遵守国家法律、法规和其他相关规定，避免使用低俗的字眼。

最后，新闻创作者要在真实性、客观性的基础上进行个性化创新，通过不断调整写作方式和写作技巧来满足当前受众的阅读和审美需求，为新媒体新闻事业的发展添砖加瓦。

5.3 新媒体数据新闻写作

新媒体数据新闻的本质是对海量数据进行处理，提取关键信息，转化为新闻故事，新媒体数据新闻呈现以数据为主，文字为辅。如果数据信息是杂乱无章的，受众就无法准确理解，所以新闻创作者在写作新媒体数据新闻时要遵循特定的写作规律。另外，由于新媒体数据新闻的一大特征是数据可视化，因此图表制作也十分关键。

5.3.1 新媒体数据新闻写作要领

新媒体数据新闻的写作具有以下要领。

1. 发现与确定选题

发现与确定新媒体数据新闻选题的途径和方式多种多样，但新闻创作者首先要增强新闻敏感度并时刻保持新闻敏感性。有时在某个场景下，新闻创作者可能就会发现某个具有新闻价值的事实或容易引发受众关注的内容，这时就可以从中挖掘合适的新媒体数据新闻选题，进而完成整个新媒体数据新闻的编辑与制作。

要想获得优秀的新媒体数据新闻选题，新闻创作者还要善于在社交媒体平台（如微博热搜、微信朋友圈等）和相关的报道中发现和挖掘优秀的新媒体数据新闻选题。

2. 符合新闻的基本结构

虽然新媒体数据新闻是随着大数据技术、数字信息技术和新媒体技术的应用而产生的一种新型报道方式，但实质上仍然是新闻，应符合新闻的基本结构，包括标题、导语、主体、背景和结语，不能只有数据的可视化呈现。

另外，新媒体数据新闻还要符合深度报道模式，即系统地反映重大新闻事件和社会问题，深入挖掘和阐明事件的因果关系，揭示事件的实质和意义，追踪和探索事件的发展趋势。因此，新闻创作者在确定新媒体数据新闻选题后，要有针对性地选择着眼点，策划新闻报道，根据数据获取、处理、分析和可视化呈现对事件的起因、经过和发展进行深入挖掘，并对其进行追踪。

3. 合理策划表达主题

一则成功的数据新闻报道在很大程度上源于出彩的表达主题策划，表达主题策划关系到数据新闻的价值和影响力，这就要求新闻创作者在策划表达主题时遵循一些规律。

- 倾向性：表达主题要有鲜明的倾向性，让受众感知数据新闻的立场和态度。
- 规律性：表达主题要反映事物的本质规律，使受众认识事物的深刻内涵和事物之间的关系。
- 创新性：表达主题要具有创新性，可以吸引新时代受众的注意力。

4. 合理安排图文结合

可视化是新媒体数据新闻不同于传统新闻的重要特征，可以极大地提高受众接收新闻信息的效率，提升受众阅读新闻的体验。但是，信息图表等可视化手段不能完全表达一切事物，文字的辅助表达仍是必须的。因此，新闻创作者要规划好何时采用文字表达，何时采用图表呈现，文字和图表之间如何进行搭配。

5. 选择合适的数据可视化方式

数据可视化是指通过图形、图表及动画等形式直观、生动、形象地展示数据。新闻创作者要选择合适的数据可视化方式，常见的数据可视化方式如表5-5所示。

表5-5　数据可视化方式

方式	说明
折线图	折线图是用直线段将各数据点连接起来而组成的图形，以折线的方式显示数据的变化趋势，一般用来反映一段时间内事物的变化趋势
条形图	条形图是用宽度相同的条形的高度或长短来表示数据的图形。条形图可以横置或纵置，纵置时也称为柱形图。条形图一般用来比较各组数据之间的差别
饼图	仅排列在工作表的一列或一行中的数据可以在饼图中绘制。饼图显示一个数据系列中各部分的占比情况
散点图	散点图重在反映各变量的离散程度及相关关系
雷达图	雷达图重在分析影响事物的各因素之间的强弱关系
热力图	热力图重在通过颜色变化展现事物的不同热度
动画视频	通过动画视频的形式，展现数据的动态变化，增加数据的直观性和趣味性

不管选择哪一种数据可视化方式，新媒体数据新闻写作中都要在设计时符合以下要求。

- 准确化：准确化指避免歧义。数据可视化要贴合数据本身，这就要求新闻创作者在制作数据可视化之前对已有数据充分理解，使数据可视化符合视觉隐喻的要求，以免错用符号，使受众曲解数据。另外，数据可视化要符合常识，与受众的文化背景和社会生活状况密切相关，降低受众接收和理解信息的难度。
- 简洁化：在移动互联网时代，受众接收的信息量十分庞大，导致其注意力资源非常稀缺，所以简洁化的设计理念非常重要。简洁化是指去除冗余和复杂的装饰效果，突出信息本身，如强调抽象、极简和符号化。

6. 采用合适的可视化叙事方式

新媒体数据新闻可视化叙事是在传统新闻叙事的基础上进行加工，让数据在新闻报道中的地位日益突出，要找出数据与文本之间的相关性，从而使新闻报道具有较强的可读性，提高受众的参与度。在新媒体数据新闻可视化叙事中，数据是叙事语言，可视化将数据以更清晰的逻辑和更好的阅读体验呈现给受众。

在采用合适的可视化叙事方式时，新闻创作者要从以下几个方面来考虑。

（1）可视化叙事切入口

新媒体数据新闻的制作面对的是十分庞杂的材料，找到叙事的切入口是新媒体数据新闻制作的关键点。叙事切入口要揭示新闻发生的本质与背后的原因，直指问题核心。新闻创作者在找到可视化叙事的切入口后，就可以运用数据对所发现的问题或现象进行探究和解释，以恰当的方式呈现给受众。新闻创作者常用的叙事技巧为"小切入口，大主题"。

（2）可视化叙事视角

叙事视角是指新闻创作者选择和讲述新闻事实的特定角度，不同的叙事视角可以为受众提供了解新闻事实的不同角度，也包含了新闻创作者对事实的认知态度、判断和情感倾向。

叙事视角分为全知视角、内视角和外视角。

全知视角是指没有固定视角、不受视域限制的视角，新闻创作者可以全知全能地洞察万物，在新闻报道中采用全知视角可以为受众塑造一种客观公正的形象，使新闻报道更具权威性和全面性。

内视角是指通过故事中的人来叙事，新闻创作者所知等于受众所知。由于新媒体数据新闻以数据为新闻内容的基础，更多的是从宏观角度展开叙述，数据呈现的比重较大，甚至没有人物参与，所以人物表达不是必要话语，与全知视角相比，内视角的运用较少，多是从某个人物的角度来讲述故事，使受众与新闻人物共同经历故事，增强受众的体验感和新闻的表现力。

外视角是一种客观的叙事视角，新闻创作者只能对自己看到或听到的事物进行叙述，不能直接评论，也不能追述背景，更不能介入新闻人物的内心活动。外视角可以使新闻叙事更加丰满，让新闻报道更加客观。

在实际的新闻报道中，全知视角、内视角和外视角的选择并非是一成不变，新闻创作者要根据新闻内容适当转变叙事视角，使新闻内容更加丰富。

（3）可视化叙事时间

可视化叙事时间是指新媒体数据新闻中讲述新闻故事的顺序，一般可分为顺叙、倒叙、预叙等。

顺叙也叫正叙，是按照事件发生和发展时间的先后顺序进行叙事的方法，是一种最常见、最基本的叙事方法。顺叙可以使新闻事件思路清晰、条理分明、结构完整，新闻创作者可以很好地把握线索、组织材料，受众也能更好地了解事件的来龙去脉。

倒叙是对事件的回溯，通过回溯对以往发生的事情进行补充。由于新媒体数据新闻叙事的直观性强，时效性不高，一般不会打乱时间叙事，因此倒叙在新媒体数据新闻中的使用不多。

预叙是预先揭示故事的结果或透露情况设置悬念，吸引受众的注意力，激发其好奇心。在新媒体数据新闻中，预叙主要起引导作用，结合数据可视化，满足受众在短暂时间内了解事件全貌、追求视觉刺激和心理愉悦的需求。

（4）可视化叙事结构

叙事结构是指内容的框架结构，一般包括线型叙事模式、组合型叙事模式和交互型叙事模式。

当新媒体数据新闻叙事的内容体量相对较大时，新闻创作者可以采用线型叙事模式，其清晰的叙事逻辑和线索可以帮助受众快速了解新闻事件的核心信息，掌握真相。在新媒体数据新闻的可视化叙事中，线型叙事模式大多按照时间顺序展开。

组合型叙事模式是一种选择性阅读的新闻生产理念，即整个新闻中存在若干相对完整的故事模块，各故事模块围绕主题展开叙事，彼此之间是并列关系或补充关系，每个模块都能完成对主题的部分解读，受众可以自主阅读感兴趣的部分。

交互型叙事模式是一种采用交互技术、完全开放的叙事模式。交互型叙事模式强调新闻信息的个性化，生产对个人来说具有针对性的叙事内容，以满足受众对特定信息的需求。这一叙事模式有助于新闻创作者形成个性化的叙事体系，同时可以提升受众的阅读体验。交互型叙事模式中的新闻信息不是直接表达出来的，而是新闻创作者使用路径、情节场景和参与体验设计完成的，受众看似拥有较大的自主权，其实是遵循着新闻创作者预设的操作程序和规则进行沉浸式阅读和思考。

5.3.2　新媒体数据新闻图表制作

在制作新媒体数据新闻时，数据可视化的呈现要通过数据可视化工具来实现。常用的数据可视化工具有Excel、镝数图表、Echarts、iH5等。新闻创作者要选择合适的数据可视化工具来制作图表。

镝数图表是一款简单好用的在线可视化图表制作工具，新闻创作者可以使用既定的模板，输入特定数据，然后调整样式生成图表，该工具适用于数据可视化基础较弱的初学者。

下面为2023年1月31日的新闻信息。

国家统计局1月30日公布，2022年，全国规模以上文化及相关产业企业（以下简称"文化企业"）实现营业收入121805亿元，比上年增长0.9%。在9个文化行业中，内容创作生产、新闻信息服务、文化投资运营、文化装备生产和文化消费终端生产等5个行业营业收入比上年实现增长，增速分别为3.4%、3.3%、3.2%、2.1%和0.3%。全国文化产业保持平稳增长的态势，文化新业态行业发展韧性持续增强。

以上新闻信息中，可以用来制作数据图表的信息为：内容创作生产、新闻信息服务、文化投资运营、文化装备生产和文化消费终端生产等5个行业营业收入比上年实现增长，增速分别为3.4%、3.3%、3.2%、2.1%和0.3%。

根据以上信息，下面使用镝数图表来生成数据图表，步骤如下。

（1）搜索"镝数图表"，注册并登录账号，选择合适的模板，在此选择基础条形图，如图5-17所示。

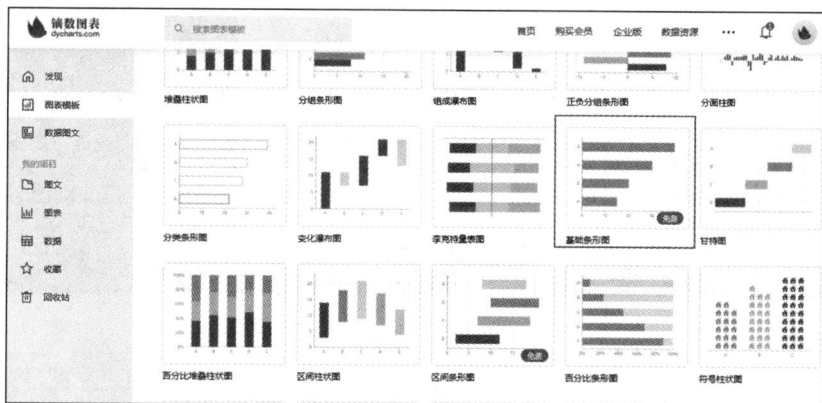

图5-17　选择基础条形图

（2）在基础条形图的设计页面中单击"编辑数据"选项卡，编辑数据信息，将模板中的信息替换为自己需要的信息，如图5-18所示。

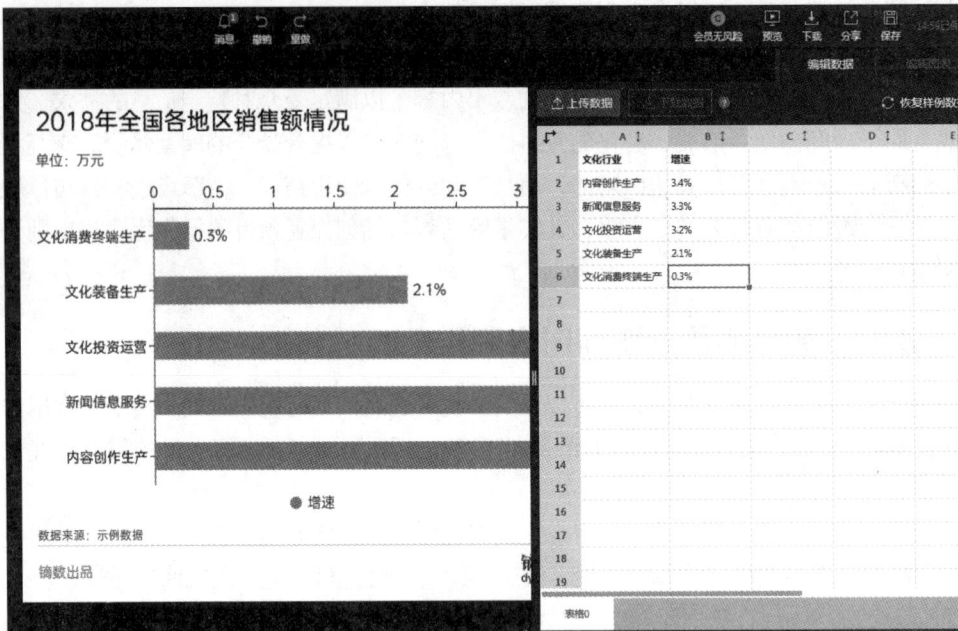

图5-18　编辑数据

（3）单击"编辑图表"选项卡，设置标题、附加信息、颜色、标签、数据格式、样式、阴影等，使图表效果达到预期，如图5-19所示。

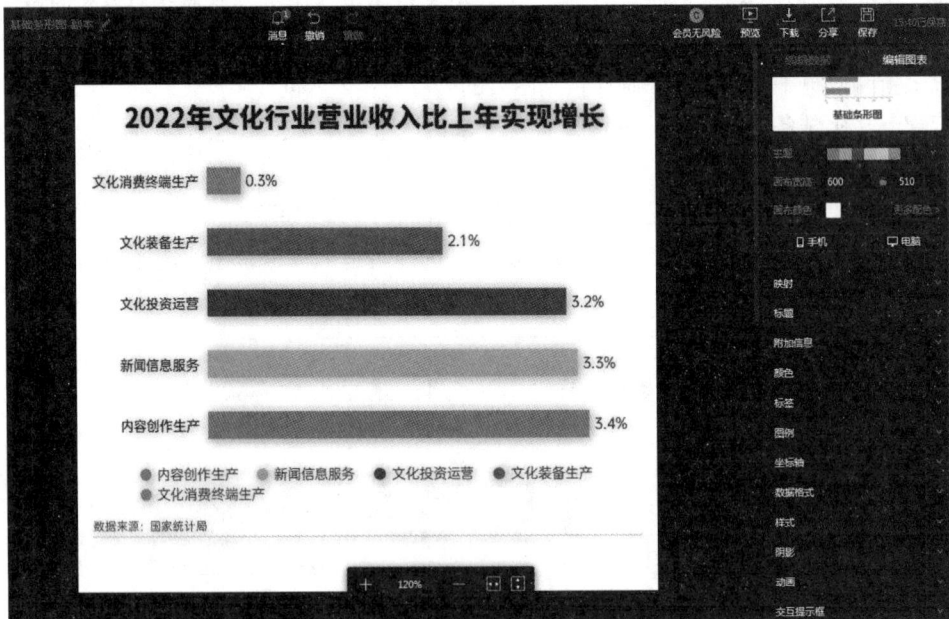

图5-19　编辑图表

（4）单击右上角的"下载"按钮，将制作好的数据图表下载到本地（见图5-20），也可以单击右上角的"分享"按钮进行网络分享。

图5-20　下载数据图表

5.4　案例分析

在新媒体平台上，不同体裁的新媒体新闻在时代的浪潮中发生了潜移默化的改变。下面将列举不同体裁的新媒体新闻案例并对其进行分析，以便受众更加深入地了解新媒体新闻的特点与写作方法。

5.4.1　新媒体新闻案例分析

新媒体新闻主要有新媒体消息、新媒体通讯、新媒体新闻特写、新媒体新闻专访、新媒体新闻时评等。

1. 新媒体消息案例分析

在新媒体环境下，新媒体消息有了更加多元化的发布渠道，其写作方式既沿袭了传统消息的真实性、时效性、短小精悍的特点，也发生了一些新的变化。

案例

人民网在其官方微博账号上发布了一则新媒体消息，如图 5-21 所示。

图5-21　新媒体消息案例

【案例分析】

这则新媒体消息用简洁、凝练的语言报道了货车隧道起火后，交警蔡东义无反顾冲向火场控制火势的事件，其叙述清晰明了，内容客观、直白，通俗易懂，语言简洁、不拖沓。该新媒体消息还添加了视频，补充了新媒体消息的内容，以"文字＋视频"的方式为受众提供了更加直观的阅读体验。

2. 新媒体通讯案例分析

新媒体通讯以其严格的真实性、报道的客观性及描写的形象性见长，是受众喜闻乐见的新媒体新闻体裁之一。

案例

2023年5月14日，人民网在其微信公众号上发布了一篇新媒体通讯《这段合唱一夜爆火，看完绷不住了……》，如图5-22所示。

图5-22 新媒体通讯案例

【案例分析】

这篇新媒体通讯用生动形象的语言记录了某学院的学弟学妹在合唱团临时改动节目，为学长学姐送上毕业祝福的感人故事。该新媒体通讯描绘出质朴无华的同学情谊和青春的浪漫，带给受众久违的感动。

该新媒体通讯以感人的情节、细致的描述，为受众呈现出温馨的画面，以"有人说，以前在一起时，总觉得那些每天见面的朋友，那些有着漫长午后的夏天，往后一直会有，直到离别到来，才发现有些再见是再难相见""当旋律响起，你，又想起了谁？"等评论性的语言表达了新闻创作者鲜明的立场和观点，即青春的回忆是珍贵的，和同学、友人相处时请珍惜平常的点滴时光。

3. 新媒体新闻特写案例分析

新媒体新闻特写是用类似电影拍摄中"特写镜头"的手法来反映事实，是新闻创作者深入新闻现场采写的一种现场感较强、篇幅较短的新闻体裁。新媒体新闻特写往往用文学的手法集中描述某一重大新闻事件的发生现场或者某些重要、精彩的场面，生动形象地将所报道的新闻事件呈现在受众面前。

案例

图5-23所示为微信公众号"黑山发布"发布的一篇关于"首届黑山半程马拉松"比赛的新媒体新闻特写。

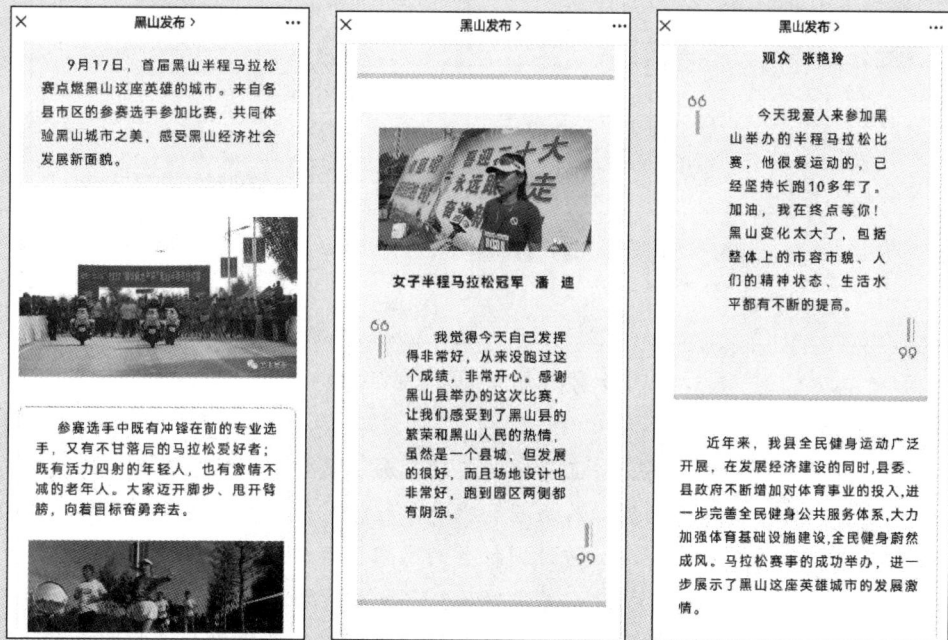

黑山发布 >

9月17日，首届黑山半程马拉松赛点燃黑山这座英雄的城市。来自各县市区的参赛选手参加比赛，共同体验黑山城市之美，感受黑山经济社会发展新面貌。

参赛选手中既有冲锋在前的专业选手，又有不甘落后的马拉松爱好者；既有活力四射的年轻人，也有激情不减的老年人。大家迈开脚步、甩开臂膀，向着目标奋勇奔去。

黑山发布 >

女子半程马拉松冠军 潘迪

我觉得今天自己发挥得非常好，从来没跑过这个成绩，非常开心。感谢黑山县举办的这次比赛，让我们感受到了黑山县的繁荣和黑山人民的热情，虽然是一个县城，但发展得很好，而且场地设计也非常好，跑到园区两侧都有阴凉。

黑山发布 >

观众 张艳玲

今天我爱人来参加黑山举办的半程马拉松比赛，他很爱运动的，已经坚持长跑10多年了，加油，我在终点等你！黑山变化太大了，包括整体上的市容市貌、人们的精神状态、生活水平都有不断的提高。

近年来，我县全民健身运动广泛开展，在发展经济建设的同时，县委、县政府不断增加对体育事业的投入，进一步完善全民健身公共服务体系，大力加强体育基础设施建设，全民健身蔚然成风。马拉松赛事的成功举办，进一步展示了黑山这座英雄城市的发展激情。

图5-23 新媒体新闻特写案例

【案例分析】

这篇新媒体新闻特写展现了黑山县举办半程马拉松比赛的盛况，并通过比赛讲解半程马拉松线路途经地区涉及的园区工业、美景，既彰显奋勇争先的体育精神，又让受众了解当地园区的工业之美，感受黑山县发展的新面貌。

该特写通过对"首届黑山半程马拉松"比赛前三名选手和观众的采访，从不同角度展现了黑山县的各方面发展及其给黑山县人民群众带来的喜悦。

4. 新媒体新闻专访案例分析

相对于其他新闻体裁，新媒体新闻专访以鲜明的人物、典型的事例或大众关注的问题等为采访的对象，新闻创作者只有抓住关键点进行采访沟通，才能挖掘深层次的问题，让受众对被采访的对象产生更为深刻的认识。

图 5-24 所示为微信公众号"量大现科时讯"发布的一则新媒体新闻专访。

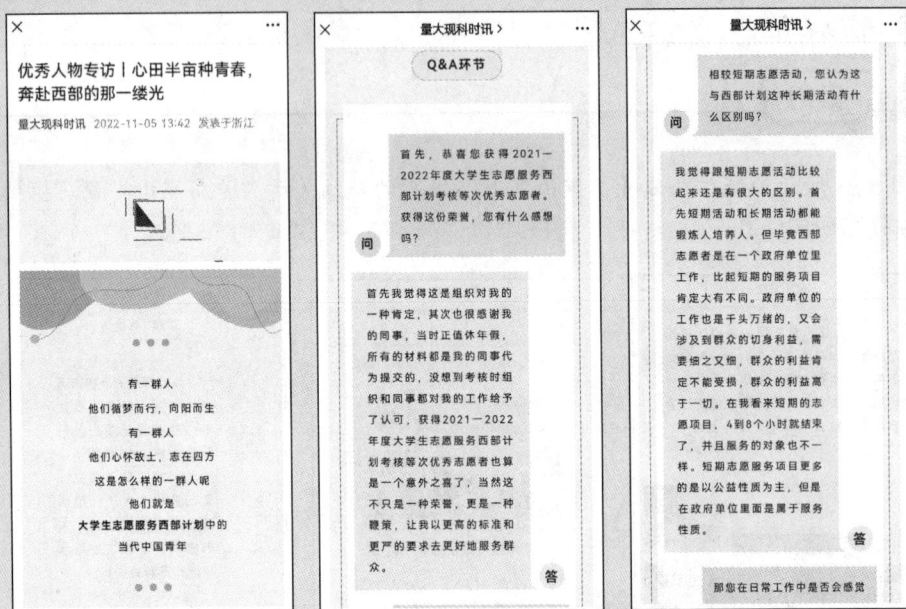

图5-24　新媒体新闻专访案例

【案例分析】

这是一篇典型的人物专访，作品通过对某位参加"大学生志愿服务西部计划"的青年进行采访，将其参与该计划的心路历程和感受以人物对话的方式层层展开。这篇新媒体新闻专访围绕该青年对获得参加该计划机会的感想、参加计划的意义、前期准备、具体从事的工作、遇到的困难、提升心态的经历、参加该计划的原因、该计划与短期志愿活动的区别、服务之余如何充实生活、参加该计划获得的感悟展开专访，并在最后让受访者向"学弟""学妹"提出建议。该专访在文中高度赞扬了该青年响应祖国号召的行为，其整体内容充实，具有可读性，也将一位激扬青春、热血向上、奋斗的青年形象呈现在受众面前。

5. 新媒体新闻时评案例分析

在新媒体环境下，信息传播的时效性大大增强，新媒体新闻时评在主题与观念表达等方面都得到拓展。受众感兴趣的热点事件都可以成为新媒体新闻时评的选题，受众的言语表达愈加自由，观点碰撞日趋激烈，语言也更加鲜活，这些都推动着新媒体新闻时评进一步焕发生机。

图 5-25 所示为光明日报在微博上发布的一则新媒体新闻时评。

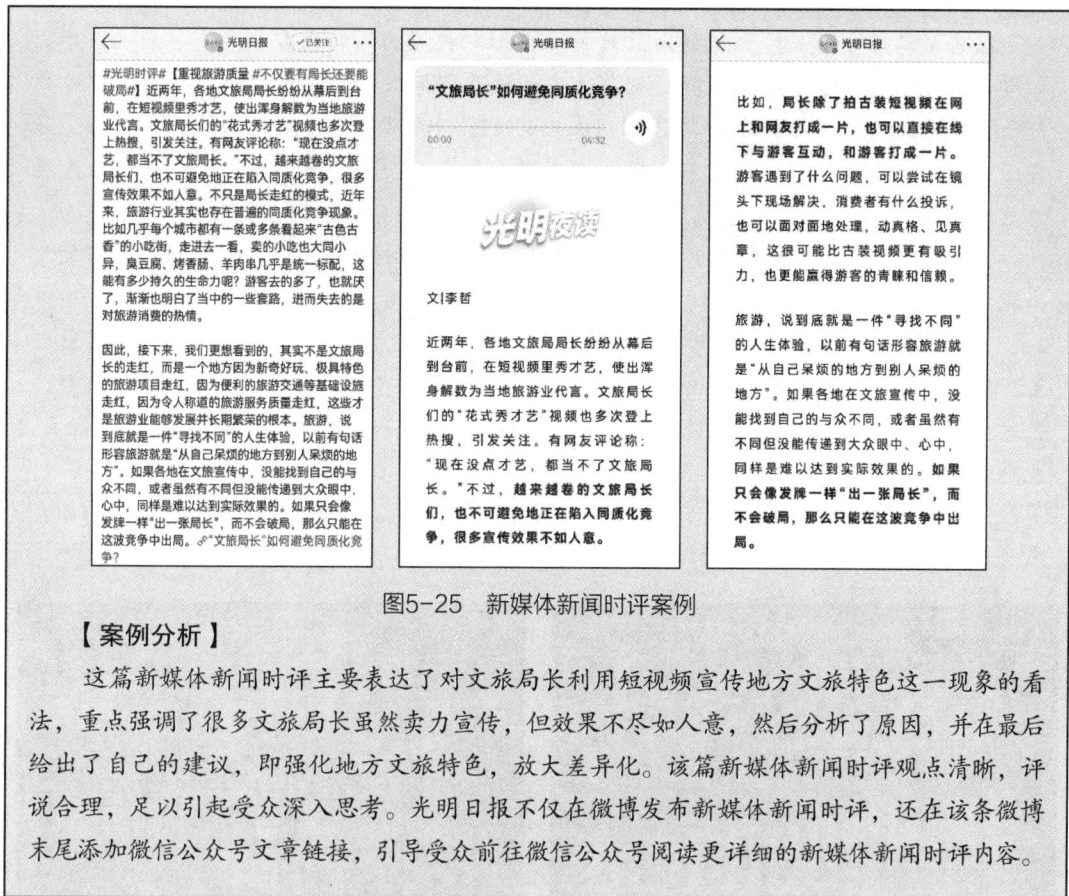

图5-25　新媒体新闻时评案例

【案例分析】

这篇新媒体新闻时评主要表达了对文旅局长利用短视频宣传地方文旅特色这一现象的看法，重点强调了很多文旅局长虽然卖力宣传，但效果不尽如人意，然后分析了原因，并在最后给出了自己的建议，即强化地方文旅特色，放大差异化。该篇新媒体新闻时评观点清晰，评说合理，足以引起受众深入思考。光明日报不仅在微博发布新媒体新闻时评，还在该条微博末尾添加微信公众号文章链接，引导受众前往微信公众号阅读更详细的新媒体新闻时评内容。

5.4.2　新媒体数据新闻案例分析

2020年新华网发布了一篇名为《2020年政府工作报告·共振时刻》的新媒体数据新闻。该新媒体数据新闻的部分内容如下。

案例

AI分析显示，在政府工作报告的八个部分中，第二部分"今年发展主要目标和下一阶段工作总体部署"赢得了11次掌声，如图5-26所示。

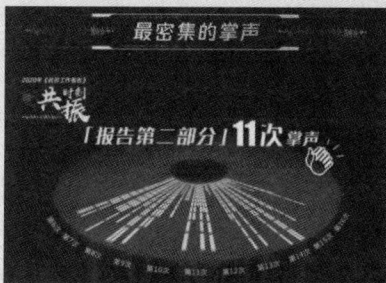

图5-26　最密集的掌声

　　报告第二部分有关"积极的财政政策要更加积极有为"的内容，只有短短363字，但现场出现了3次潮水般的掌声。从"决不允许截留挪用"到"各级政府必须真正过紧日子"，再到"一定要把每一笔钱都用在刀刃上、紧要处"，3次热烈的掌声背后，是直面难题的实干决心，是铿锵有力的务实承诺，是迎难而上的坚定信念，是对未来发展的美好期许。

　　声像分析显示，"生命至上，这是必须承受也是值得付出的代价"这句话，赢得的掌声能量值最高，如图5-27所示。

　　声像分析显示，报告的最后一句话"为把我国建设成为富强民主文明和谐美丽的社会主义现代化强国、实现中华民族伟大复兴的中国梦不懈奋斗"，赢得了全场最长的掌声，长达16.8秒，如图5-28所示。经久不息的掌声不仅是赞许和认同，更是期待、要求和鞭策。忧患之际，不屈；临渊之险，不畏；风雨之阻，不惧；追梦之路，不止。只要我们坚定信心，勇担使命，就一定可以交出全面建成小康社会的优异答卷，风雨无阻地把民族复兴的伟大事业推向前进。

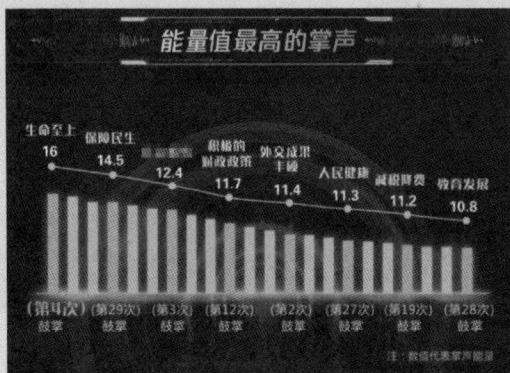

图5-27　能量值最高的掌声　　　　　　图5-28　持续时间最长的掌声

【案例分析】

　　新华网首次运用"5G+AI"声像分析技术，用视频的方式展现了在政府工作报告中赢得的37次"共振时刻"，即掌声，通过对经久不息的掌声的记录，以音频共振的视角传递国家对未来的期许和信心。这篇新媒体数据新闻采用了多种数据可视化方式，如饼图、柱形图等，十分形象、直观地展示了政府工作报告的细分内容及其对应获得掌声的次数。在文字方面，新闻创作者除了客观表达数据的含义，还表达了自己对这一数据背后内涵的解读，有较强的倾向性和鲜明的态度。

　　另外，该篇新媒体数据新闻采用了短视频的形式，受众可以快速了解新闻事件的核心信息，以音像结合的方式全方位掌握政府工作报告的"共振时刻"。

【实训案例】

　　请阅读图5-29所示的新闻事件，并在网络上搜索相关报道，然后运用本章所学知识，自拟标题，写作一篇新媒体新闻报道，要求结构完整，语言生动，主题鲜明，不超过600字，并根据查询的数据和信息，编辑制作一份关于"中国神舟载人飞船发展史"的数据图表。

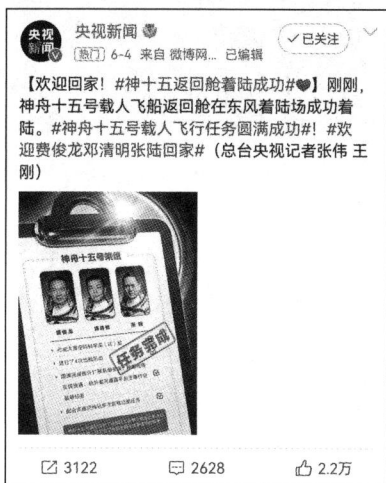

图5-29　神舟十五号载人飞船返回舱成功着陆

【课后思考】

1. 简述新媒体新闻的特点。
2. 简述新媒体新闻的写作要领。
3. 简述新媒体数据新闻的写作要领。

第6章

AI写作

知识目标

➤ 了解AI写作的特点和发展趋势。

➤ 了解AI写作的常用工具。

能力目标

➤ 能够使用AI写作工具自动润色文案。

➤ 能够使用AI写作工具写作宣传文案。

➤ 能够使用AI写作工具写作新闻稿件。

➤ 能够使用AI进行音频与文案的相互转换。

素养目标

➤ 坚持自己的思考和创造力，不过分依赖AI。

➤ 注重细节，强化严谨意识，注意对AI写作的审核和修改。

AI写作可以为创作者提供一整套从创作到发布的解决方案，自动完成从识别主题、研究资料、创建草稿到编辑文章的任务，为创作者的写作提供有效的方式，帮助创作者节省时间，提升效率。本章从AI写作的基础知识出发，详细介绍AI写作应用的使用方法，帮助读者快速认识AI写作。

6.1 认识AI写作

AI（Artificial Intelligence，人工智能）技术的快速发展扩大了其应用领域，从金融服务到文学创作，AI技术都占据了一席之地。在写作领域，AI写作应用已经成为许多企业和个人重要的创作工具，可以辅助创作者快速、高效地创作高质量的内容。

6.1.1 什么是AI写作

AI写作是指利用AI技术，通过计算机程序对输入的信息进行自动化分析、处理和加工，生成一篇较为完整的文章。AI写作的背后是自然语言处理技术、数据挖掘、机器学习、知识图谱等多项AI技术。

AI技术正在深刻改变创作者的写作方式，从自动拼写检查到使用机器学习算法来生成内容，该技术可以大大提高文字质量和写作效率。AI技术能够帮助创作者克服困难，提高文字质量，更有效地检测文字中的错误，以及更准确地分析内容。它还可以协助文字编辑，智能提示让创作者更轻松地进行文字编辑。

在进行文学创作时，AI技术可以通过分析此前文学作品的个性特征并利用机器学习算法来模仿文学作品结构，帮助创作者增强其文学创作内容的个性化。AI技术同时可以帮助创作者使用合适的叙事方式，更好地表达主题，结合标点符号、故事情节等，让文学作品的个性化更加出色。

另外，AI写作还可以应用在新闻行业，如写作和发布新闻消息，也可以应用在广告行业，如基于用户的消费行为特征，对后续广告主题进行智能化筛选和推送。

总的来说，AI写作是AI技术在写作领域的一个应用，它可以提高文本生成的效率和质量，为文学作品带来更多的可能性。

6.1.2 AI写作的特点和发展趋势

AI写作逐渐成为写作领域的热门话题，随着AI技术的发展，AI写作的优点将会不断增加，凸显出不可逆转的时代趋势。

1. AI写作的特点

AI写作的特点要从优点和缺点两个方面进行阐述。

（1）AI写作的优点

AI写作具有以下优点。

- 提高效率：AI写作可以自动生成文章，创作者无须手动输入，只需提供少量关键词或一些简单的信息，AI就可以生成高质量、有逻辑的内容，省去了创作者写作文章的时间，提高了写作效率。同时，AI可以处理数倍于人类所能处理的数据，使写作文章的数量大大增加。
- 质量高：AI写作可以根据特定的指示和数据生成非常精准的文本内容，确保文章中数据和事实的准确性，从而提高写作的质量。另外，AI还可以自动化地进行常见的校对流程，检查拼写、语法、标点或逻辑等方面的错误，减少了人工校对的时间和成本。
- 适应性强：AI写作可以根据用户的需求和兴趣进行调整和修改，从而提高文章对特定用户的吸引力。

- 一致性高：由于AI写作的内容是基于算法和模型的，因此可以确保其写作的内容在语言和风格上的一致性。这对需要大量重复性内容的任务尤为重要，可以保证文本的一致性和稳定性。
- 内容丰富度高：AI能够自动写作各种类型的文章，包括新闻报道、科技论文、文化散文、诗歌等，其能够满足不同用户的需求。
- 安全性高：AI写作通常会进行严格的训练和测试，以确保写作的内容具有较高的安全性，避免潜在的法律和道德风险。

（2）AI写作的缺点

虽然AI写作具有很多优点，但它并不能完全替代创作者。在许多情况下，创作者的创造力和经验仍然是不可替代的。因此，在使用AI进行写作时，应注意与创作者协作，以实现最佳的效果。

AI写作的缺点如下。

- 缺乏创作者的创意和想象力：AI写作虽然可以自动生成内容，但缺乏创作者的创意和想象力，生成的内容可能缺乏个性和独特性，难以表达创作者的思想和情感。
- 缺乏文化和社会背景知识：AI缺乏文化和社会背景知识，在写作涉及这类知识的内容时可能会误解相关词语的含义，因此生成的内容可能不够准确，需要创作者修改和编辑。
- 成本高昂：AI写作工具的开发和维护需要较高的成本，因此使用这些工具也要付出较高的成本，这对个人或小型企业来说难以承受。
- 依赖数据：AI在生成内容时是基于数据和算法的，因此需要大量的数据来支持其工作，所以会在某些缺乏大量数据的领域中受到限制。如果数据源不可靠，也会影响AI写作的效果和准确性。

2. AI写作的发展趋势

随着AI技术的不断发展，AI写作技术也会继续发展，为人们提供更加精准、高效和智能的写作服务。AI写作的发展趋势主要体现在以下几个方面。

（1）提供更具个性化的写作服务

AI写作将会越来越个性化，AI写作工具将会根据用户的个性化需求和偏好，为用户提供更加个性化的写作服务。例如，AI写作工具可以根据用户的写作目的、用户群体、语言风格等因素合理选择素材并写作文章，同时不断学习和适应用户的需求。

（2）越来越接近人类写作

自然语言处理技术是AI写作的核心技术，该技术可以让AI更好地理解人类语言，并以人类能够理解的方式表达出来。未来，自然语言处理技术水平会不断提升，AI将在写作方面的表现会越来越接近人类，从而为人们提供更加高效、准确和智能的写作服务，带来更加广泛的应用场景。

（3）内容生成能力不断提升

AI写作工具具有内容生成能力，可以生成一些灵感和想法，帮助人们更好、更快地完成作品。未来，随着AI技术的不断发展，AI写作工具将会具有更加丰富的内容生成能力，为用户提供更加丰富和多样化的写作服务。

（4）智能化推荐的发展

AI写作工具将会越来越注重为用户提供智能化推荐服务，根据用户的需求和兴趣，为用户提供更加符合其需求的内容。未来，AI写作工具将会通过大数据分析和AI技术，为用户提供更加精准的推荐服务，从而提高用户的满意度和使用体验。

（5）与其他技术融合

AI写作将会与其他技术进行融合，如语音识别、图像识别等。这些技术可以为AI写作提供更加丰富的输入来源，从而提高文章的质量和吸引力。

（6）在各个领域的应用

AI写作未来将会广泛应用在各个领域，如广告营销、产品宣传、新闻报道、视频剪辑、网店推销等领域。随着AI技术和自然语言处理技术的不断发展和改进，AI写作将会成为这些领域中不可或缺的应用之一。

总之，AI写作的快速发展和普及是不可逆转的趋势。随着AI技术和自然语言处理技术的不断发展和改进，AI写作将会在未来发挥更加重要的作用，为用户创造更多、更优质的内容。

6.1.3　AI写作的常用工具

近年来，越来越多的AI写作工具应运而生，极大地提高了写作效率，帮助创作者提升文章的质量和吸引力。下面介绍几款AI写作工具，它们不仅具有很高的智能水平和精准度，还能广泛应用在各种领域，为创作者提供极大的便利和支持。

1. ChatGPT-4

ChatGPT-4是在GPT-3模型的基础上开发升级的自然语言生成模型。相比于GPT-3，ChatGPT-4在模型规模、语言理解能力、创造力和生成效果等方面都有了显著的提升。

- 支持多模态输入和输出：ChatGPT-4可以接受文本、图像、音频等多种输入，并生成相应的内容。这意味着ChatGPT-4可以处理更复杂、更丰富的信息，并提供更多样化和有用的服务。例如，ChatGPT-4可以根据图片生成字幕、描述和故事等，也可以根据文本生成图像、音频等。

- 智能程度更高：ChatGPT-4在各种专业和学术的考试中都取得了令人惊叹的成绩，展现了接近人类的智能水平。

- 创造力更强：ChatGPT-4具有强大的创造力，可以根据不同的主题、风格、语言等生成不同类型的内容，如歌曲、小说、剧本等，它还可以根据用户的反馈进行调整优化。

- 适应力更强：ChatGPT-4具有强大的适应力，可以根据不同的场景和目标对内容进行微调和定制，以满足不同用户和不同领域的需求。

2. Notion AI

Notion AI是一款可以自动生成文章的AI写作工具，用户只需输入关键词，该工具就能自动生成一篇与关键词相关的文章，内容可以覆盖新闻报道、科技、商业、娱乐等各个领域。

Notion AI可以根据输入的关键词智能推荐相关的文章素材，提高创作者写作文章的质量和准确度。Notion AI还具有改写功能，可以帮助创作者把文章写得更好，如一键式自动优化文章内容、把文章改写变长或变短、改写文章书写口吻、把复杂语句改为简单语句等。

Notion AI可以帮助创作者快速提取文章的重要内容，快速完成一篇工作总结，生成表格，甚至完成一些其他细碎、机械的任务，提升创作者的工作效率。

另外，Notion AI具备的多语言支持特点使其具有更广泛的应用场景和优势。

3. New Bing

New Bing是微软推出的一款智能搜索引擎，其搭载ChatGPT-4搜索引擎，可以更加智能地理解用户的问题和需求，能够提供更准确和实时的搜索结果。New Bing集成了Edge浏览器的数据资源，可以实时更新互联网最新数据。New Bing的搜索结果不仅限于文本，还可包含图像、视频、音频等多种形式，使搜索结果和回答更丰富、直观。

New Bing不仅可以搜索和回答问题，还可以生成内容，如文章、诗歌、代码、歌词等，并支持AI绘画的最新功能"图像创建者（Image Creator）"。

用户在使用New Bing上写作文章时，要先输入自己的要求，然后根据自己的使用场景勾选语气、格式、长度等维度的选项生成草稿，最后用户稍加修改和润色即可发布文章。New Bing在一定程度上给了创作者灵感和新意，让创作者可以更快地写作文章，但创作者需要提前设计好逻辑框架，New Bing提供的是发挥整理资料能力、创造力和在逻辑框架内填充内容的作用。

4. 文心一言

文心一言是百度全新一代的知识增强大语言模型，能够与用户对话互动，回答问题，协助创作，高效、便捷地帮助用户获取信息、知识和灵感。文心一言有五大能力，包括文学创作、商业文案写作、数理逻辑推算、中文理解、多模态生成，其强大的AI技术能够全方位辅助用户写作，如自动纠错、语法检查、内容推荐等，还可以根据用户的输入推荐相关的引用文献、图片、视频等资源，为用户提供更加丰富和准确的素材。

5. 通义千问

通义千问是阿里云推出的一个超大规模的语言模型，功能包括多轮对话、文案创作、逻辑推理、多模态理解、多语言支持等。

2023年4月18日，钉钉CEO宣布钉钉接入通义千问，用户输入"/"就可以唤起超10项AI功能，如自动生成群聊摘要、辅助内容创作、总结会议纪要等。

用户可以在钉钉文档中按下"/"后输入需求，钉钉文档就可以自动写作文案。例如，写作某品牌春季新品果茶推广活动文案，用户可事先输入推广活动的大致框架，如"产品名称""推广文案""配图""成分说明"等板块，钉钉文档就可以自动填充各板块的空缺部分，还能根据用户的需求写作不同风格的文案，并为文案一键美化与排版，为文案添加头图和主题配色。

6. 文友

文友是一款一站式的文章写作智能工具，基于最强大的ChatGPT技术，提供一系列功能，包括文章智能写作、文章自动降重、文章智能润色、智能问答和智能翻译等，可以帮助用户解决各类文章写作中的难题。

6.2 AI写作的应用

AI技术的不断发展和AI写作工具的不断完善和升级，可以提高创作者的工作效率，提升创意和创造性思考的能力。AI写作的应用一般涉及自动润色、写作宣传文案、写作新闻稿件和音频与文案的相互转换。

6.2.1 自动润色

创作者在平时写作过程中会处理大量文本内容，写作完成后，其语句是否符合语法规则、标点符号是否正确、文字拼写是否有误等问题都需要在发布之前认真检查。创作者使用AI写作工具可以极大地提高这一环节的效率，让AI写作工具自动润色，减轻工作压力。

创作者可以使用文友来进行自动润色，步骤如下。

（1）打开文友网站进入首页，注册并登录，在下方单击"文章润色"超链接，如图6-1所示。

图6-1 单击"文章润色"超链接

（2）进入"文章润色"页面，在右侧文本框中输入需要润色的文本内容，并设置个性化要求，如语言、语气、风格，并输入指令，然后单击右侧的▶按钮，如图6-2所示。

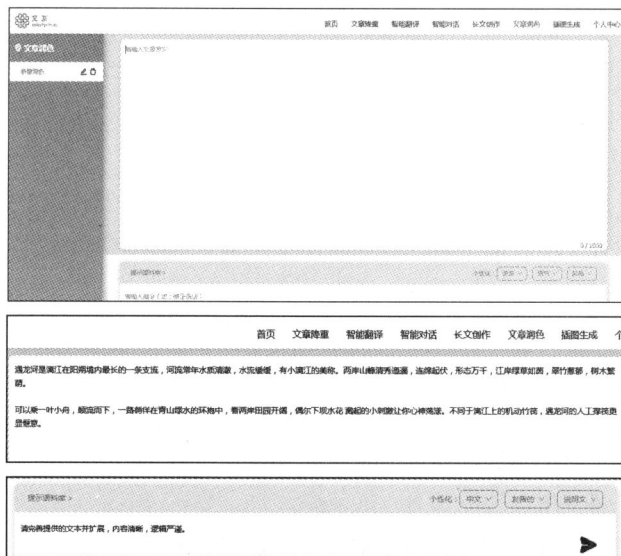

图6-2 输入文本并设置要求

（3）此时，即可生成润色后的文本，如图6-3所示。经检查无误后，创作者就可以复制该文本用于写作。

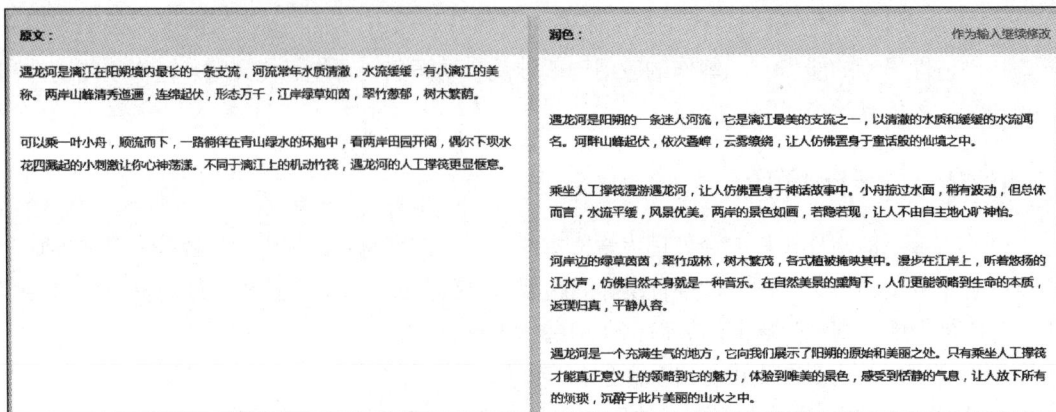

图6-3　生成润色后的文本

6.2.2　写作宣传文案

宣传文案在广告营销中发挥着重要作用，是营销活动的主要工具，可以帮助企业有效地传递信息，规划营销活动，最终实现说服用户购买产品或服务的目的。

如今，AI凭借智能算法，通过对大量的文本数据进行分析和学习，深入了解语言的规则和特点，并通过自然语言生成技术自动生成符合语法和语义要求的文本，同时，创作者可以对AI写作的宣传文案进行反馈，从而优化宣传文案。

在写作宣传文案方面，百度的文心一言表现出色。文心一言是百度开发的一款AI语言模型，可以回答用户的问题，为用户提供有用信息，帮助用户完成创作。创作者可以通过文心一言辅助写作宣传文案，在填写自己详细的需求后，文心一言可以写作非常具体、有针对性的宣传文案。

下面以某款矿泉水产品的宣传文案为例，介绍创作者如何使用文心一言写作宣传文案，步骤如下。

（1）输入自己的具体需求

宣传文案包含的内容很多，创作者可以先提出几个具体的需求，后续再根据文心一言的反馈添加更多的需求。例如，创作者想让文心一言帮助自己写作一篇产品宣传文案，向用户介绍矿泉水产品的优点，并说出促销优惠政策。创作者先提交一些具体的需求，如写作一篇宣传文案，具体要求包括产品名称、目标用户、风格、字数、类型等，文心一言很快就能生成一篇关于矿泉水产品的宣传文案，如图6-4所示。

（2）增加宣传文案的其他要素

宣传文案并非只有简单的宣传语，这只是宣传渠道登载的内容，要想获得更好的宣传效果，创作者应当详细、具体地规划宣传活动的方方面面，做好市场调研。因此，创作者要在宣传文案中添加市场背景分析。

文心一言在回答问题后，创作者在特定时间内提问，可与上文联系，回答与上文有关的问题，因此创作者可以要求文心一言写作该宣传文案的市场背景分析，如图6-5所示。

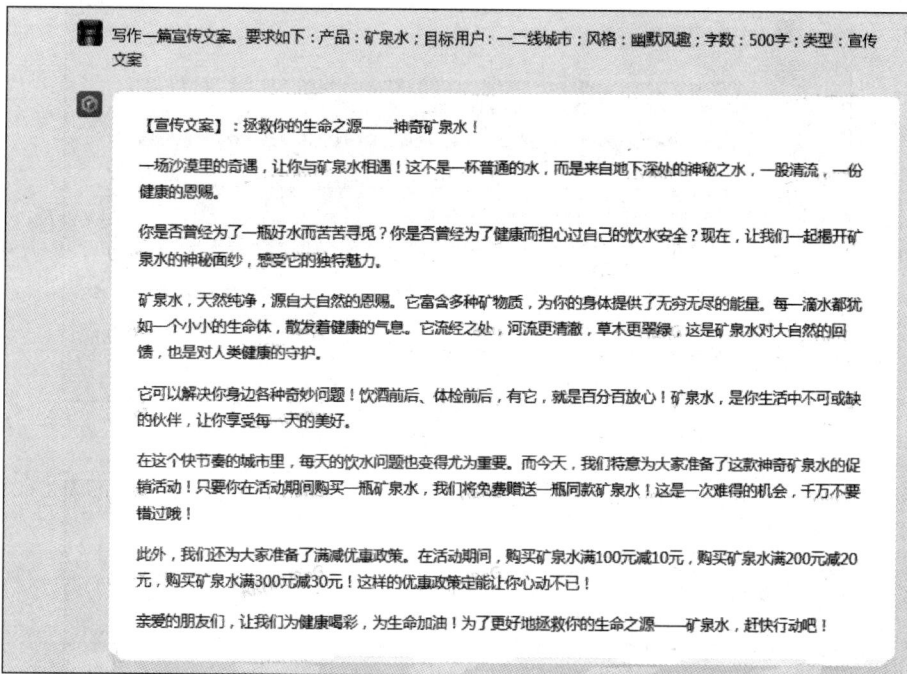

图6-4 矿泉水产品的宣传文案

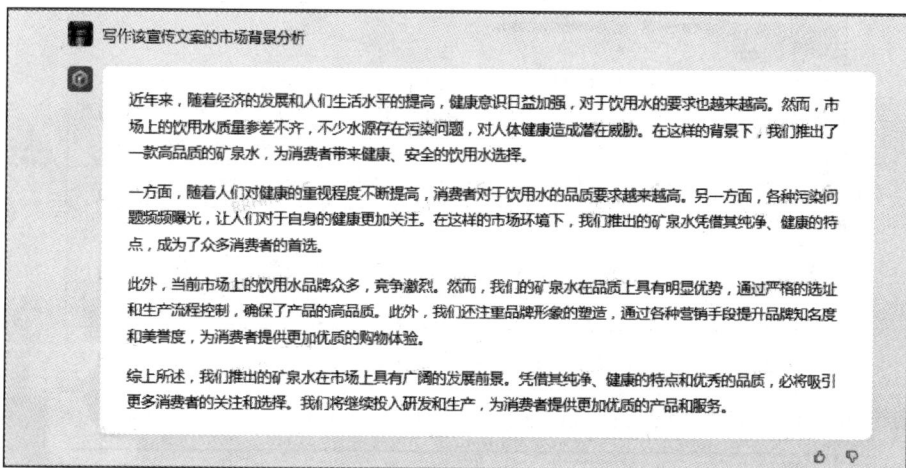

图6-5 市场背景分析

除了市场背景分析外，一份完整的宣传文案还应有推广目的、SWOT分析、消费趋势分析、宣传物料、促销活动计划、时间安排和人员安排、促销活动预算等，创作者可以依次添加需求，让文心一言写作这些需求的文案。

需要注意的是，文心一言提供的宣传文案仅供参考，创作者要根据自己的实际情况来做修改，不能盲目地相信AI写作的答案。

例如，添加需求"宣传文案的推广目的"，如图6-6所示。

在一般的宣传文案中，推广目的可能只需一行字，可将图中的内容概括为：提高品牌知名度和美誉度，传递产品优势和特点，增强消费者的健康意识，推广促销活动。

添加需求"矿泉水产品的SWOT分析"，如图6-7所示。

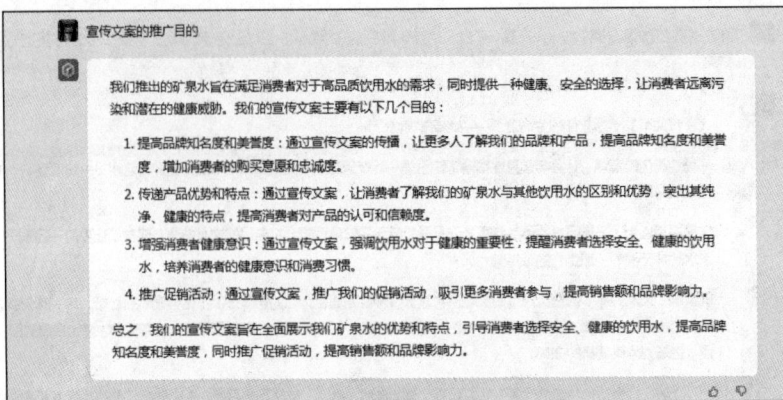

图6-6　宣传文案的推广目的

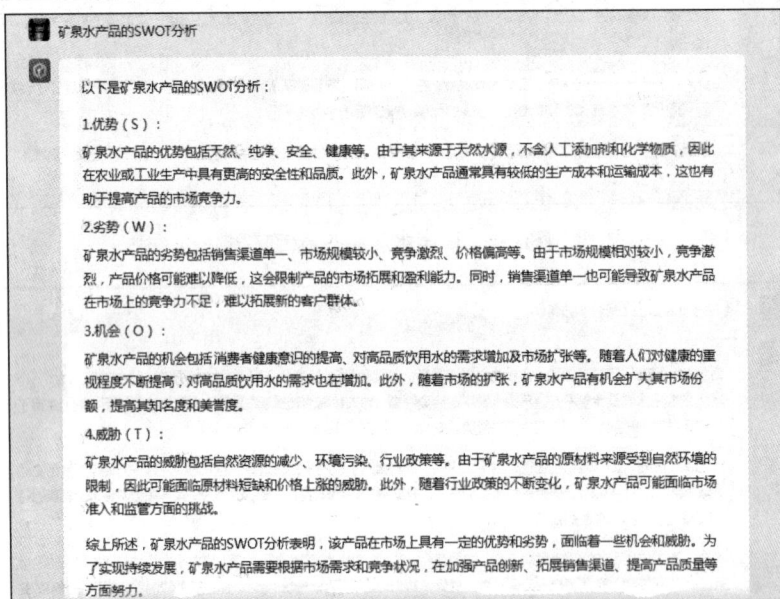

图6-7　矿泉水产品的SWOT分析

添加需求"矿泉水产品的消费趋势分析"，如图6-8所示。

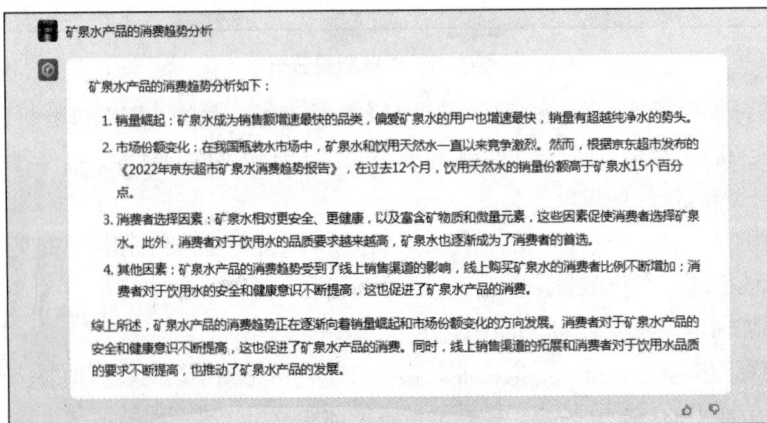

图6-8　矿泉水产品的消费趋势分析

添加需求"该宣传活动的宣传物料"，如图6-9所示。

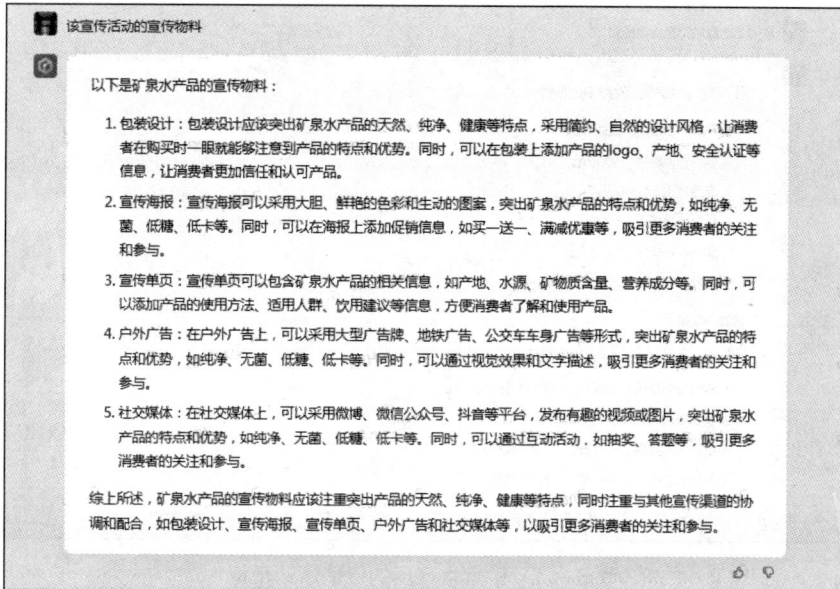

图6-9　该宣传活动的宣传物料

添加需求"矿泉水产品的促销活动计划、时间安排和人员安排"，如图6-10所示。

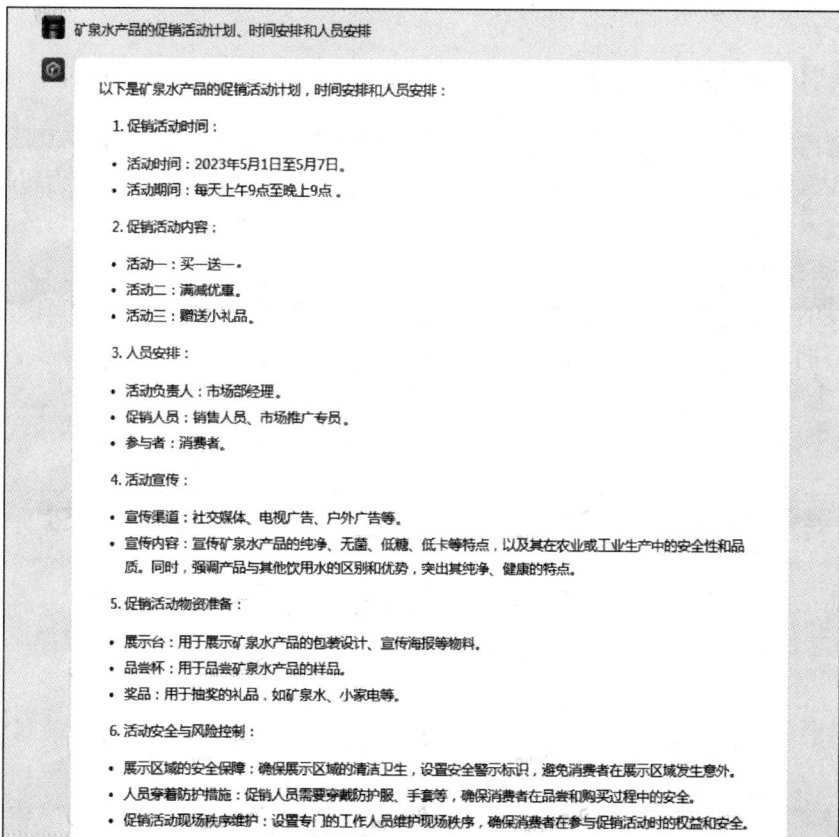

图6-10　矿泉水产品的促销活动计划、时间安排、人员安排

添加需求"矿泉水产品的促销活动预算"，如图6-11所示。

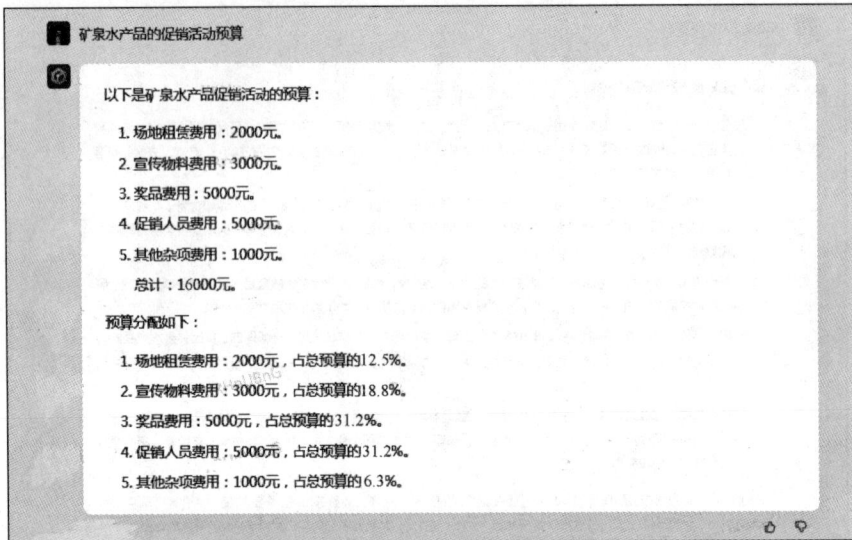

图6-11　矿泉水产品的促销活动预算

（3）修改并汇总宣传文案

创作者要根据公司的实际情况更改文心一言写作的文案，并将以上内容汇总到一起，就能形成一份完整的关于矿泉水产品的宣传文案。

6.2.3　写作新闻稿件

对于新闻报道来说，AI技术的应用可以提高新闻的发布速度和准确性。AI可以根据新闻稿件中的数据和事实自动生成一篇新闻报道，这样就极大地节约了创作者的人力和时间成本。另外，AI技术可以通过数据挖掘和分析，自动发现新闻报道中的热点话题和趋势，帮助创作者更快速地获取新闻信息，判断其新闻价值。

以百度的文心一言为例，创作者在经过采访、调查获得某些基本信息后，可以在文心一言中输入重要的基本信息，文心一言可以根据这些信息写作一份合格的新闻消息。例如，2023年5月28日上午，国产大飞机C919商业首航，"中国人终于要坐上国产大飞机"这一振奋人心的消息立刻冲上微博热搜榜第一名，如图6-12所示。

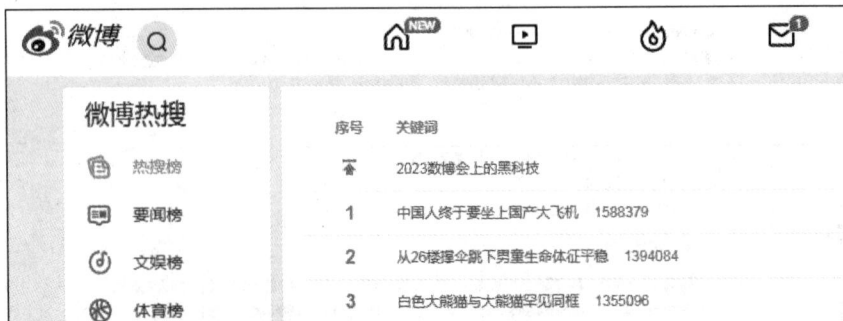

图6-12　微博热搜榜

创作者利用在网上收集的信息，让文心一言写作一份及时性的新闻消息，如图6-13所示。新闻的基本六要素齐全：何人——中国东方航空；何事——使用中国商飞全球首架交付的C919大型客机，执行MU9191航班；何时——5月28日上午；何地——上海虹桥国际机场；何因——广大旅客可以选择乘坐国产大飞机出行了；如何——MU9191航班的成功飞行为中国大型客机产业的发展和壮大奠定了坚实的基础。

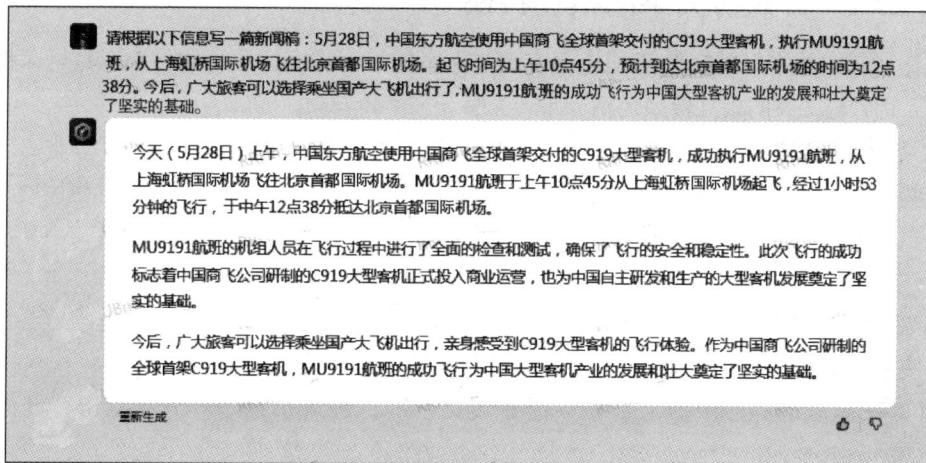

图6-13　文心一言写作的新闻消息

文心一言写作新闻消息后，创作者不能直接发布，而务必要认真检查，及时发现错误并做出修改。例如，该新闻消息中提到的12点38分为机票上显示的预计到达时间，而计划到达时间为13点10分，但文心一言写作的新闻消息缺少了"预计"两个字，给人感觉这一事件已经发生，国产大飞机已经成功落地北京首都国际机场；而且如果缺少"预计"两字，后续到达时间只要与新闻消息不一致，新闻消息的准确性就会遭到破坏。

另外，由于该新闻事件为最新消息，后续报道会越来越多，创作者还要继续跟踪了解更多进展，为文心一言增添更多信息源，从而生成更多的细节报道。

2023年5月28日中午，这条新闻有了最新进展：国产大飞机C919商业首飞成功，获得民航最高礼仪"过水门"。创作者可以把这条最新消息输入文心一言，写作更具时效性的新闻消息，如图6-14所示。

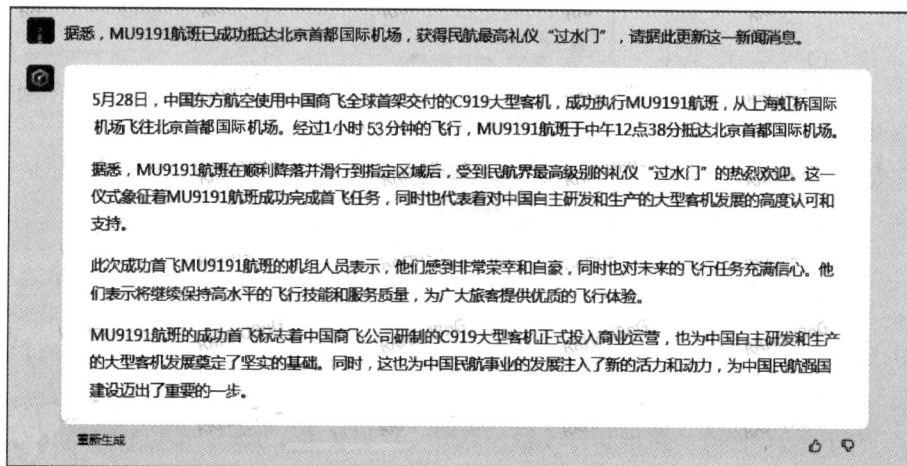

图6-14　更新新闻消息

根据最新消息，航班抵达北京首都国际机场的时间为中午12点31分，由于没有为文心一言提供具体的时间，文心一言写作的新闻消息采用的仍然是之前的预计到达时间，这说明使用文心一言写作新闻稿件只是一种辅助，仍需要人为检查核实，以保证新闻报道的准确性。

6.2.4　音频与文案的相互转换

创作者在实践中经常会使用AI进行音频与文案的相互转换，便利的转换工具可以提高工作效率。音频与文案的相互转换包括音频转文字、文字转音频。

1. 音频转文字

音频转文字功能是一种将音频文件转换为可编辑文本的技术，其具有广泛的应用场景，可以用于会议记录、在线课堂、翻译、语音搜索引擎、无障碍服务等领域。音频转文字功能可以提高工作效率，节省时间和成本，给用户带来更好的体验。

如果创作者打算使用某音频中的文案，一边听音频一边打字会十分费力，还很容易出错，这时可使用音频转文字工具"视频语音转文字"，步骤如下。

（1）在微信小程序中搜索"视频语音转文字"，进入小程序界面，点击"开始转文字"，如图6-15所示。

（2）进入"音视频转文字"界面，点击"本地音视频"，如图6-16所示。

（3）在打开的"音视频上传"界面中点击"上传本地音视频"，如图6-17所示。

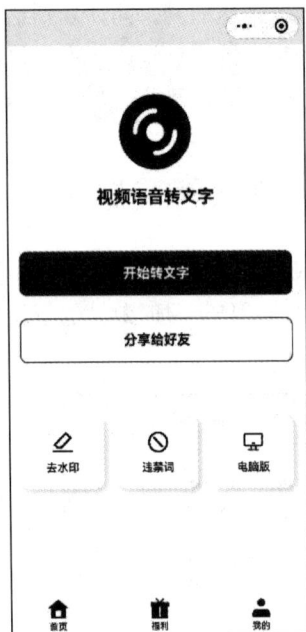

图6-15　点击"开始转文字"　　图6-16　点击"本地音视频"　　图6-17　点击"上传本地音视频"

（4）在打开的界面中选择需要转换成文字的音频，点击音频上传，就会转换成相应的文字，如图6-18所示。

（5）对文字进行修改、整理和分段后，点击"复制文本"按钮，即可将文本保存到特定位置，如图6-19所示。

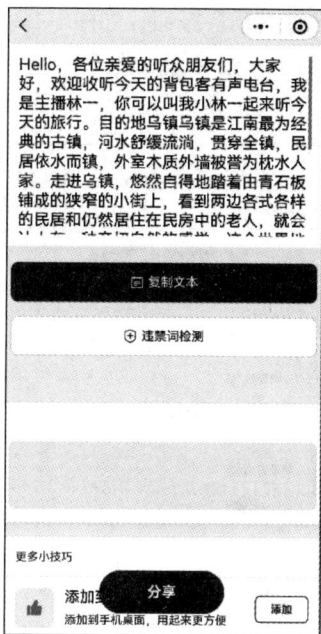

图6-18 音频转成文字　　　图6-19 修改完善后复制文本

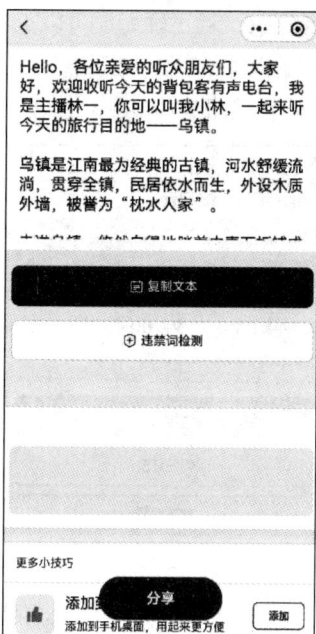

2. 文字转音频

某创作者在成都游玩后打算为粉丝介绍成都特色美食，制作短视频，在编写好相关文案后，他可以使用相关配音小程序将文案转换成音频，将音频设置为短视频的旁白，步骤如下。

（1）在微信小程序中搜索相关配音小程序，进入小程序界面，如图6-20所示。

（2）在上面的文本框中输入文案，选择音频配音员的声音、语速、情感强度，然后点击"合成配音"按钮，如图6-21所示。

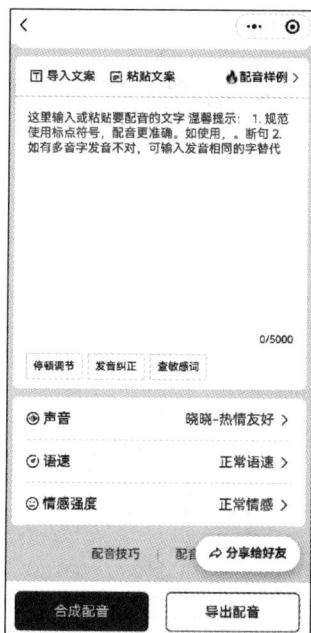

图6-20 进入小程序界面　　　图6-21 点击"合成配音"按钮

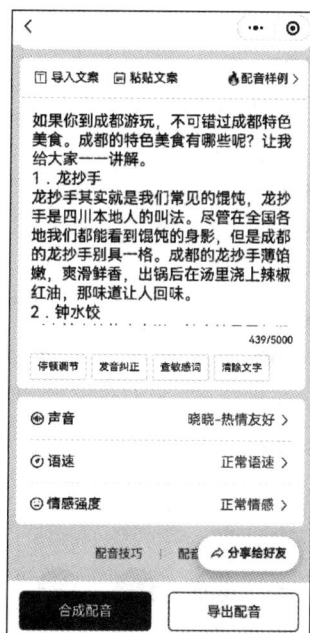

（3）试听配音效果，若正确无误可以点击"添加音乐"按钮，如图6-22所示。

（4）选择合适的背景音乐，然后调节人声音量、背景音量、人声延迟等，确认无误后点击下方的"添加音乐"按钮，如图6-23所示。

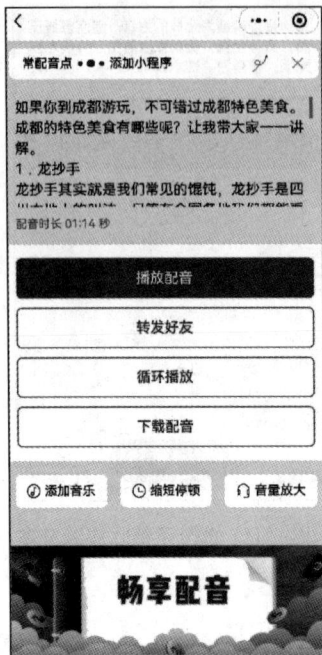

图6-22　点击"添加音乐"按钮　　图6-23　选择合适的背景音乐

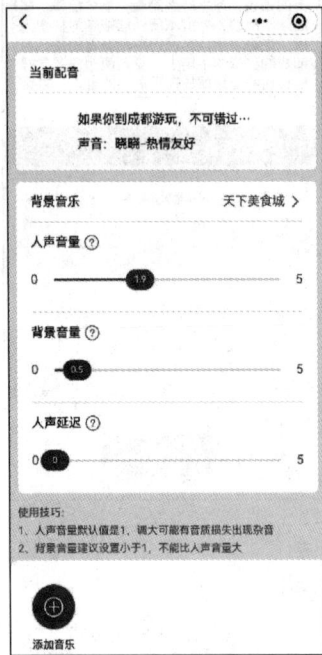

（5）试听配音效果，若正确无误可以点击"下载"按钮，如图6-24所示。

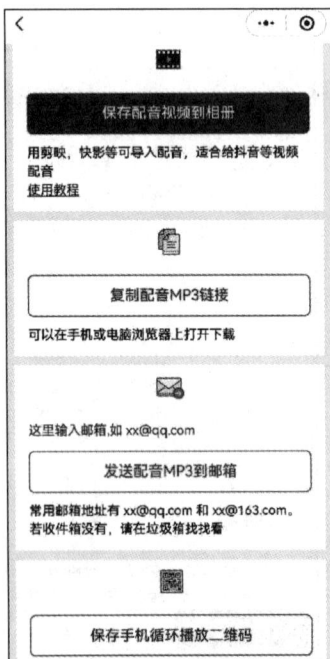

（6）在打开的界面中可以选择音频的保存方式，如图6-25所示。

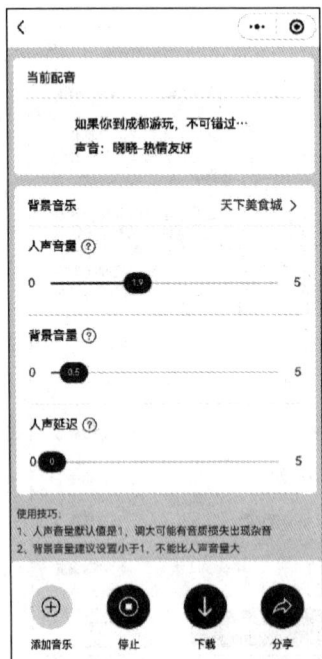

图6-24　点击"下载"按钮　　图6-25　选择音频的保存方式

【实训案例】

请根据下列信息，利用AI写作一篇产品宣传文案。

产品：手机新品。

消费人群：16～30岁的年轻群体。

类型：产品宣传文案。

产品宣传文案应包含的结构有市场背景分析、推广目的、产品的SWOT分析、产品消费趋势分析、宣传物料、促销活动计划、时间安排和人员安排、促销活动预算等。

【课后思考】

1. 简述AI写作的特点
2. 简述AI写作的发展趋势。
3. 简述AI写作的主要应用。

第7章

新媒体内容编辑

知识目标

➢ 了解新媒体图文排版的原则和图文关系处理技巧。

➢ 了解常用的新媒体图文排版工具。

➢ 了解新媒体图片的使用原则。

➢ 了解常用的新媒体视频编辑工具。

➢ 了解常用的新媒体H5制作工具。

能力目标

➢ 能够熟练使用新媒体图文排版工具。

➢ 能够使用美图秀秀处理新媒体图片，创客贴设计新媒体图片。

➢ 能够使用剪映专业版编辑新媒体视频。

➢ 能够使用秀米制作H5。

素养目标

➢ 坚持原创性、善于运用创新性思维进行新媒体内容编辑。

➢ 坚守中华文化立场，在创作中增强中华文明的传播力、影响力。

在新媒体领域，信息的传递形式不仅有文字，还有图片和视频，多种形式可以相互融合，共同为受众提供需要的信息。要想迅速地吸引受众，既要有精彩的文案，也要有精美的图文排版、图片、视频和H5等。因此，学会图文排版、图片编辑、视频编辑、H5制作也是新媒体创作者的必修课。

7.1 新媒体图文排版规范

精美的图文排版可以美化页面,使用户更轻松、愉悦地浏览页面,获取信息,提升阅读体验,从而延长其阅读时间,增加页面点击率。排版要为内容服务,如果排版处理得不好,甚至内容根本没有经过排版处理,冗长的文字会给用户带来很大的信息获取压力。

7.1.1 新媒体图文排版的作用

新媒体图文排版主要有以下作用。

(1)打造极致的阅读体验

精美的排版可以使文章变得条理清晰,使用户享受愉快的视觉感受和审美体验。合理运用排版技巧,可以让文章段落结构层次分明,呈现很强的逻辑性,让用户快速找到重点,从而更好地理解内容。

(2)塑造品牌

不管是个人品牌还是企业品牌,在新媒体平台上推送文章其实也是品牌形象的输出。除了文章内容以外,排版样式也体现品牌和理念。排版设计出来的视觉效果影响着用户对品牌的认识,因此,新媒体创作者最好固定使用某种有特色的排版风格和方式,逐渐巩固自己的品牌优势。

(3)加强读者的心理暗示

俗话说"人靠衣装马靠鞍",精美的排版就像文章的"衣服"。如果排版不美观,混乱无序,会给用户一种不靠谱的感觉,让其在视觉上感到不舒服,自然就会心生厌恶,很容易导致其取消关注。优秀的品牌不仅在文章内容上质量过硬,精美的排版也会给用户带来正面的心理暗示,使其在心理上为该品牌加分。

7.1.2 新媒体图文排版的原则

"没有人有义务透过你邋遢的外表去发现你优秀的内在。"在新媒体内容编辑中也是如此,如果图文的设计非常糟糕,内容再好也不会获得太多的关注。因此,懂一些基本的图文设计原则并加以合理运用,可以增强内容的可读性和美观度,吸引更多的人阅读。

美国著名设计师罗宾·威廉姆斯在其著作《写给大家看的设计书》中总结了设计的四个基本原则——亲密性、对齐、重复和对比,这四个原则同样适用于新媒体图文排版。

1. 亲密性

亲密性是指彼此相关的内容应该相互靠近,归组在一起,成为一个视觉单元,而非多个孤立元素。亲密性有助于组织信息,减少内容混乱,为用户呈现出清晰的结构。

例如,标题和正文是各自独立的两个板块,正文各段落的亲密性要高于正文与标题之间的亲密性。因此,标题与正文之间要有很明显的区隔,如空行(见图7-1)、插入头图(见图7-2)或者分隔符(引导关注)等。

传统排版一般通过首行缩进2个字符来区分各段,但这一方法不符合新媒体领域中的亲密性原则,因为段间距与行间距一样,无法有效地凸显段落的层次。目前,在新媒体正文中通过在段落之间空出一行的方式来增加段间距,突出各部分的亲密性,如图7-3所示。

图7-1 空行

图7-2 插入头图

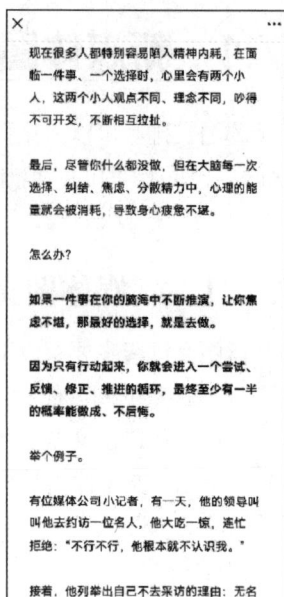

图7-3 段落之间空一行

假如段落之间有标题，标题与上下段的间距就应该有差别。标题与下一段是一个整体，所以与下一段的间距应该比较小，与上一段的间距比较大（见图7-4），而且图片与其注释应该靠得更近一些，如图7-5所示。

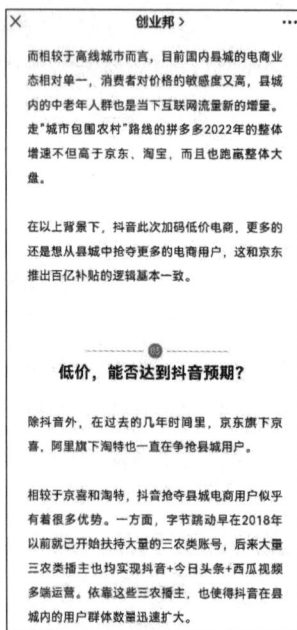

图7-4 拉大标题与上一段的间距

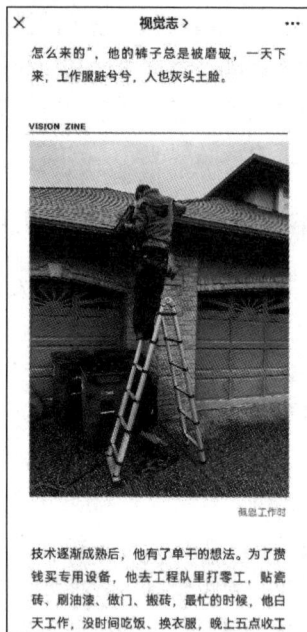

图7-5 图片与注释应靠近

除此之外，很多新媒体文案的结尾会放一些其他内容，如二维码、作者信息、活动介绍等，要注意分区，以免让用户看得眼花缭乱。

2. 对齐

对齐主要包括居中对齐、左对齐、右对齐、两端对齐四种方式，在新媒体写作中，新媒体创作者用得较多的是居中对齐、左对齐和两端对齐。

对于用户来说，居中对齐最有利于阅读，用户的视线可以集中于屏幕的最中间，不用大幅度左右移动，从而减少视线转移的时间。不过，这种对齐方式适合内容较少、短句较多的文章，如图7-6所示。如果文章内容很多，可使用左对齐方式，如图7-7所示。两端对齐与左对齐很相似，但两端对齐的文字边缘更齐整，视觉效果更好，所以文章内容较多时一般采用两端对齐，如图7-8所示。

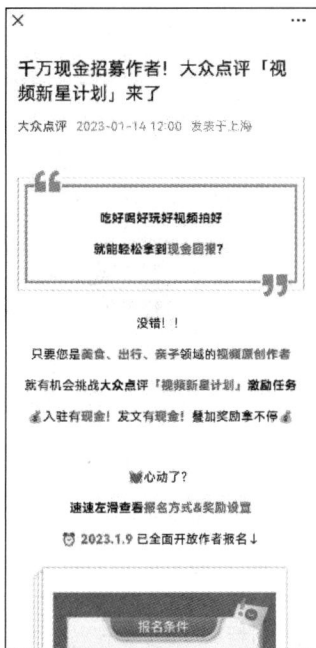

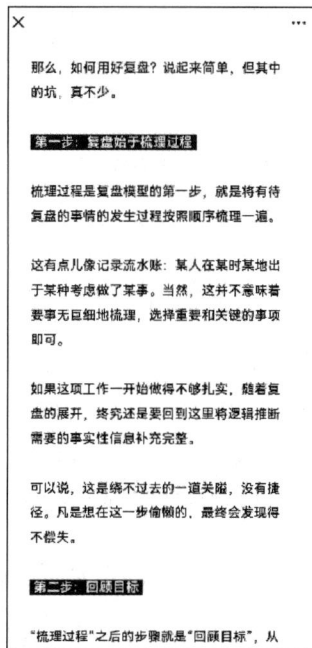

| 图7-6　居中对齐 | 图7-7　左对齐 | 图7-8　两端对齐 |

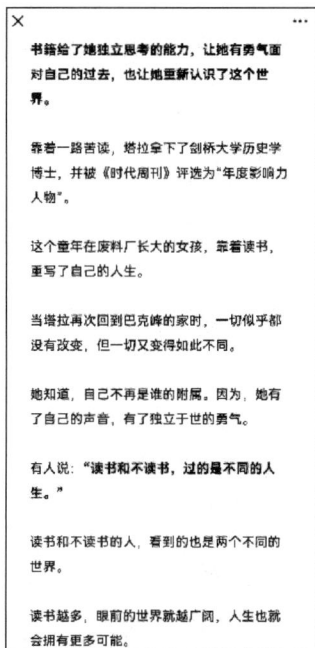

新媒体创作者最好采用同一种对齐方式，以免图文排版设计混乱，影响阅读体验。实在不行，至少也要保证在同一内容板块中使用同一种对齐方式。

3. 重复

重复意味着统一，它是保持风格统一的重要准则。重复的范围包括字体、字号、颜色、风格等。例如，微信公众号"有书"发布的大多数文章，其标题格式、字体、字号、颜色是一致的，如图7-9所示。如果不确定统一的风格，字体、字号、颜色等各不相同，就会影响新媒体品牌的形象。

4. 对比

新媒体创作者在设计图文排版时如果遵循亲密性、对齐和重复原则，版面就会变得层次清晰、干净利落，但也很容易让人感觉枯燥乏味。为了解决这个问题，创作者在图文排版时还要遵循对比原则。

对比原则的作用就是突出重点，增强视觉效果，使平淡的风格更加新颖，增加文章的可读性。对比主要包括将需要强调的部分加粗、放大、修改颜色、增加背景色、加删除线或下画线，倾斜文字，加一些特殊符号，或者对文字进行艺术化处理等。这些方式都可以使被强调的内容快速凸显出来，如图7-10所示。

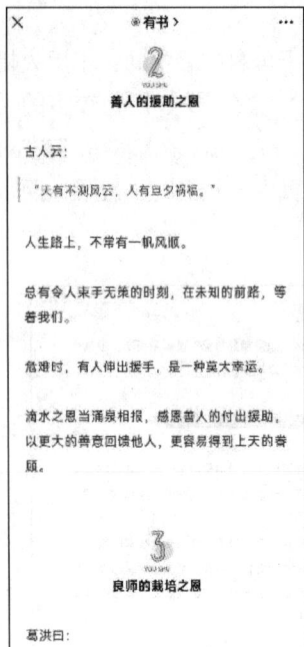

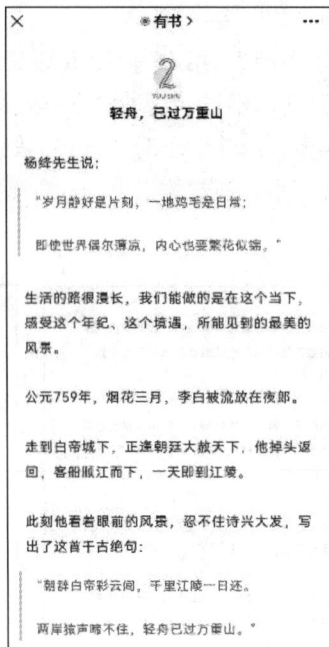

图7-9　重复原则　　　　　　　　　　　　　　图7-10　对比原则

采用对比原则的目的是为了突出被强调的内容，所以对比的程度要明显，假如两个元素过于接近，就会导致页面混乱，影响阅读体验。

7.1.3　新媒体图文关系的处理

在图文排版过程中，新媒体创作者可以通过各种手段来协调图片与文字的关系，从而更有效地传递信息，增强视觉冲击力。

在处理图片与文字的关系时，新媒体创作者可以从以下几个方面着手。

1. 增强文字与图片的对比

合理地运用对比色和补色，图文信息的可读性会增强很多，画面会更富有立体感和空间感。文字与图片之间强烈的色彩对比能够使用户的视觉感知力更强，所以在进行图文设计时，新媒体创作者可以合理配色，比较经典的配色有黄与蓝、青与红、黑与白等冷暖色调的对比，还可以根据页面主题选择主色调，然后通过小范围的色彩搭配进行装饰，使页面呈现强烈的视觉对比，迅速吸引用户的注意力，如图7-11所示。

在图文排版中，文字不仅是传递信息的载体，也是设计中的关键要素。因此，除了用色彩突出文字与图片的对比以外，巧妙地设计文字也可以形成强烈的对比。例如，选择字体时，可以选择与背景图片对比鲜明的字体，以体现视觉落差感；假如图片背景比较单一，可以选择设计感较强的文字；假如图片背景比较突出，可以选择简约型字体，如图7-12所示。

2. 虚化背景

通常情况下，高清的页面背景图片可以吸引用户的注意力。不过，如果背景图片过于复杂，也会影响页面中的其他设计元素，尤其是文字，导致用户很难看清文字。为了产生更好的视觉效果，新媒体创作者可以根据图片的复杂程度设置局部模糊效果，虚化背景，这样能够改变图片的视觉焦点，让视觉主体的形象更加突出。如果将文字融入虚化的背景中，可以使文字脱离杂乱的背景，增强文字的易读性，使视觉主体形象和文字在整个页面中达到视觉平衡效果，如图7-13所示。

图7-11 用色彩突出文字
与图片的对比

图7-12 用字体突出文字
与图片的对比

图7-13 虚化背景

3. 图文叠加

图文叠加可以使图片和文字成为一个整体，有效地增加页面的吸引力。图文叠加的搭配能让图片与文字产生强烈的互动感，使页面整体呈现一定的空间感，如图7-14所示。这时，文字不再只充当文案的角色，也是一种页面装饰元素，起到美化页面的作用。

4. 标签式设计

标签式设计是指将少量的文字整合起来，放在矩形框内，或者在文本之上放一个色块，形成标签的形式，以吸引用户的注意力，如图7-15所示。标签的面积要根据画面美观度、文字数量、背景图案与版面的平衡等多重因素综合考量。

图7-14 图文叠加

图7-15 标签式设计

7.1.4 常用的新媒体图文排版工具

精美的图文排版不仅可以为用户提供良好的阅读体验，还可以提高新媒体作品的格调。因此，新媒体创作者需要掌握一些常用的图文排版工具，以提升工作效率。目前，常用的新媒体图文排版工具有排版、壹伴、秀米、易撰自媒体工具和135编辑器等。

1．i排版

i排版的操作页面比较简洁，内含很多原创素材，功能丰富，包括全文编辑、即时预览、特色样式、模板样式、一键配图和全局背景等。

2．壹伴

壹伴是一款能够增强公众号编辑器功能，并显著提高排版效率的浏览器插件，是公众号管理的得力助手。安装此插件后，用户可以高效地完成确定选题、微信排版等工作。用户可直接导入文章，导入Word，在文章中生成二维码和长图，添加永久链接，插入图表。标题是新媒体文案的重中之重，壹伴的特色功能之一就是标题评分，可以帮助用户提升标题质量。

3．秀米

秀米是一款专业的新媒体编辑工具，可以为微信公众号、头条号、微博等多个平台提供图文排版服务，内含多重风格的排版模板，用户也可以自行创建新的图文版式。另外，秀米还可以生成长图与贴纸图文，并把编辑好的图文设置成样刊。

4．易撰自媒体工具

易撰自媒体工具是基于数据挖掘技术，把各大自媒体平台内容进行整合分析，为新媒体创作者提供在运营过程中需要用到的实时热点、爆文素材、排版、数据监测、质量检测等功能，让新媒体内容编辑工作更高效。

5．135编辑器

135编辑器是一款在线图文排版工具，不用下载安装软件或插件，可以即时处理图文内容。它具有十分丰富的排版样式、模板素材、图片素材，为用户提供了一键排版、云端草稿、全文配色、企业定制等实用功能。

7.1.5　使用135编辑器进行图文排版

下面以135编辑器为例，详细介绍如何使用图文排版工具进行新媒体图文排版。先了解135编辑器的操作页面，从左到右分别为菜单栏、样式展示区、编辑区、功能区，如图7-16所示。

视频

使用135编辑器
进行图文排版

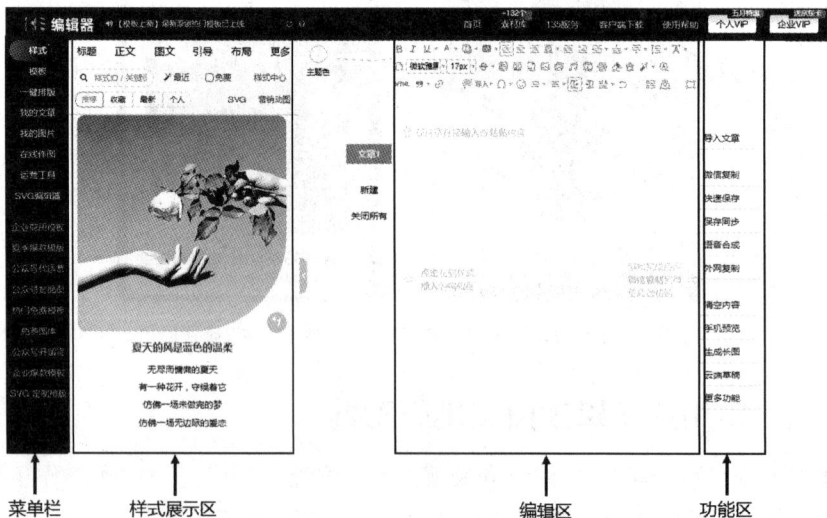

菜单栏　样式展示区　　　　编辑区　　　功能区

图7-16　135编辑器操作页面

1. 导入文章

用户可以将网页中的文章直接导入135编辑器中进行编辑。单击功能区中的"导入文章"按钮，输入符合要求的文章内容页网址链接，即可完成文章的导入，如图7-17所示。

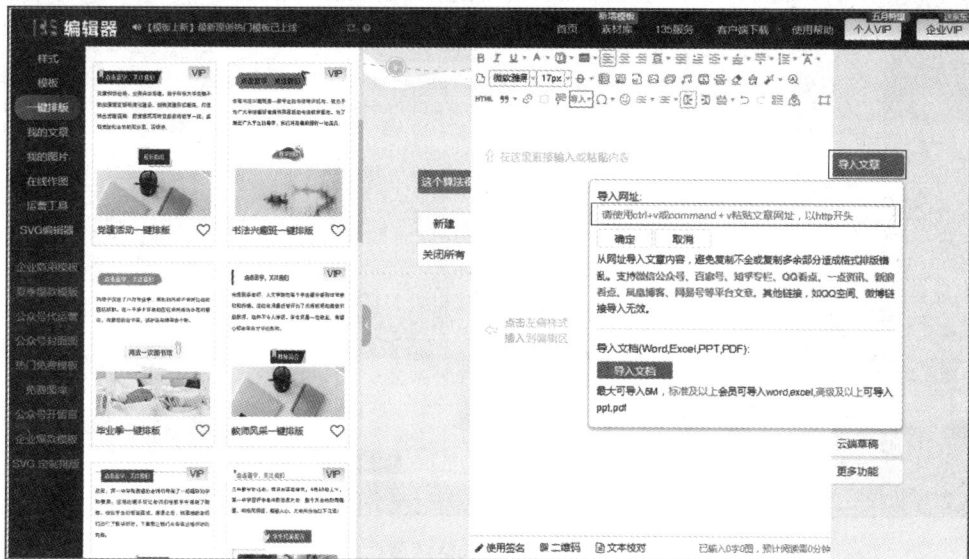

图7-17 导入文章

2. 添加文章的背景

为了使文章的版式更加美观，可以为其添加背景。在135编辑器编辑区上方的工具栏中单击"背景"按钮，如图7-18所示。

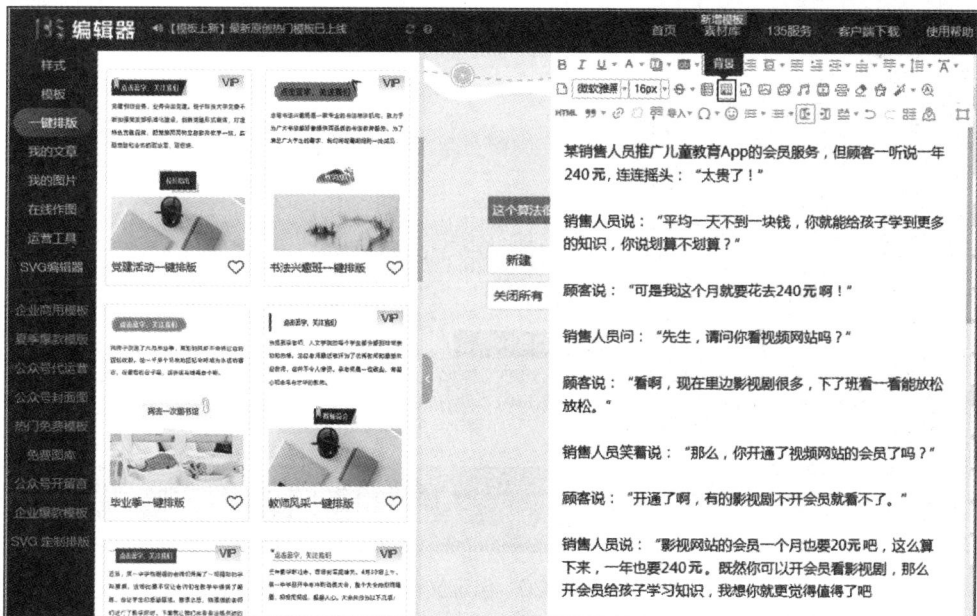

图7-18 单击"背景"按钮

弹出"背景"对话框，选择符合自己需求的背景，然后单击"确定"按钮即可，如图7-19所示。

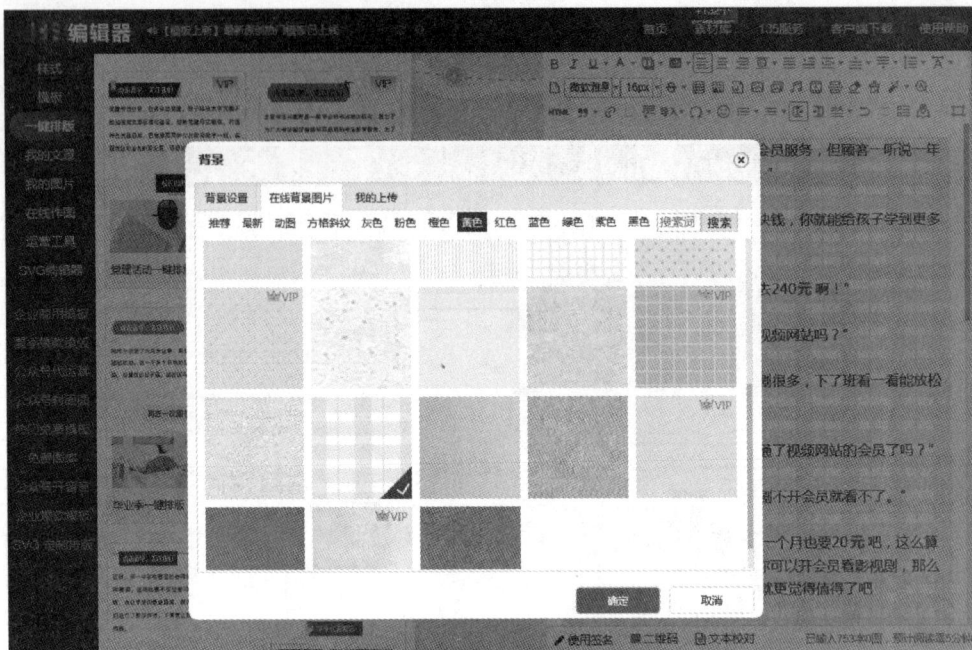

图7-19　选择背景

若要添加自定义背景，可以选择"背景设置"选项卡，从中进行自定义背景设置，设置完成后单击"确定"按钮即可，如图7-20所示。

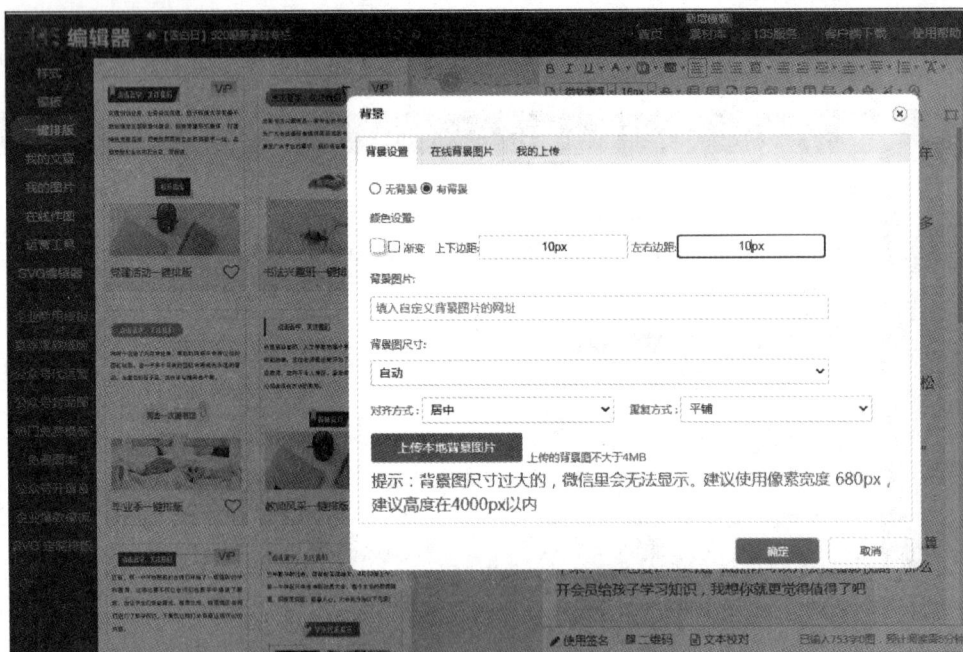

图7-20　自定义背景

3. 添加超链接

在135编辑器中可以为文字或图片添加超链接，只需选中需要添加超链接的对象，然后单击编辑区工具栏中的"超链接"按钮 ，如图7-21所示。

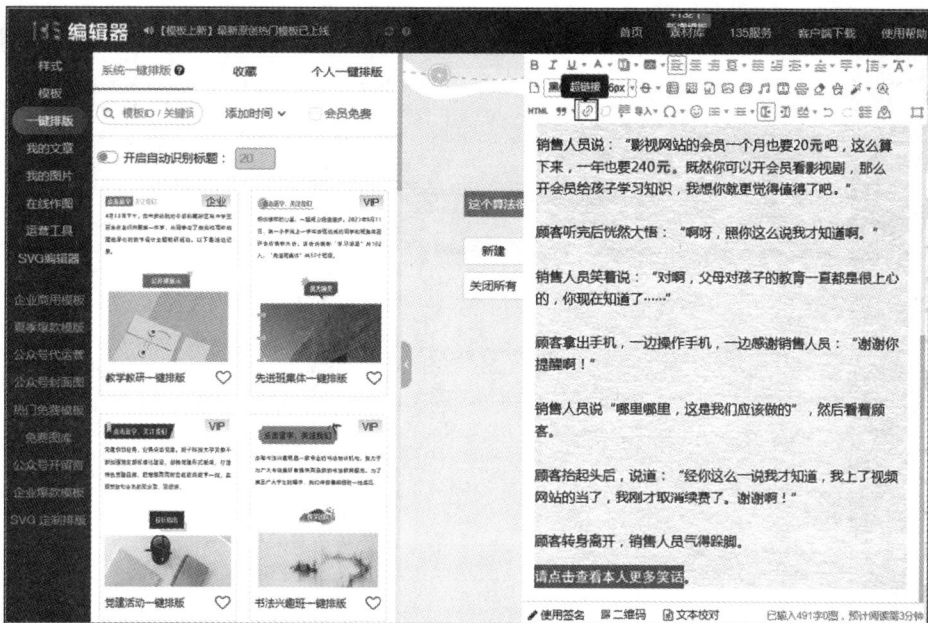

图7-21 添加超链接

弹出"超链接"对话框，在"链接地址"文本框中输入链接地址，然后单击"确定"按钮即可，如图7-22所示。

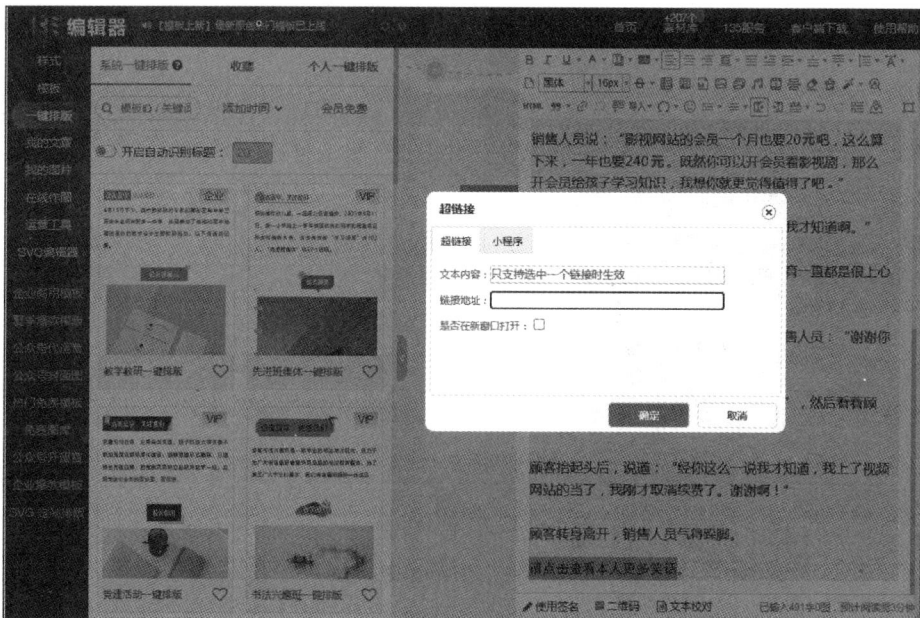

图7-22 输入链接地址

4. 生成短链接和二维码

当需要将网址转为二维码进行传播时，可以利用135编辑器的"生成短链接和二维码"功能生成网址二维码。任何合法的网址都可以通过该功能进行缩短并生成一个网址二维码。

在左侧菜单栏中单击"运营工具"超链接，在样式展示区内单击"生成短链接和二维码"按钮，如图7-23所示。

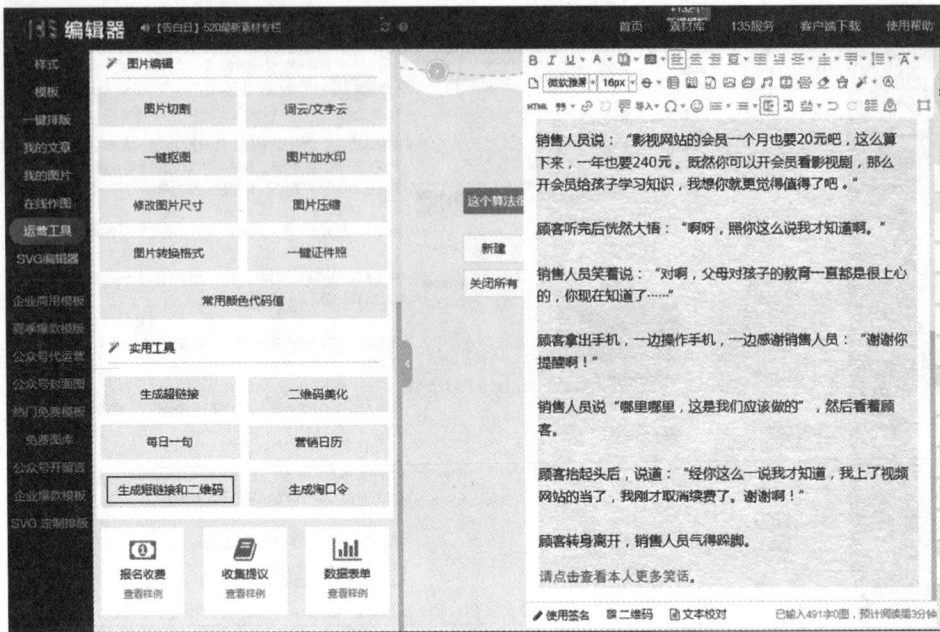

图7-23　单击"生成短链接和二维码"按钮

弹出"生成短链接和二维码"对话框，在"输入网址"文本框中输入有效的网址，然后单击"生成短链"按钮。此时即可生成短链接，同时在下方生成网址二维码，如图7-24所示。

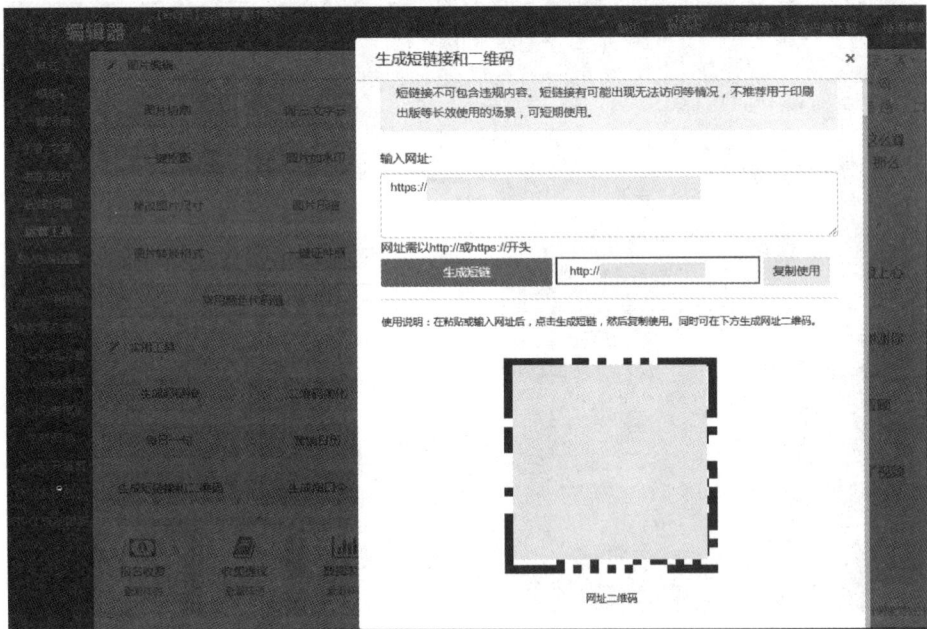

图7-24　生成网址的短链接二维码

5. 修饰、美化图片

在135编辑器中可以对文章中的图片进行修饰和美化，如添加相框、水印，裁剪，设置对齐方式、图片形状等。例如，单击选中图片，在弹出的浮动工具栏中单击"边框阴影"按钮，如图7-25所示。

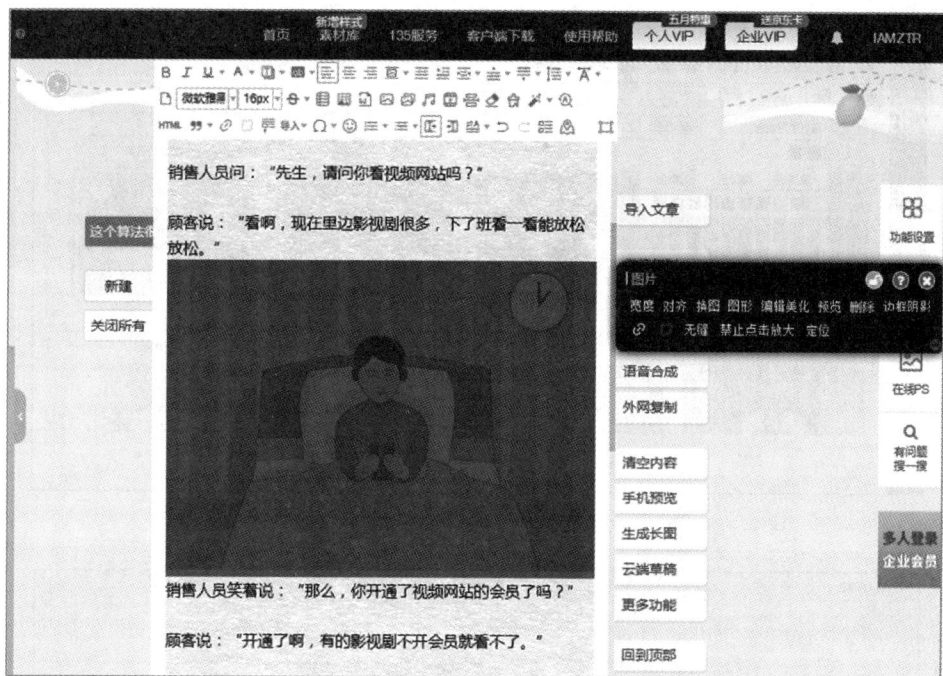

图7-25 单击"边框阴影"按钮

弹出"图片边框阴影"对话框，选择需要的边框类型，然后单击"应用到当前图片"按钮，如图7-26所示。若要将边框效果应用到所有图片上，则单击"应用到全文所有图片"按钮。

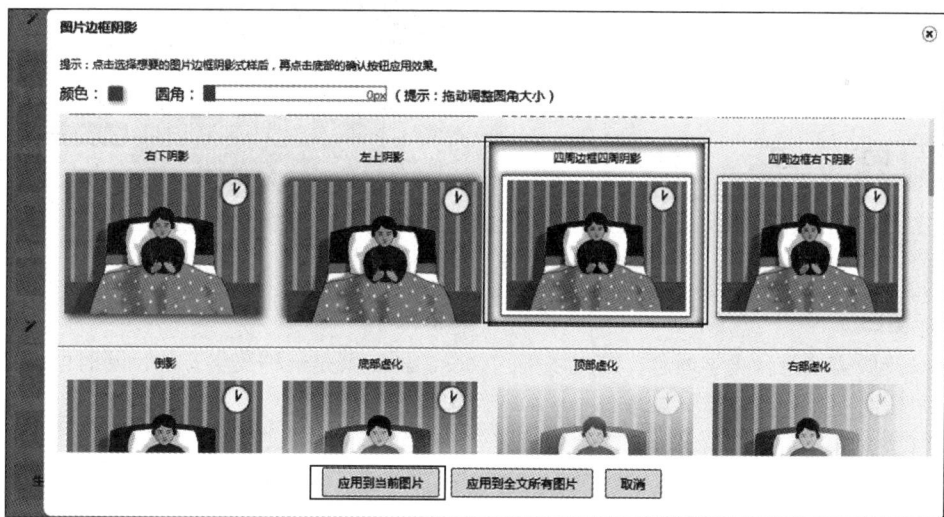

图7-26 添加图片边框阴影

还可以设置边框阴影的颜色及圆角，在"图片边框阴影"对话框中单击"颜色"色块，即可设置边框颜色；通过拖动"圆角"工具条可以调整边框圆角的大小，如图7-27所示。

此外，在功能区的菜单栏中单击"更多功能"按钮，在弹出的工具栏中可以对图片进行快捷设置，如图7-28所示。

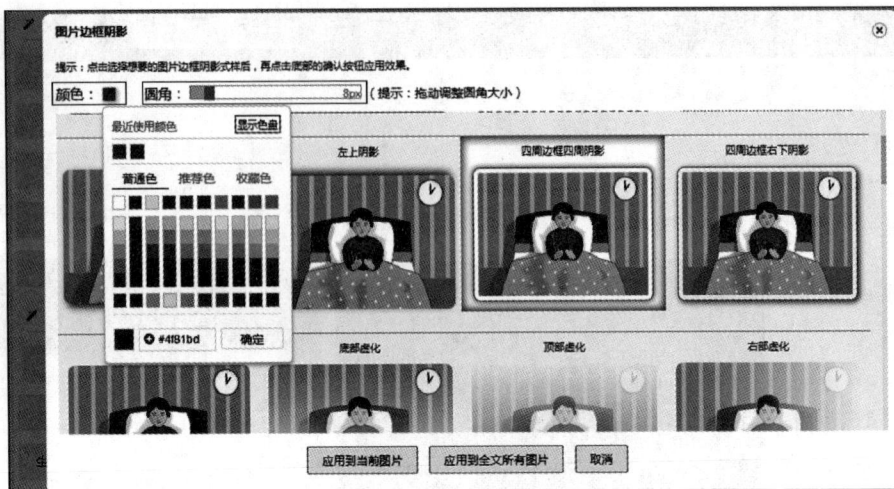

图7-27　设置边框颜色与边框圆角大小

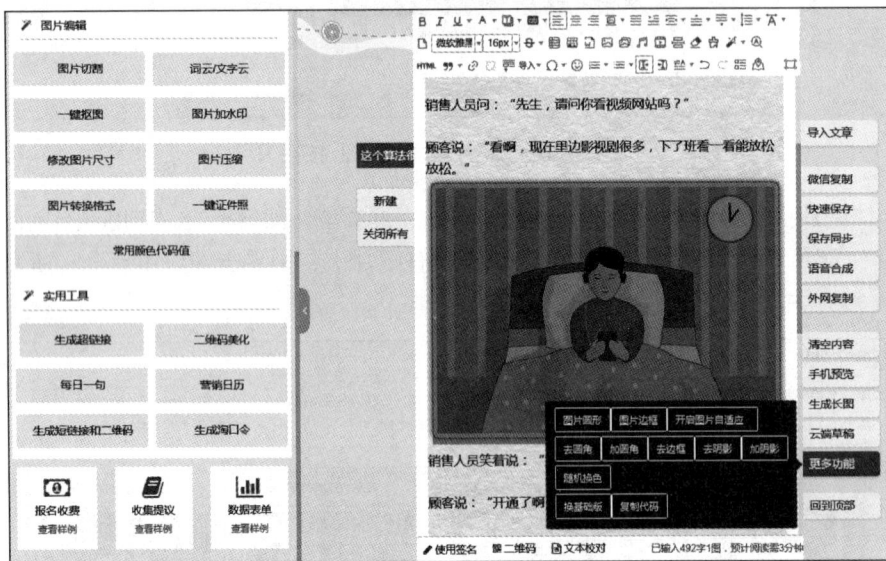

图7-28　单击"更多功能"按钮

6. 留白

图文排版需要符合美学理念，给人以美的感受。留白就是一种美学方法，同时也是一种设计理念。留白一般分为段落上下留白、左右留白和图片留白等。

（1）段落上下留白

段落上下留白有两种实现方式，一种是在段落前后各添加一个空行，另一种是通过设置合适的段前距和段后距来实现留白的目的。

（2）左右留白

左右留白主要有三种实现方式。

① 直接应用带有左右留白的样式

先在左侧菜单栏的"样式"搜索框中输入"留白"，搜索留白样式，然后选择想要使用的留白样式，如图7-29所示。

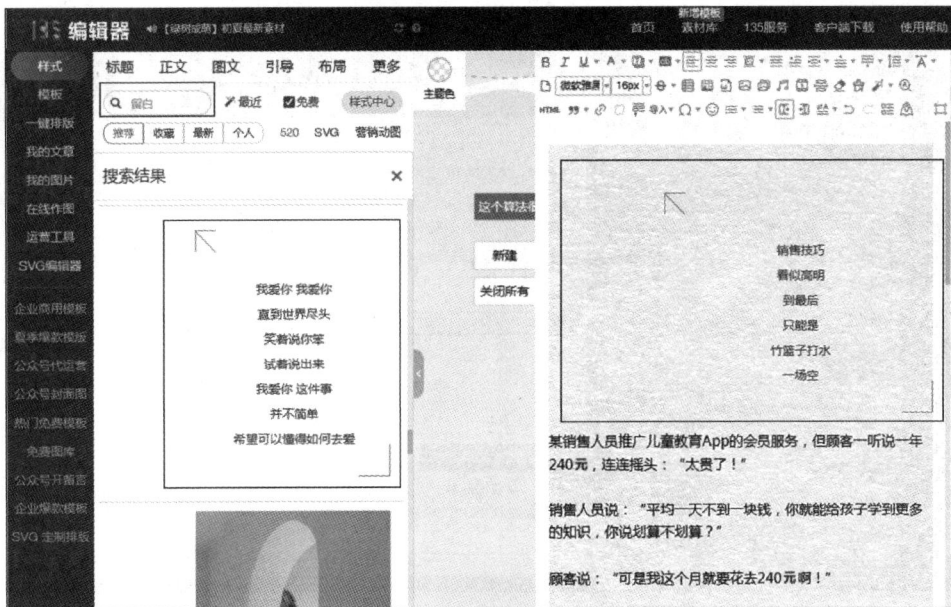

图7-29 选择留白样式

② 使用留白功能按钮

在编辑区上方的工具栏中单击"两侧边距"下拉按钮，在弹出的下拉列表中选择合适的边距即可，如图7-30所示。

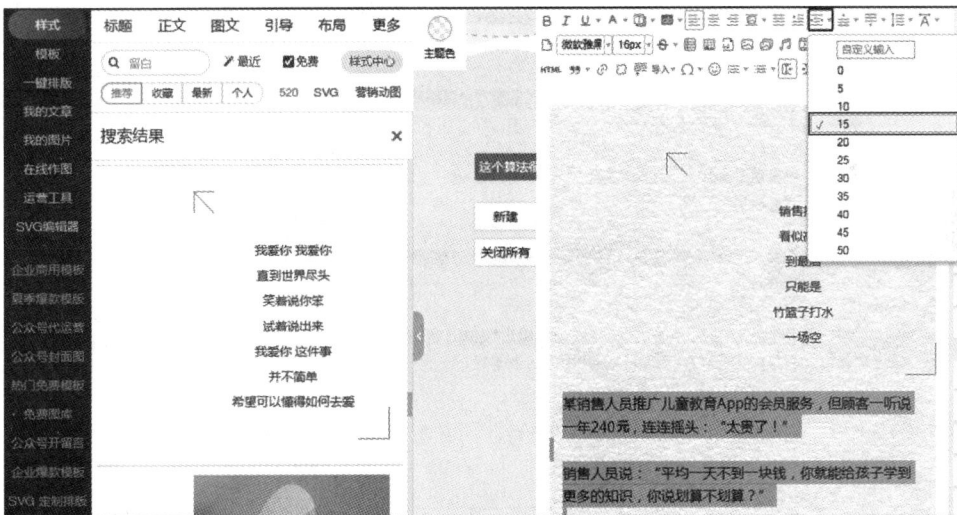

图7-30 单击"两侧边距"按钮设置留白

除了使用"两侧边距"按钮设置留白外，还可以使用"背景"按钮修改左右边距。单击编辑区上方的工具栏中的"背景"按钮，在弹出的"背景"对话框中选择"背景设置"选项卡，设置合适的左右边距，然后单击"确定"按钮即可，如图7-31所示。

③ 使用段落设置对话框

前面的两种设置方法是为整篇文章设置左右留白，而这种方法可以为单独的段落设置左右留白。

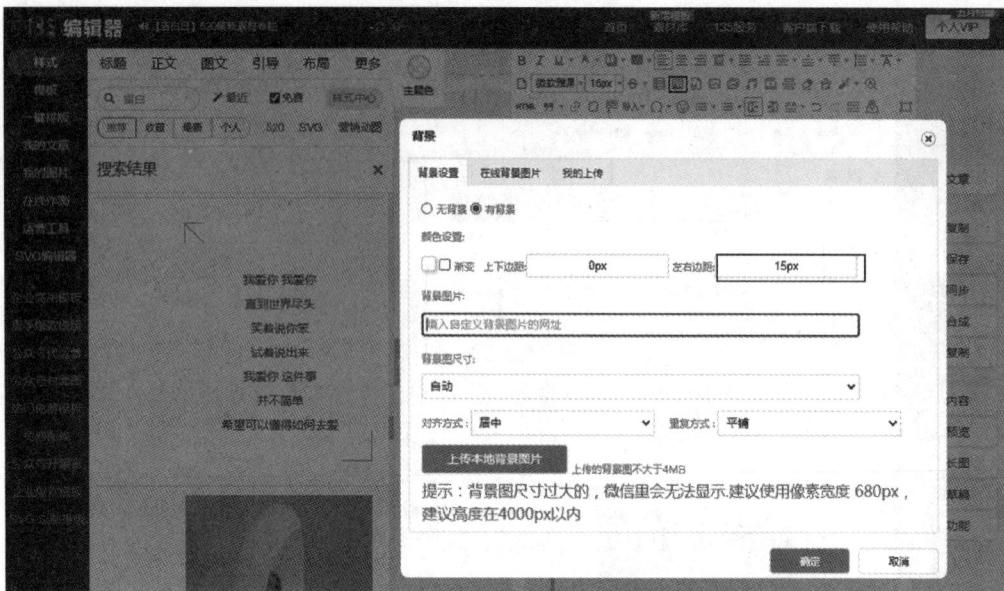

图7-31　单击"背景"按钮设置左右边距

在编辑区上方的工具栏中单击"后面插入段落"按钮，段落后面会出现红色的插入段落文本框，并弹出"段落设置"对话框，如图7-32所示。

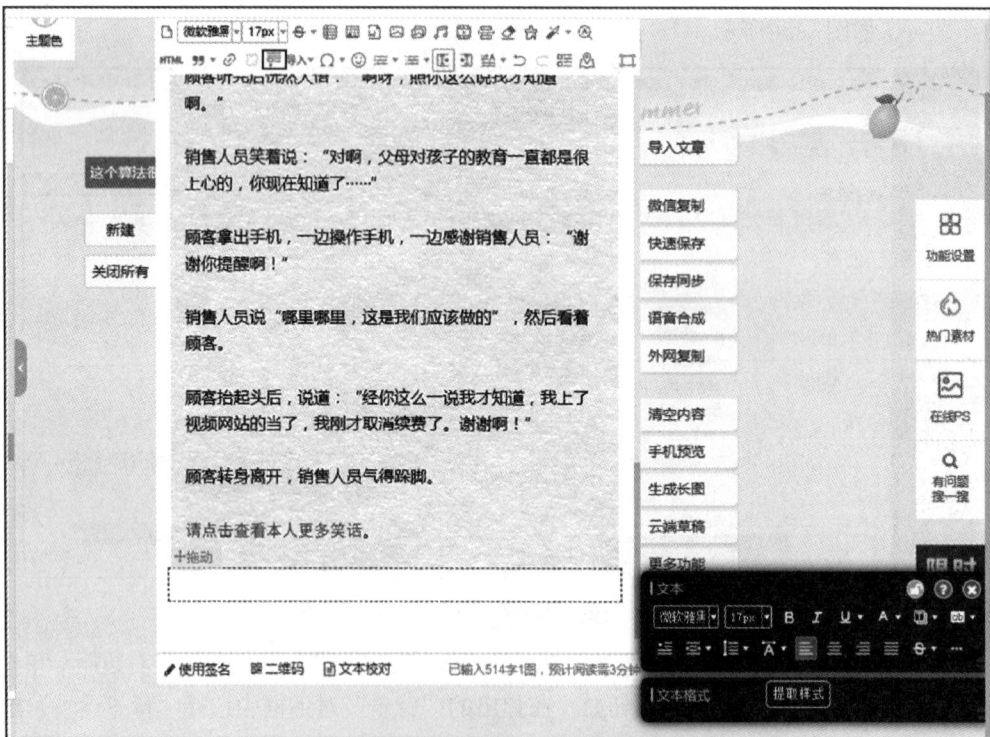

图7-32　单击"后面插入段落"按钮

在文本框中输入文字，然后通过"段落设置"对话框调节"宽度比"按钮来设置段落左右留白，如图7-33所示。

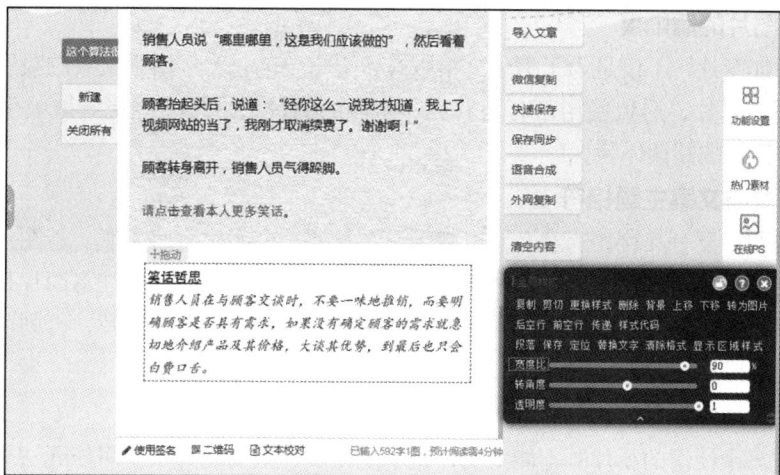

图7-33 调节"宽度比"

（3）图片留白

图片留白有两种情况，一种是图片本身留白，主要是在构图和色彩方面设计图片留白效果；另一种是选择带有留白效果的图片样式或图文样式，如图7-34所示。

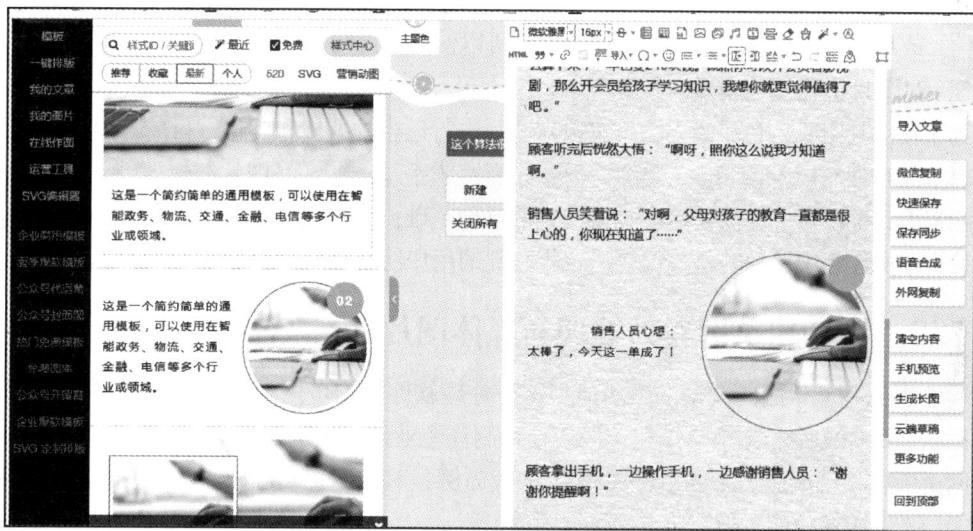

图7-34 选择带有留白效果的图片样式或图文样式

7.2 新媒体图片编辑

在新媒体文案中，精彩的配图不仅能够起到美化文章的作用，还能帮助用户更好地理解文章的内容，有助于新媒体账号形成品牌风格，打造品牌形象。下面将介绍新媒体图片编辑方面的知识。

7.2.1 新媒体图片的使用原则

下面将介绍几个在新媒体文案中使用图片的基本原则，以最大限度地发挥图片的用途。

1. 保证图片的清晰度

为文案添加图片，不仅是为了美化文案版式，更重要的是为了增强文案的吸引力，所以要选择清晰度高的图片，避免使用带有马赛克、水印的图片，这样才能更好地吸引用户阅读文案，给其带来良好的阅读体验。

2. 图片要与文案主题相符

文案中的图片要有其存在的意义，也就是说图片要与文案内容有关联。若图片与文案内容毫无关系，很容易让用户在阅读时产生不好的阅读体验。此外，还需要注意图片是为文案内容服务的，能够通过文字表达清楚的内容就没有必要再为其搭配过多的图片，否则可能会让用户产生阅读上的负担。

3. 注意图片的数量

在一篇文案中使用的图片既不能太少，也不能太多，因为图片太少可能无法充分发挥其作用，而图片太多则容易导致页面加长、加载速度慢等现象，这会给移动端用户造成页面总是滑不到底的错觉，容易导致跳出率的增加。一般来说，一篇文案添加3～5幅图为宜，这样既能达到美化文案的目的，又不会因为页面过长而导致用户视觉疲劳。

4. 图片尺寸、色调要统一

在同一篇文案或同一个版面中，图片的尺寸和色调要统一，尽量使用同一系列或同一色系的图片，或者内在有一定相关性的图片，这样可以使文案显得更有格调。

5. 对图片进行适当美化

为了让图片更具特色和吸引力，可以对图片进行适当的编辑和美化。目前，使用较多的图片编辑工具软件有Photoshop、美图秀秀、光影魔术手及一些在线图片编辑器等。Photoshop的功能强大，也很专业，需要用户具备一定的操作基础；而美图秀秀、光影魔术手及一些在线图片编辑器操作起来比较容易，比较适合零基础的用户使用。

7.2.2 使用美图秀秀处理新媒体图片

美图秀秀是一款面向大众的多功能型图片处理软件，它可以帮助用户通过美图、人像美容、拼图、添加文字、修饰等美化手段轻松地制作专业级水准的图片效果。美图秀秀包括PC版、网页版和移动端版。下面以美图秀秀PC版为例，对其图片基础调整功能、添加文字和修饰功能、人像美容功能、画笔功能等进行简单讲解。

1. 图片基础调整

下面使用美图秀秀PC版对图片进行基础编辑，如裁剪与旋转图片、调整图片色彩、应用图片滤镜等，具体操作方法如下。

（1）使用美图秀秀PC版打开"素材文件\第7章\复古话筒.jpg"，在左侧单击"调整"按钮 ，如图7-35所示。

（2）展开"裁剪/旋转/尺寸"选项 ，单击"比例裁剪"按钮，选择"9∶16视频竖屏"裁剪比例，单击"锁定比例"按钮 ，调整裁剪框的大小，在图片中拖动裁剪框调整裁剪位置，然后单击"应用"按钮，如图7-36所示。

（3）展开"旋转"选项 ，单击"自动裁剪"按钮，拖动滑块调整角度，如图7-37所示。

图7-35 单击"调整"按钮

图7-36 裁剪图片

图7-37 旋转图片

（4）在"调色"功能中，包括光效、色彩、一键换色、色调分离、细节、HSL、局部变色、局部彩色等功能。展开"光效"选项 ✿，调整"智能补光""亮度""对比度""高光""暗部改善""褪色"等参数，如图7-38所示。

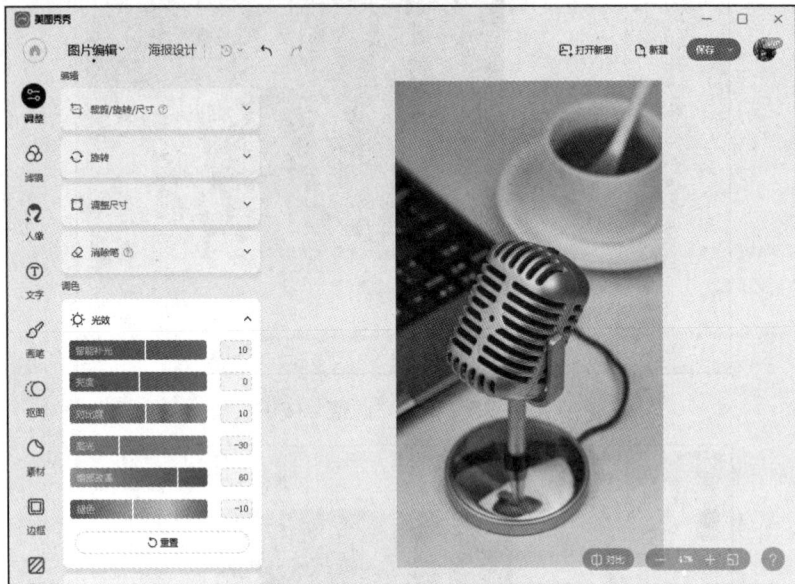

图7-38 调整"光效"参数

（5）在左侧单击"滤镜"按钮 ❀，在"艺术"类别中选择"笔触素描"滤镜，拖动滑块调整滤镜强度，然后单击"应用"按钮，如图7-39所示。

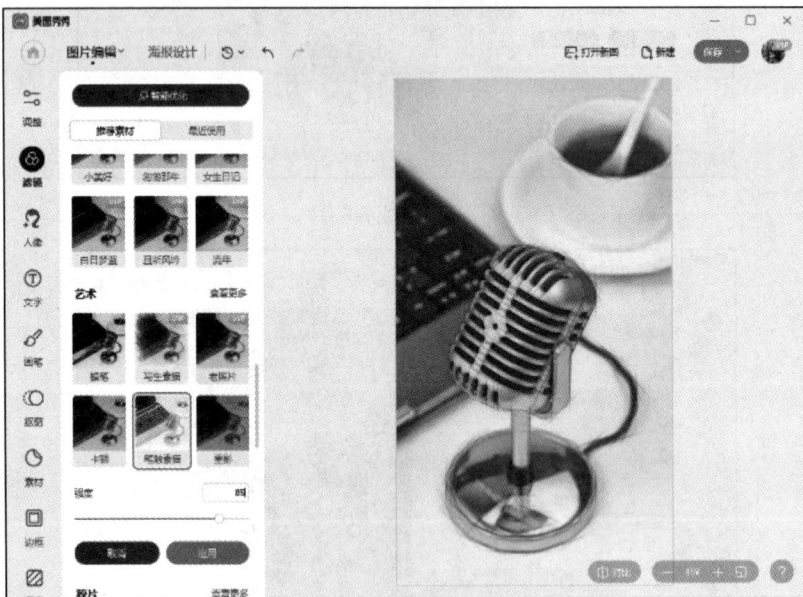

图7-39 应用图片滤镜

（6）图片处理完成后，在右上方单击"保存"按钮，在弹出的对话框中自定义保存路径，并调整画质，然后单击"保存"按钮，如图7-40所示。

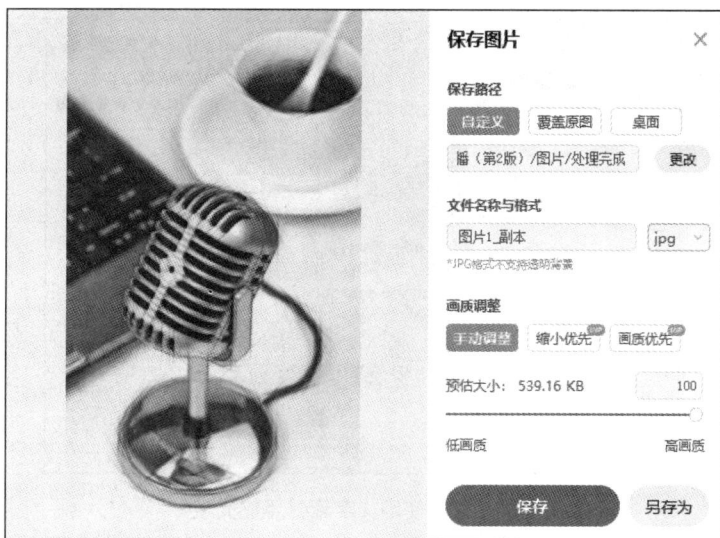

图7-40　保存图片

2.　添加文字和修饰

下面将介绍如何使用美图秀秀PC版对图片进行修饰。例如，在图片上添加文字、添加饰品、添加边框，以及使用魔幻笔绘制绚丽的图形等，具体操作方法如下。

视频

添加文字和修饰

（1）使用美图秀秀PC版打开"素材文件\第7章\小狗.jpg"，在左侧单击"文字"按钮⊕，在上方单击"添加文字"按钮，在"编辑文字"文本框中输入所需的文字，在右侧工具栏中设置字体、不透明度、角度、样式、描边、投影、荧光、背景等格式，如图7-41所示。

图7-41　添加文字并设置格式

（2）在左侧选择所需的文字素材，在此选择"会话气泡"中的一个素材，然后编辑文字，并将其移至所需的位置，如图7-42所示。

（3）在左侧单击"素材"按钮◔，在左侧素材库中选择所需的修饰素材，将其添加到图片中，并设置素材格式和层级，如图7-43所示。

图7-42　使用文字素材添加文字

图7-43　添加修饰素材

（4）在左侧单击"边框"按钮，选择一种边框类型，在此选择"炫彩边框"类型，然后选择所需的边框样式，将其添加到图片中，并根据需要调整边框的不透明度，如图7-44所示。

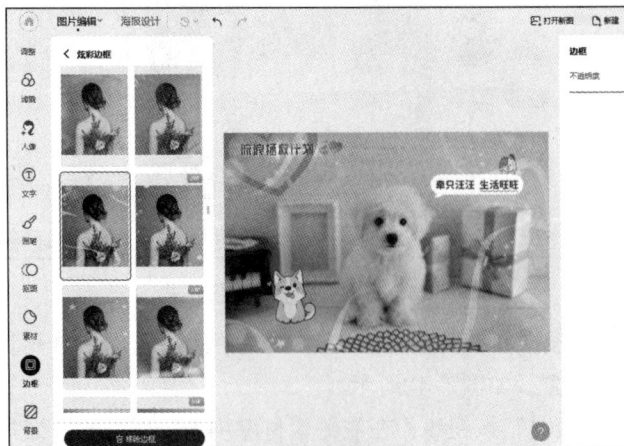

图7-44　添加边框

3. 人像美容

利用美图秀秀PC版的"人像美容"功能可以快速美化人像图片，如一键美颜、瘦脸瘦身、增高塑形、磨皮、美白、修容、眼部精修等，具体操作方法如下。

（1）使用美图秀秀PC版打开"素材文件\第7章\女士.jpg"，在左侧单击"人像"按钮 🎧，如图7-45所示。

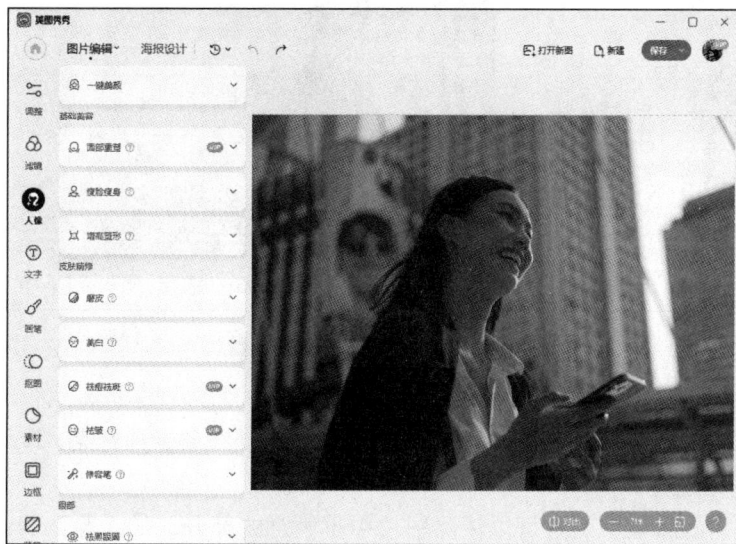

视频

人像美容

图7-45　单击"人像"按钮

（2）在左侧展开"一键美颜"选项 🎧，选择所需的美颜滤镜，在此选择"清晰"滤镜，拖动滑块调整强度，然后单击"应用"按钮，即可一键美化人像图片，如图7-46所示。

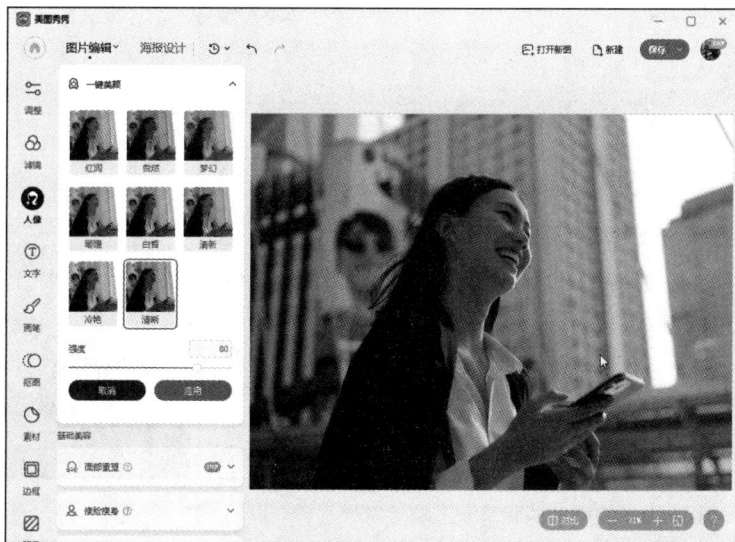

图7-46　应用"清晰"滤镜

（3）在"皮肤精修"组中展开"美白"选项，单击"自动"按钮，拖动"强度"滑块调整美白强度，向左拖动"肤色"滑块将肤色向"白皙"一侧调整，如图7-47所示。

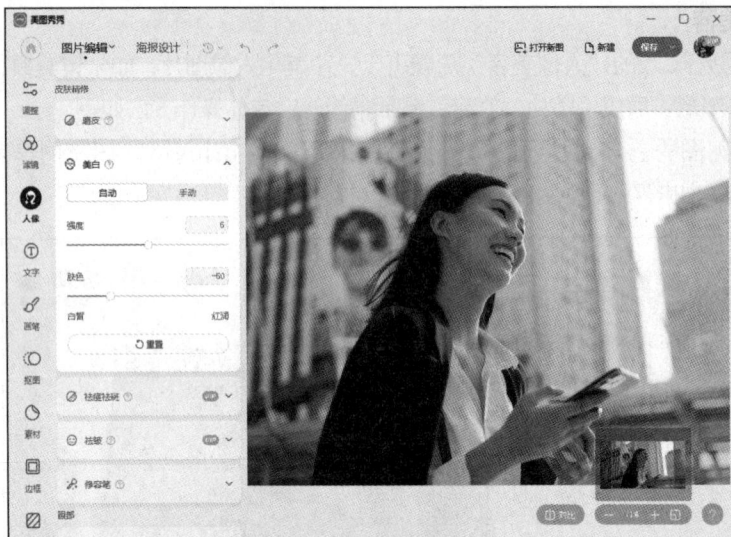

图7-47　调整"美白"参数

4. 使用"画笔"工具处理图片

美图秀秀的"画笔"工具包括消除笔、涂鸦笔、形状线条、马赛克、取样笔、虚化笔、标注笔等。

（1）使用"消除笔"工具可以清除图片中不满意的部分，如人脸上的痘痘、图片中的杂物、图片上的水印等。打开"素材文件\第7章\键盘.jpg"，在左侧单击"画笔"按钮，展开"消除笔"选项，拖动滑块调整画笔大小，然后在图中纸团的位置进行涂抹如图7-48所示。涂抹完毕后即可查看消除效果，如图7-49所示。

图7-48　使用"消除笔"工具涂抹

图7-49　查看消除效果

（2）使用"涂鸦笔"工具可以在图片中涂抹想要的图案，"涂鸦笔"工具包括"基础""图案""氛围""魔幻"四种类型。打开"素材文件\第7章\早茶.jpg"，在左侧展开"涂鸦笔"选项，单击"基础"按钮，然后选择画笔样式，并设置画笔大小和颜色，在图片中绘制图形或书写文字，如图7-50所示。

图7-50　使用"涂鸦笔"工具绘图

（3）使用"形状线条"工具可以在图片上绘制形状或标注重点区域，打开"素材文件\第7章\滑雪.jpg"，在左侧展开"形状线条"选项◇，选择形状或线条样式，然后设置画笔大小、强度、当前颜色等参数，在图片中绘制所需形状，在此绘制一些用于添加文字的边框，如图7-51所示。

图7-51　使用"形状线条"工具绘制边框

（4）使用"马赛克"工具可以涂抹要遮挡的区域，既能美化图片，又能保护隐私。"马赛克"工具包括"经典""炫彩""图案""文字"四种类型。打开"素材文件\第7章\行人.jpg"，在左侧展开"马赛克"选项⊞，单击"经典"按钮，选择一种马赛克样式，并调整画笔大小，然后在整个图片中进行涂抹，使图片变模糊，如图7-52所示。单击"橡皮擦"按钮并调整大小，使用"橡皮擦"涂抹要显示的区域，在此对画面中心的人物进行涂抹，如图7-53所示。

（5）使用"取样笔"工具可以克隆画布中的图案，打开"素材文件\第7章\侧面.jpg"，在左侧展开"取样笔"选项♙，在画面中的人物上单击进行取样，然后设置画笔大小和强度，在画布其他地方涂抹即可复制人物图像，如图7-54所示。

图7-52　使用"马赛克"工具涂抹

图7-53　使用"橡皮擦"工具涂抹人物

图7-54　使用"取样笔"工具复制图像

（6）使用"虚化笔"工具可以虚化画面背景，使主体更突出。"虚化笔"工具包括涂抹虚化和圆形虚化两种功能。打开"素材文件\第7章\丰盛早餐.jpg"，在左侧展开"虚化笔"选项 ❀，单击"涂抹虚化"按钮，将虚化整个画面，设置画笔大小和虚化力度，然后使用画笔涂抹出清晰区域即可，如图7-55所示。

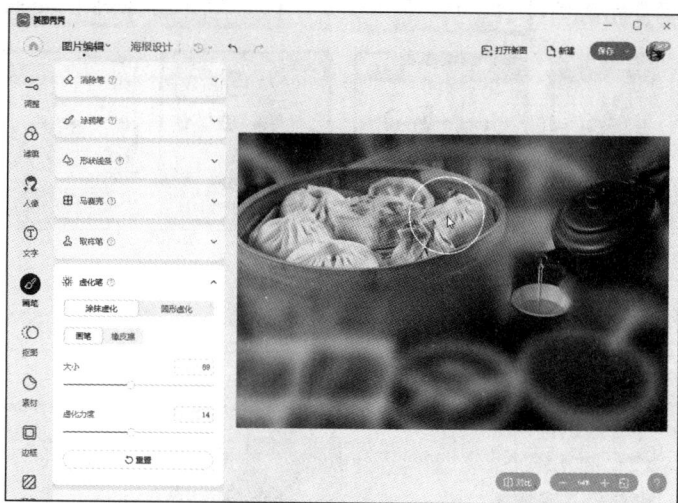

图7-55　使用"虚化笔"工具涂抹

7.2.3　使用创客贴设计新媒体图片

现在网上有很多在线平面设计工具，如创客贴、稿定设计、Fotor懒设计、图怪兽、凡科快图等，它们提供了大量的图片素材和设计模板，用户只需通过简单的操作就可以设计出海报、PPT、名片、邀请函等新媒体图片。下面以创客贴为例进行介绍，具体操作方法如下。

（1）打开创客贴网站并登录账户，在左侧单击"模板中心"超链接，进入模板中心页面。对模板进行筛选，在"分类"中选择"电商"选项，在"场景"中选择"商品主图"选项，如图7-56所示。也可以在上方的搜索框中输入关键字，搜索相应的模板。

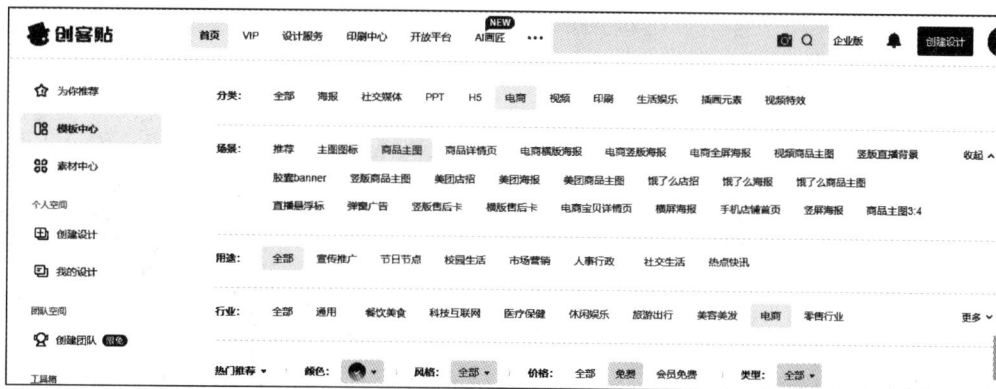

> 视频
>
> 使用创客贴设计
> 新媒体图片

图7-56　筛选模板

（2）浏览模板列表，找到要使用的模板，单击 ❤ 按钮，即可收藏模板。单击模板，即可对其进行编辑，如图7-57所示。

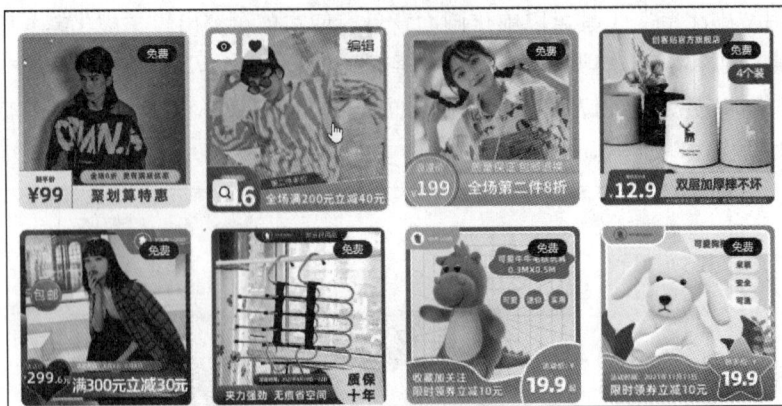

图7-57　选择模板

（3）进入模板编辑页面，选中图片，然后单击"换图"按钮，如图7-58所示。

图7-58　单击"换图"按钮

（4）在弹出的对话框中选择要替换的商品图片，进行图片替换，然后根据需要修改模板中的文字，如图7-59所示。

（5）在左侧单击"文字"按钮🇹，编辑标题文字，在上方工具栏中单击"特效"按钮，然后选择字体样式，如图7-60所示。

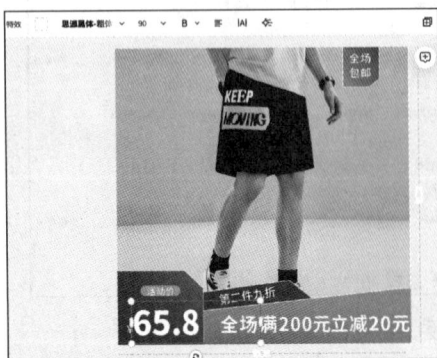

图7-59　替换图片并修改文字

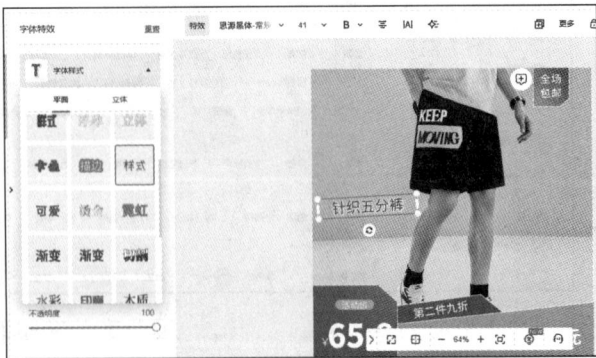

图7-60　选择字体样式

（6）在左侧单击"上传"按钮🔄，在打开的页面中单击"上传素材"按钮上传图片素材，在此上传商品Logo图片，单击图片即可将图片添加到画布中，如图7-61所示。

（7）图片编辑完成后，单击右上方的"下载"按钮，在弹出的对话框中设置文件类型，单击"下载"按钮，即可将图片保存到本地，如图7-62所示。

图7-61 上传图片素材

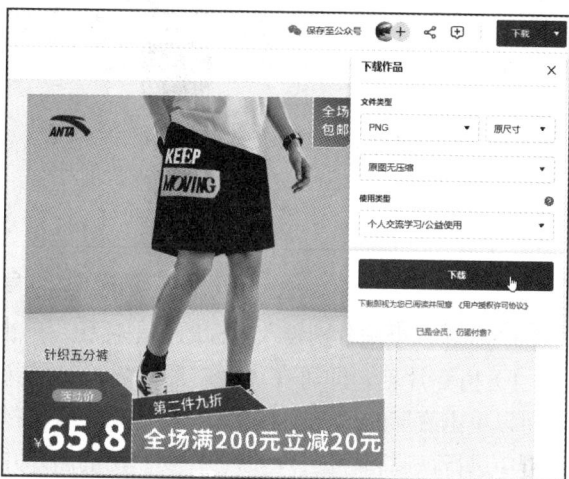

图7-62 下载图片

7.2.4 使用AI制作新媒体图片

AI技术的迸发式发展正在深刻地改变营销设计的方式，目前有很多基于AI技术的作图工具，可以轻松制作高质量的图片。下面以"稿定设计"工具为例介绍如何使用AI制作新媒体图片，具体操作方法如下。

（1）打开"稿定设计"网站首页，在左侧单击"稿定AI"选项，在右侧显示相应的AI工具，选择任一AI工具，如图7-63所示。

图7-63 选择AI工具

（2）进入"稿定AI"页面，在左侧单击"设计"按钮🌿，然后选择设计场景，如选择"公众号首图"场景，如图7-64所示。

图7-64　选择"公众号首图"场景

（3）在输入框中分别输入主标题和副标题，单击"开始生成"按钮，如图7-65所示。

（4）稍等片刻，即可在页面右侧查看设计结果，如图7-66所示。若要查看更多设计结果，可以单击底部的"查看更多"按钮，以生成同批次的更多设计结果。若要将设计结果导入编辑器中进行微调和导出，可以选择要使用的图片并单击"开始编辑"按钮。

图7-65　输入主标题和副标题内容

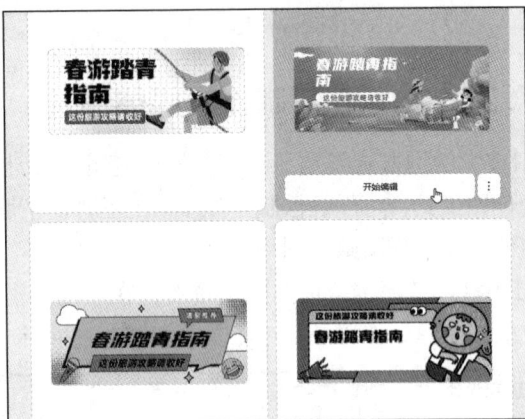

图7-66　生成公众号首图

（5）在左侧单击"绘图"按钮，进入"灵感绘图"页面，在此处可以通过文字描述或参考图进行AI绘图。在创意描述框中输入一句话或者几个关键词，描述创意。例如，在此输入"一只在雪地里玩耍的小猫"，在下方选择创意风格，单击"开始生成"按钮，即可生成一张图片，如图7-67所示。

（6）在左侧单击"素材"按钮，进入"素材生成"页面，在此可

图7-67　使用AI绘图

以通过文字描述或参考图进行AI素材生成。在创意描述框中输入一句话或者几个关键词，如

"一位漂亮的女士坐在海边"，在下方选择创意风格，在此分别选择"写实""水彩""2.5D"和"扁平"风格，单击"开始生成"按钮，分别生成四张不同风格的素材图片。

（7）在左侧单击"商品图"按钮，进入"商品合成"页面，从中可以上传商品图片，选择场景类型，AI将自动完成场景合成。在此上传了一张奶茶图片，然后分别选择了"海滩"和"森林"场景，单击"开始生成"按钮，分别生成了两张不同场景的商品图片，如图7-68所示。

图7-68 使用AI合成商品图

7.3 新媒体视频编辑

视频是一种影音结合体，能够给人带来较为直观的感受，具有感染力强、形式多样、创意新颖、互动性强、传播速度快等优势。在新媒体平台上，以视听结合的视频形式进行信息传播更容易让人接受。下面将介绍如何对视频文件进行编辑。

7.3.1 常用的新媒体视频编辑工具

借助各类新媒体视频编辑工具，能够轻松实现视频的合并与剪辑、添加音频、添加特效等操作。下面简要介绍几款常用的新媒体视频编辑工具。

1. 剪映

剪映是由抖音官方推出的一款视频编辑工具，具有全面的视频剪辑功能，支持变速，多样滤镜效果，让视频编辑变得更简单。此外，剪映还包含海量曲库、丰富的素材库、视频特效、视频剪同款、图文成片、识别字幕/歌词、云剪辑、一键美化等特色功能，支持在移动端和PC端使用。

2. Premiere

Premiere作为一款流行的非线性视频编辑工具，能够完成视频采集、剪辑、调色、音频编辑、字幕添加、输出等一系列工作，在影视后期、广告制作、电视节目制作等领域有着广泛的应用。Premiere功能强大、操作灵活，易学且高效，可以充分发挥用户的创作能力和创作自由度。

3. Canopus Edius

Canopus Edius是一款功能强大的非线性视频编辑工具，其专为广播和后期制作环境而设计，尤其适用于新闻记者、无带化视频制播和存储。Canopus Edius拥有完善的基于文件的工作流程，提供了实时、多轨道、多格式混编、合成、色键、字幕和时间线输出等功能。

4. 会声会影

会声会影是一款专业、流行的视频编辑工具，其功能强大，具有编辑视频时所需的视频提取、视频剪辑、添加字幕、添加特效等功能，还提供了许多专业的模板、实时特效、字幕和转场效果，支持导出多种常见的视频格式。随着其版本的不断升级与功能的不断改进，又新增了分屏、轨道透明度和镜头平移等功能，让用户编辑视频的过程更为流畅，快速制作优秀的视频作品。

5. 爱剪辑

爱剪辑是一款全能型视频编辑工具，其创新的人性化页面是根据用户的使用习惯、功能需求与审美特点进行设计的，许多功能都颇具独创性。它功能强大，拥有合并视频，为视频加字幕、调色、加相框、去水印等各种编辑功能，还具有很多创新功能和影院级特效。爱剪辑支持多种视频格式，操作起来非常简便，而且功能多样化，可以满足大多数用户的视频编辑需求。

6. 快剪辑

快剪辑是360公司推出的一款视频编辑工具，拥有强大的云端剪辑能力，支持在线去水印、录屏、录音、视频文字互转、添加字幕，拥有海量版权视频模板、音乐、特效、贴纸等，能够满足不同用户的视频编辑需求。

7.3.2 使用剪映专业版编辑新媒体视频

下面使用PC端剪映专业版编辑"苏州2天1晚旅游攻略"短视频，对其常用的视频编辑功能进行讲解，具体操作方法如下。

（1）启动剪映专业版程序，登录抖音账号，然后在首页单击"开始创作"按钮，如图7-69所示。

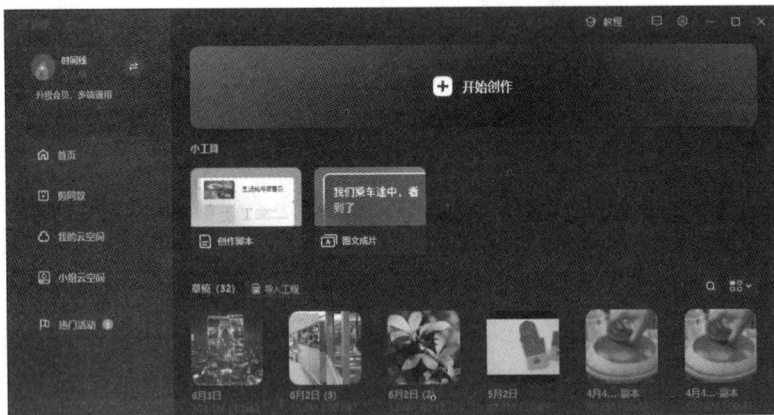

图7-69 单击"开始创作"按钮

（2）进入编辑页面，在左上方的素材区中单击"媒体"按钮，然后将磁盘上保存的视频素材导入本地素材库中，如图7-70所示。

（3）将"视频1"素材拖至时间轴面板，在"播放器"面板右下方单击"比例"按钮，在弹出的列表中选择"16：9（西瓜视频）"选项，如图7-71所示。

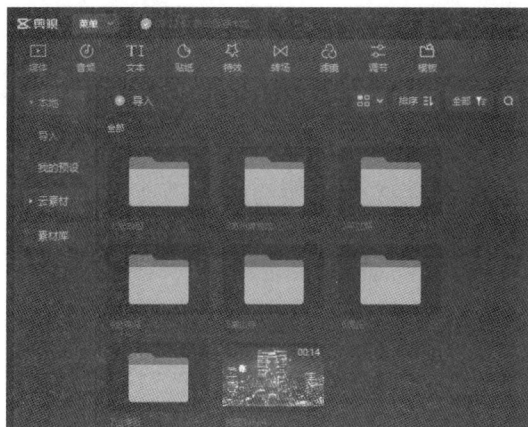

图7-70　添加视频素材

图7-71　设置视频比例

（4）在素材区上方单击"文本"按钮 TI ，在左侧选择"新建文本"选项，然后单击"默认文本"选项中的"添加"按钮 ，即可在画面中添加默认文本，如图7-72所示。

（5）输入所需的文本，在功能区上方选择"朗读"选项，然后选择所需的音色，单击"开始朗读"按钮，即可为视频添加旁白音频，如图7-73所示。

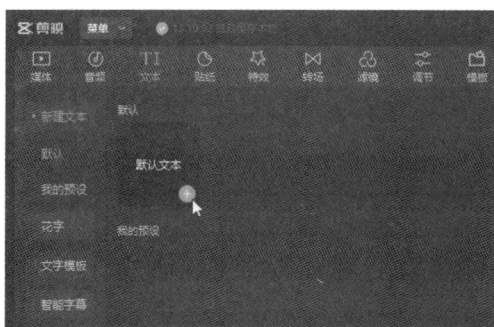

图7-72　添加默认文本

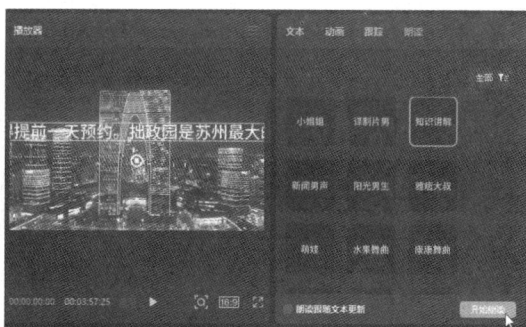

图7-73　单击"开始朗读"按钮并添加旁白音频

（6）在素材区上方单击"音频"按钮 ，在左侧展开"音乐素材"选项，选择"纯音乐"分类，选择要使用的背景音乐，然后单击"添加到轨道"按钮 ，如图7-74所示。

（7）在时间轴面板中拖动音频中的音量线调整音量，在此增加旁白音频音量，降低背景音乐音量，如图7-75所示。

图7-74　添加背景音乐

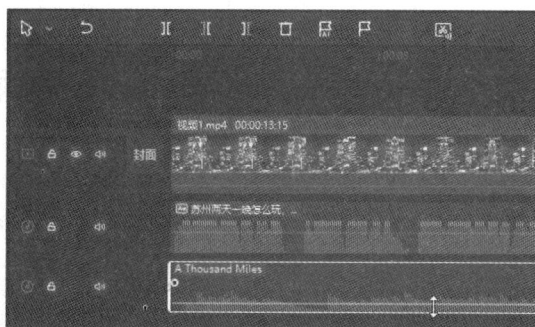

图7-75　调整音频音量

（8）在时间轴面板中拖动视频素材前端或后端裁剪视频素材的长度，也可以单击时间轴面板上方的"分割"按钮 ▯、"向左裁剪"按钮 ▯ 或"向右裁剪"按钮 ▯ 来分割或裁剪视频素材。按【Ctrl+R】组合键打开"变速"面板，拖动视频素材上方的速度控制柄 ▯，调整视频素材的长度，即可对视频素材进行提速和降速调整，如图7-76所示。

（9）在素材库中选择要添加的视频素材，拖动视频素材两端的裁剪滑杆裁剪素材长度，单击"添加到轨道"按钮 ⊕，继续在时间轴中添加视频素材，如图7-77所示。

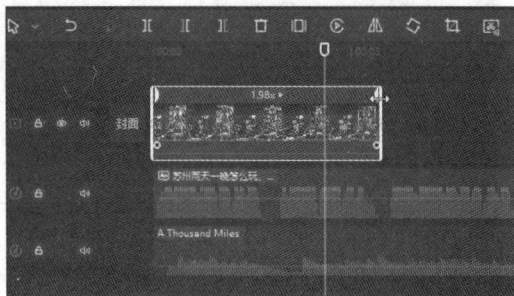

图7-76 调整视频素材的长度

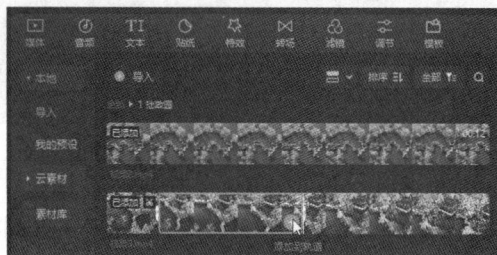

图7-77 继续添加视频素材

（10）在时间轴面板中继续添加旁白音频和视频素材，并根据旁白调整视频素材的长度，完成视频的粗剪，如图7-78所示。

图7-78 完成视频粗剪

（11）在裁剪视频素材过程中，当确定了视频素材的剪辑位置后，可以选中背景音乐，然后在工具栏中单击"手动踩点"按钮 ▯，为该位置添加踩点标记，避免当调整其他视频素材长度时视频素材的位置发生变化而找不到原剪辑位置，如图7-79所示。也可以在时间轴工具栏中单击"关闭主轨磁吸"按钮 ▯，以自由移动视频素材的位置。

视频2

使用剪映专业版编辑新媒体视频

（12）在时间轴面板中选中要进行快慢变速的视频素材，在"变速"面板中单击"曲线变速"按钮，然后调整各速度控制点的速度，使视频播放更具节奏感，如图7-80所示。

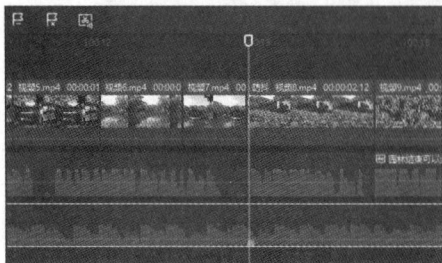

图7-79 添加踩点标记

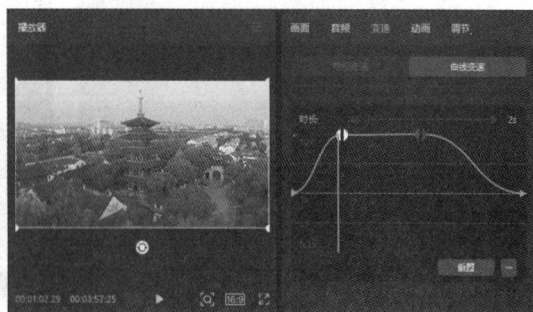

图7-80 调整曲线变速

（13）若要替换时间轴面板中的某一视频片段，可以在素材库中将视频素材直接拖至该片段上，此时将弹出"替换"对话框，在对话框下方拖动时间线选择视频片段，然后单击"替换片段"按钮，如图7-81所示。

（14）在时间轴面板将播放头移至要添加转场的位置，在素材区上方单击"转场"按钮，在左侧选择"光效"分类，选择要添加的转场，然后单击"添加到轨道"按钮，如图7-82所示。

图7-81 替换片段

图7-82 添加转场效果

（15）在功能区"转场"面板中拖动滑块调整转场时长，如图7-83所示。采用同样的方法，在各视频片段的开始位置添加所需的转场效果。

（16）在时间轴面板中将播放头移至要添加滤镜的位置，在素材区上方单击"滤镜"按钮，在左侧选择"基础"分类，然后选择"中性"滤镜，单击"添加到轨道"按钮，如图7-84所示。

视频3
使用剪映专业版编辑新媒体视频

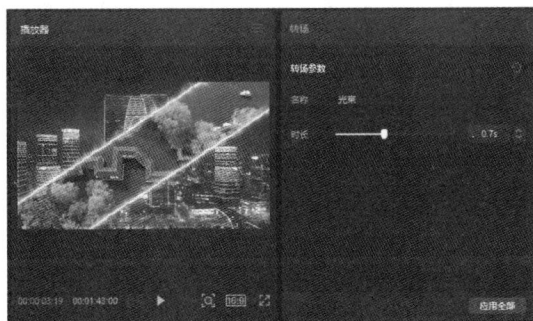

图7-83 调整转场时长

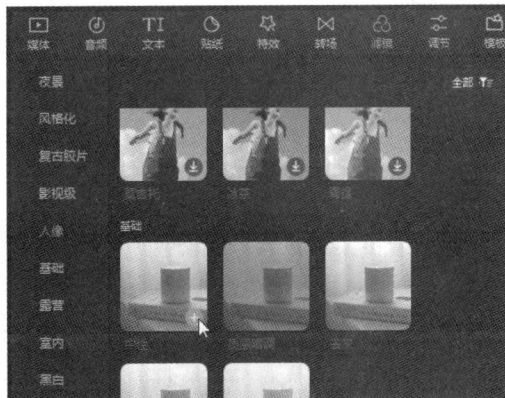

图7-84 添加滤镜

（17）在时间轴面板中调整滤镜的长度，使其覆盖要进行调色的视频片段，如图7-85所示。

（18）在功能区"滤镜"面板中拖动滑块调整滤镜强度，如图7-86所示。

图7-85　调整滤镜长度

图7-86　调整滤镜强度

（19）在时间轴面板中用鼠标右键单击旁白音频，在弹出的快捷菜单中选择"识别字幕/歌词"命令，将音频识别为字幕，如图7-87所示，然后在功能区中编辑字幕文字和文本格式。

（20）在时间轴面板中将播放头移至最左侧，在素材区上方单击"文本"按钮，在左侧展开"文字模板"选项并选择"片头标题"分类，然后选择所需的模板，单击"添加到轨道"按钮，如图7-88所示。

视频4 使用剪映专业版编辑新媒体视频

图7-87　识别字幕

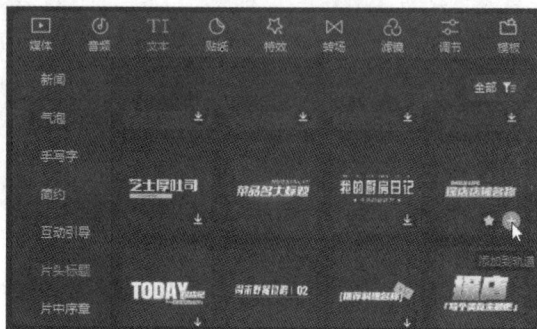

图7-88　添加文字模板

（21）在功能区中对文字模板中的文字进行修改，然后修改文本样式，在此为文字应用一种"花字"样式，如图7-89所示。利用该文字模板分别为每个视频片段添加说明文字，并在视频的末尾添加"任务清单"文字模板，并将"任务清单"文字模板中的内容改为旅游攻略。

（22）在每个视频片段的开始位置添加一种音效素材，在此添加"任务完成"音效，如图7-90所示。视频编辑完成后，单击右上方的"导出"按钮导出短视频。

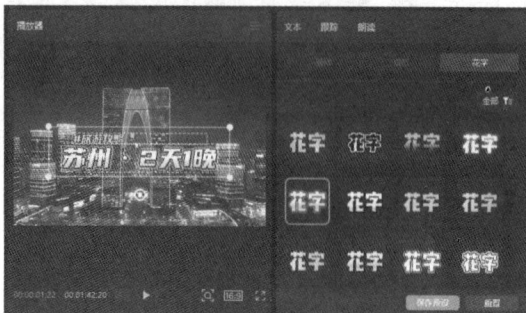

视频5 使用剪映专业版编辑新媒体视频

图7-89　设置文字模板

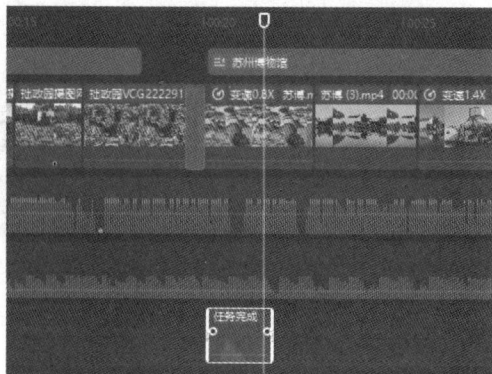

图7-90　添加音效素材

7.4 新媒体H5制作

H5是移动端上基于HTML5技术的交互动态网页，是用于移动互联网的一种新型营销工具，通过移动平台（如微信）传播。与传统广告媒介相比，H5页面具有开发周期短、传播范围广、传播速度快、开发成本小、形式丰富等优势。

7.4.1 常用的新媒体H5制作工具

如今，越来越多的企业开始借助H5开展线上营销活动，H5的应用形式多样，常见的有品牌宣传、产品展示、活动推广、知识分享、新闻热点、会议邀请、企业招聘、培训招生等。借助各类H5制作工具，能够轻松实现H5制作。下面将简要介绍几款常用的H5制作工具。

1. MAKA

MAKA（码卡）是一款功能非常强大的H5在线创作及创意制作工具，帮助企业和个人用户快捷方便地制作包括企业形象宣传、活动邀请、产品展示、数据可视化展示、活动报名等应用场景需求的H5。

2. 秀米

秀米除了可以编辑公众号文章，还支持在线H5制作，包括固定页面和长页面两种页面形式。固定页面就是常说的翻页效果；长页面内容没有高度限制，编辑方式和秀米图文一致，因此可以直接从秀米图文收藏到H5里进行编辑。另外，秀米还提供了"背景组""H5合集"两项特色功能。

3. 易企秀

易企秀是一种功能强大的H5制作工具，可用于公司促销、电子贺卡、微信营销促销、专业场景制作、微型杂志、邀请函和音乐相册等。易企秀可以让用户轻松地制作一个酷炫的H5，一键发布，自助开展H5营销。

4. 兔展

兔展是具有H5、短视频、互动游戏、小程序等多种表现形式的全面专业生产平台，它为微场景、模板、微信H5页面、微信邀请函、短片和场景应用提供独特的解决方案。

5. 人人秀

人人秀是制作H5页面、H5游戏、H5活动、微信活动、涨粉活动的利器，人人秀可以轻松创建微信红包活动、H5抽奖活动、投票活动、H5抽奖红包、口令红包、H5答题、H5照片投票、大转盘抽奖、活动报名、H5游戏、VR、微杂志、邀请函、人人秀贺卡、微页、微场景、H5场景应用红包、裂变红包等，用户能够像制作PPT一样制作H5。

6. iH5

iH5是一款专业级H5制作工具，其功能较为强大，作为一款基于云端的网页交互设计工具，用户能在无需编码的前提下，通过对多媒体元素的拖拉、排放、设置等可视化操作实现在线编辑。

7.4.2 使用秀米制作H5

下面以秀米为例介绍如何制作企业宣传H5，具体操作方法如下。

（1）打开秀米官网，在"H5制作"板块单击"挑选风格秀"按钮，如图7-91所示。

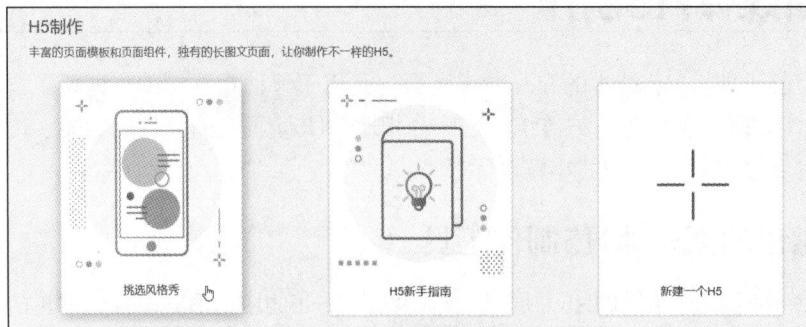

图7-91 单击"挑选风格秀"按钮

（2）在打开的页面中对H5模板进行筛选，在"用途"分类中单击"企业宣传"按钮，如图7-92所示。

图7-92 筛选H5模板

（3）在H5模板列表中选择要使用的模板并单击，在弹出的页面中可以预览H5模板效果，单击"另存给自己"按钮，如图7-93所示。

图7-93 单击"另存给自己"按钮

（4）在页面上方单击"我的H5"按钮，可以看到保存的H5模板，将鼠标指针置于模板上，单击"编辑"按钮，如图7-94所示。

图7-94 单击"编辑"按钮

（5）在第一页中根据需要修改文字，如图7-95所示。

（6）在左侧素材区中单击"我的图库"按钮，然后上传所需的图片素材，如图7-96所示。

图7-95 修改文字

图7-96 上传图片素材

（7）在页面中选中图片，然后在图库中选择已上传的图片即可进行替换。再次选中图片，单击"裁剪"按钮，如图7-97所示。

（8）对图片进行裁剪，并调整图片大小和位置，如图7-98所示。

（9）在页面中插入Logo图片，然后单击"无动画"按钮，在弹出的工具栏中设置各项动画参数，如图7-99所示。

（10）在第2页"公司简介"中根据需要修改文字并替换图片。选中文字，在弹出的工具栏中设置文字格式，在此单击"间距"按钮，设置"行间距""字间距"等格式，如图7-100所示。

图7-97　单击"裁剪"按钮

图7-98　裁剪图片

图7-99　设置动画参数

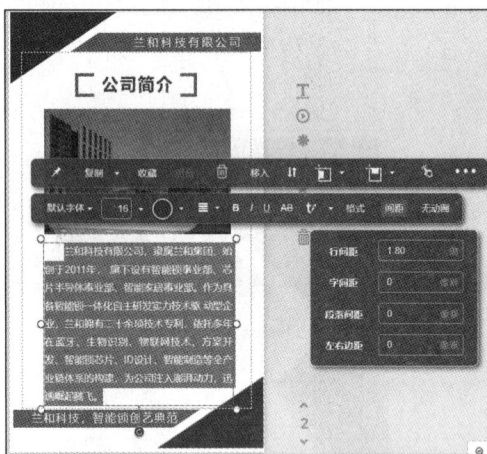

图7-100　设置动画参数

（11）在第3页"公司历程"中根据需要修改文字和文字格式。选中设置了格式的文字，在工具栏中单击"提取格式"下拉按钮 ，在弹出的列表中选择"提取文字格式"选项，如图7-101所示。

（12）选中要应用格式的文字，在提取格式的列表中选择要应用的格式，即可应用格式，如图7-102所示。

（13）在页面中框选文字元素，然后单击"组合"按钮组合元素，如图7-103所示。

（14）按【Ctrl+C】组合键复制组合元素，按【Ctrl+V】组合键粘贴组合元素，然后根据需要修改其中的文字。选中文字元素，根据需要修改动画效果，如图7-104所示。

（15）在第4页"企业宗旨"中修改文字，并根据需要调整各文字元素的位置。在调整位置时，按住【Ctrl】键的同时单击可以选中多个文字元素，选中后进行拖动调整其位置，如图7-105所示。

（16）对于不需要的页面，单击页面右侧的"删除"按钮即可将其删除，如图7-106所示。

视频2

使用秀米制作H5

视频3

使用秀米制作H5

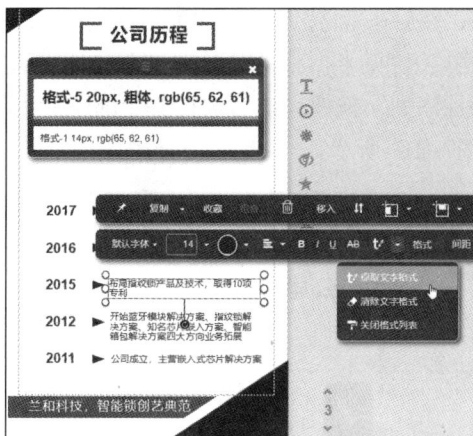

图7-101　选择"提取文字格式"选项

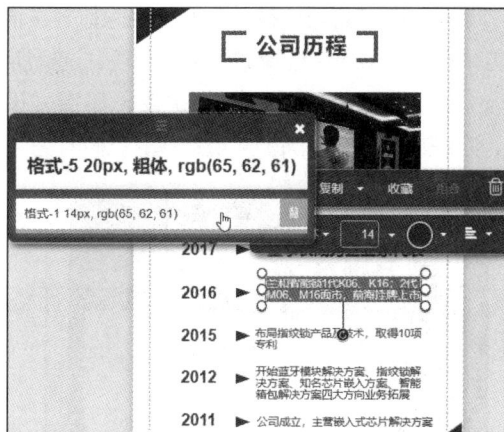

图7-102　应用格式

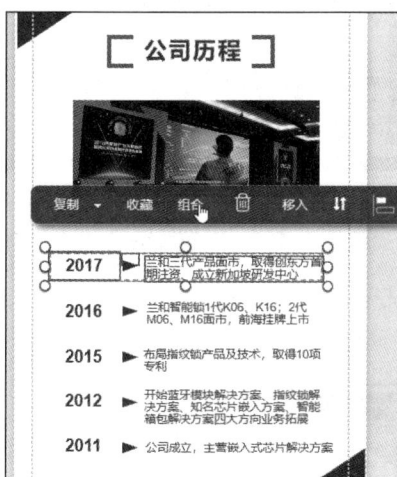

图7-103　单击"组合"按钮

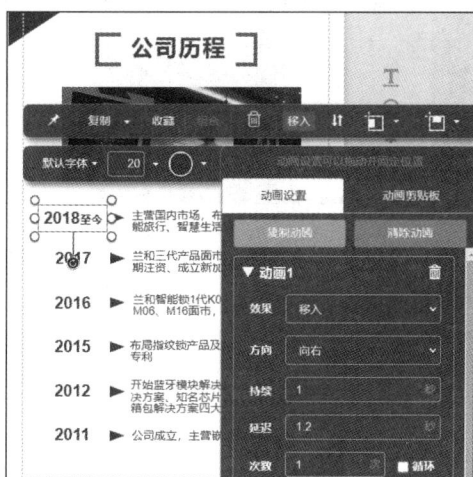

图7-104　修改动画效果

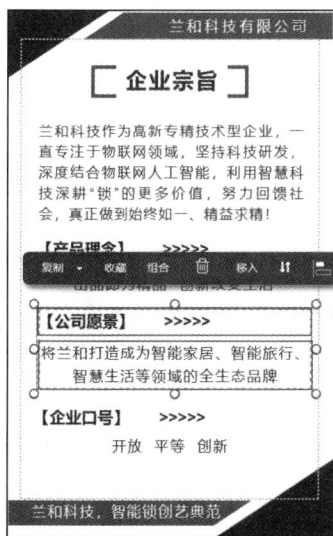

图7-105　调整文字元素的位置

图7-106　删除页面

（17）在"公司产品"页面中删除原有页面内容，然后在素材区单击"页面组件"按钮，在上方"组件"菜单中选择"图集"选项，选择所需的图集组件，将其插入页面，如图7-107所示。

（18）在页面中选中图集组件，单击"设置图片序列"按钮，然后选择其中的图片占位符，在左侧"我的图库"中选择图片进行替换，如图7-108所示。

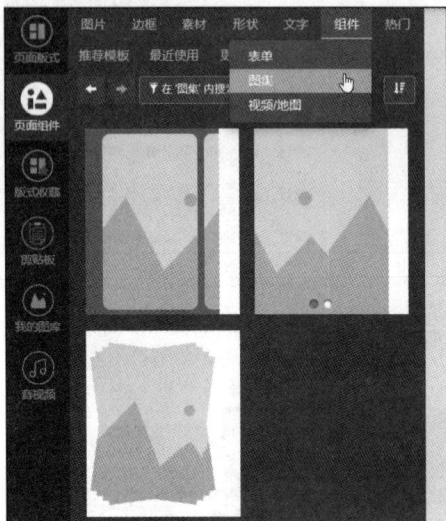

图7-107　选择图集组件并插入页面

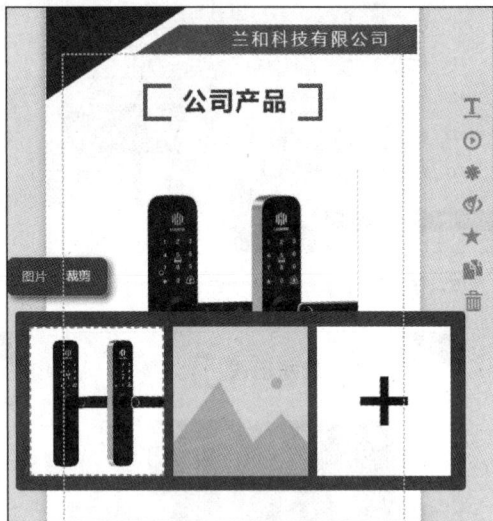

图7-108　设置图集组件

（19）根据需要添加图片，然后在图片下方添加文字，效果如图7-109所示。

（20）在"联系我们"页面设置地图链接和联系信息，如图7-110所示。

图7-109　添加图片和文字

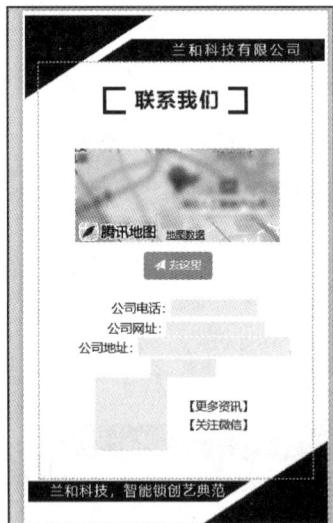

图7-110　编辑"联系我们"页面

（21）在上方封面设置区中单击封面按钮，选择"设计封面"选项，如图7-111所示。

（22）在打开的页面中设置封面内容，如背景、图片、文字等，设置完成后单击"返回"按钮，如图7-112所示。

视频4

使用秀米制作H5

图7-111 选择"设计封面"选项

图7-112 设计封面

（23）单击"点击选择音乐"按钮，然后在素材区选择所需的背景音乐，如图7-113所示。

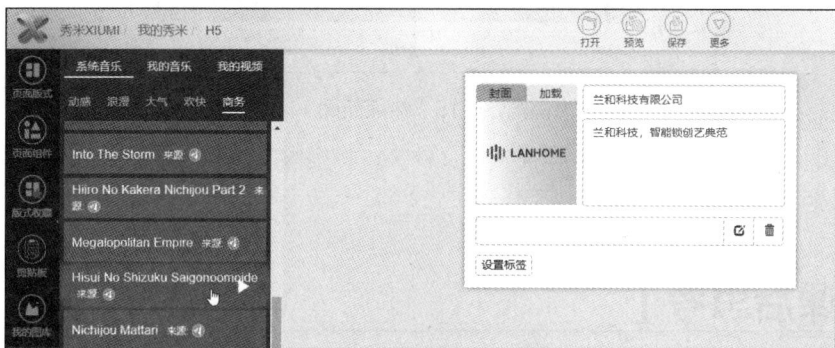

图7-113 选择背景音乐

（24）H5制作完成后，在页面上方单击"预览"按钮，在弹出的页面中预览H5效果，然后选择"分享"选项卡，单击"申请审核"按钮，如图7-114所示。稍等片刻，审核完成后即可生成H5的分享链接和二维码。

图7-114 单击"申请审核"按钮

【实训案例】

1. 新媒体创作者要善于从热点新闻中找到选题。请看图7-115所示的热点新闻，请根据该热点新闻的主题写作一篇新媒体文案，自拟题目，可以选择任何角度进行分析，然后使用135编辑器进行图文排版，要求结构清晰、图文对比分明，整体效果美观大方。

图7-115　热点新闻

2. 打开"素材文件\第7章\实训案例"文件夹，将提供的视频素材导入剪映专业版中，制作一条旅拍短视频。

【课后思考】

1. 简述新媒体图文排版的原则。
2. 简述新媒体图片的使用原则。
3. 简述常用的新媒体视频编辑工具。

第8章

新媒体内容传播

知识目标

> ➤ 了解新媒体传播的特征。
> ➤ 了解新媒体传播者和受众，以及新媒体传播的常见途径。
> ➤ 掌握新媒体写作的传播要领。
> ➤ 了解新媒体传播效果评估模型。
> ➤ 了解大数据技术、AI技术在新媒体传播领域的应用。

能力目标

> ➤ 能够选择合理的新媒体传播途径。
> ➤ 能够使用各种方法扩大新媒体的传播效果。
> ➤ 能够评估新媒体的传播效果。

素养目标

> ➤ 提升新媒体素养，充分利用新媒体平台弘扬正能量。
> ➤ 培养数据意识，树立求真、务实的科学态度。

当前，在大数据、云计算、AI等技术的推动下，信息传播的格局正在发生深刻的演变，新媒体内容传播也呈现新的趋势。传播主体的多元化及传受关系的重构，刷新了人们对内容传播的认识。本章从认识新媒体传播出发，对新媒体写作的传播要领和新媒体传播效果评估模型进行详细介绍，最后探讨了大数据技术、AI技术在新媒体传播领域的应用。

8.1 认识新媒体传播

近年来，随着信息技术的迅猛发展，新媒体迅速崛起，这给传统媒体带来了前所未有的机遇和挑战。传统媒体单一的传播形式已经不能适应时代发展的需求，新媒体传播逐渐成为信息交流的主力。新媒体传播技术的应用给人们的生活带来了翻天覆地的变化，在一定程度上也推动了社会、经济等方面的发展。

8.1.1 新媒体传播概述

新媒体是以数字技术为基础，以网络为载体进行信息传播的媒介。由于新媒体是一个动态的概念，所以新媒体传播也在不断发展演变。所谓新媒体传播，目前是以现代信息技术为依托，以网络媒体、移动端媒体、数字电视、数字报刊等新媒体为传播媒介进行的信息传递活动。

传统媒体的传播方式主要是大众传播，是单向的信息传播模式；而新媒体传播则兼具了大众传播和人际传播的传播特性，是双向的传播模式，如表8-1所示。

表8-1　新体传播方式

传播方式	含义
大众传播	专业化的媒介组织运用报纸、杂志、广播、电视等大众传播媒介，以多数人为受众而进行的大规模信息生产和传播活动
人际传播	人与人之间的交流，交流方式可以是一对一，也可以是一对多

当前，在大数据、云计算和AI等技术的推动下，信息传播的格局已经发生了深刻的演变，新的传播形态已经渗入人们生活的方方面面，改变了人们的生活方式和价值理念，人们对新媒体的依赖程度愈来愈深，信息的生产和传播呈现新的形势。

第51次《中国互联网络发展状况统计报告》数据显示，截至2022年12月，我国网民规模达10.67亿，互联网普及率达75.6%，其中手机网民规模为10.65亿，网民使用手机上网的比例为99.8%，人均每周上网时长为26.7个小时，庞大的网民规模和较长的人均每周上网时长足以证明新媒体传播的巨大影响。在移动互联网普及的背后，新媒体传播正在发挥着日益重要的作用。

从微博、微信和移动客户端等新媒体形态对新闻传播的影响来看，信息传播正在从主流媒体主导的精英传播向社会广泛参与的大众传播转变。如今，"两微一端一抖"（即微博、微信、新闻客户端和抖音）已经成为政务发布的新平台，传统媒体与新兴媒体加速融合，新媒体从业人员也逐渐发展成为新闻信息传播的重要力量，对促进文化多元化等方面起到了积极的作用。

在社会经济方面，新媒体传播为产品营销和品牌推广提供了更为广阔的平台。第51次《中国互联网发展状况统计报告》数据显示，截至2022年12月，我国网络购物用户规模达8.45亿。电子商务、社交应用、数字内容相互融合，网上外卖、出行预订等应用给人们的生活带来了极大的便利，购物场景正在朝着多元化的方向发展。

在文化交流方面，新媒体技术催生了众多的新媒体平台，如微博、微信、抖音、快手、小红书等，极大地拓展了文化传播平台与渠道组合方式，让文化传播更加方便、快捷。与时下社会发展相适应的"微文化"已经流行起来，在新媒体的影响下，文化的传播力更强。

从可读到可视，从静态到动态，新媒体不断演变，短视频以其立体化的视听效果成为现代传播的主要形态。第51次《中国互联网发展状况统计报告》数据显示，截至2022年12月，我国网络视频（含短视频）用户规模达10.31亿，其中短视频用户规模达10.12亿，占网民总体的94.8%。在未来，移动化和社交化的直播和短视频将会发挥更大的传播能效。

在社会公共服务方面，新媒体传播的覆盖面更加广泛，人们的衣食住行都与新媒体密切相关，如共享单车、网约车等无一不是依托于新媒体的传播技术发展起来的；在新技术领域，大数据技术、AI技术等正在重塑信息生产与传输的各个环节。

8.1.2　新媒体传播的特征

随着我国4G网络的普及和5G网络建设的推进，移动互联网社会化进程已经延伸到社会生活的各个领域，移动智能终端已经成为信息传播的主要方式，以微信、微博、抖音、快手等为代表的新媒体平台得到了更为强势的发展，大数据技术和AI技术的应用日益成熟，这些都为新媒体的发展提供了新的契机与可能，新媒体传播已经进入发展的"黄金时段"。

与传统媒体传播相比，新媒体传播呈现以下新特征。

1. 传播主体大众化

在传统媒体的传播过程中，传播者和受众的划分泾渭分明，传播的主导权完全掌握在媒体机构，传播者决定着信息传播的数量、质量与发布渠道，受众对信息的接收完全处于被动状态。在新媒体环境下，传播者与受众的界限逐渐变得模糊，传统媒体的话语权被打破，受众的主体性得到强化，越来越多的普通人参与信息的制作和传播过程，传播主体呈现大众化的特征。

2. 传播速度高效化

在传统媒介传播环境中，无论是纸媒、广播媒体，还是电视媒体的信息传播，都需要一定的制作周期与生产成本，在发布时还会受到时间与空间的限制。而在新媒体传播过程中，依托于数字技术的进步和智能终端设备的普及，无须烦琐的制作过程，也没有高门槛、高投入，传播者只需借助一部手机，就能将信息制作出来并发布出去，不仅能够实现信息的即时传播，传播者与受众之间也可以开展即时的交流并实现二次传播，这对提升信息的传播速度而言无疑具有重要的意义。

3. 传播过程互动性增强

与传统媒体单向、线性的传播方式相比，新媒体传播方式呈现出双向、网状的特点。无论是在传统媒体环境下，还是在新媒体环境下，要想实现信息的有效传播，就必须充分考虑受众的需求，即传播内容要符合受众的口味，而满足受众的需求的前提是要对受众充分了解。

在新媒体环境下，媒介技术的发展为传播者与受众的互动提供了更为广阔的空间，互动形式的多样化拉近了传播者与受众之间的距离，其交流打破了时间与空间的限制，传播者可以随时随地得到受众的反馈，了解受众的需求。例如，在新闻资讯的传播过程中，受众可以通过点赞、评论、转发和分享等方式与传播者进行互动，新闻媒体也可以通过开通微博账号、微信公众号等形式，在与受众开展即时互动的基础上了解其需求和偏好，从而为其提供更好的信息服务。

4. 传播内容个性化

新媒体的崛起给人们提供了多种获取信息的渠道和自由选择的范围，满足了人们日益多元化、个性化的需求。大众参与度的提升为传播内容增添了更多个性化的色彩，每个人都可以成为信息的传播者，在新媒体平台上进行个性化的表达。从受众方面来说，个性化的内容能够满足不同受众的不同需求，从而促使受众接收和传播信息。

5. 信息传播分众化

在传统媒体传播中，对受众的划分方式十分粗略，所传播的内容往往是针对普通受众的，不仅在信息数量上无法涵盖所有阶层，在传播内容上也难以满足每一阶层的个性化信息需求。而随着社会的不断发展，出现了更多的职业阶层，社会角色也日益复杂化，受众不再满足于传统、固化的信息获取模式，而是根据个性化需求来接收信息、搜索信息。新媒体为了实现传播效果的最大化，必然会针对不同阶层的兴趣偏好提供不同的信息服务，信息传播分众化极大满足了受众的个性化信息需求。

受众在兴趣相投或者利害相关的情况下逐渐形成"小众"群体，如种类繁多的网络社团、微信群等。在这些"小众"群体中，受众志趣相投，个性张扬，充分体现了信息传播分众化。在新媒体技术的支持下，分众化的信息需求得以保障。例如，移动互联网可以提供个人栏目或者频道的定制与检索，并有许多专题供受众选择，诸如房产、旅游、企业、体育、科技、音乐、TV、育儿、家居、法治、理财、饮食等，为不同的受众提供个性化的服务。

8.1.3 新媒体传播者和受众

新媒体的传播者和受众发生了划时代的变革。

传统媒体的传播模式是"传播者——内容、渠道——受众"。在这个模式中，传播者的范畴是清晰的，主要指非个人的专业化媒体组织，其对传播内容和传播渠道拥有绝对的控制权，信息内容由传播者生产制作，受众则处于被动的地位，其数量庞大且分散，具有不固定性和不确定性。

新媒体传播与传统媒体传播的不同之处在于传播者与受众的界限变得越来越模糊，越来越多的非职业传播者正在通过新的媒介成为信息传播活动的主体。新媒体传播的受众既可以接收信息，又可以作为传播者传播信息。这种传播方式是对传统传播方式的革命性颠覆，是传播者的自我传播需求的真正实现。新媒体传播使社会大众对信息的选择、生产、传播和接收实现自主化选择，个体传播者可以按照自己的价值观，遵循个人意愿，有效而主动地建立起个性化的信息传播环境。

新媒体传播打破了传统媒体"你传我受"的线性传播格局，参与新媒体传播的传受关系变得更加复杂，呈现去中心化、平等化与和谐化的特征。

1. 传播者和受众关系去中心化

在传统媒体环境中，传播者和受众的关系是一种中心对边缘的模式，传播者即信息传播的中心，传统媒体属于"中心化媒体"。这个中心化主要体现在内容的生成、制作、分发及推广上，传统媒体必须招募专业的记者、写稿人、文案或营销类人才，才能完成传统媒体的一系列传播流程，这就导致传统媒体分工复杂，彼此之间的关联性很大。而受众只能被动地接收，并不能对信息的传播过程产生任何影响，也没有选择信息传播内容和传播方式的权利，传播者和受众关系的中心化十分明显。

媒介技术的革新使"去中心化"构成了新媒体传受关系的核心话语。新媒体传播淡化了传播者的主导权，将平民话语、草根文化和个性体验推至高点。传统、复杂、严格的生产传播流程在新媒体所创建的共享交流平台上已经不复存在，传统的传播秩序也被打破，受众的地位得以提升，普通受众的个性化和创造性得到了尊重和表达。在信息传播的过程中，传统媒体再难构筑传播中心，去中心化的特征越来越明显。

2. 传播者和受众关系地位平等化

在新媒体环境下，人们被赋予了平等的话语权。媒介的变革颠覆了传统的传播方式，让传播者和受众的关系变得平等、透明和自由。信息传播的理念由灌输变为接受与认同，受众以更加积极的姿态参与到新媒体传播中来，实现了传播者与受众的平等对话。

面对海量的信息，每一个新媒体平台的使用者可以是信息的传播者，也可以是信息的受众。受众可以在新媒体构建的信息平台上对信息进行评论与转发，而在信息的转发过程中，受众也就完成了传播者与受众之间角色的转换。在这种转换下，传播的平等性得以更好地践行。

3. 传播者和受众关系和谐化

无论是在传统媒体传播中，还是在新媒体传播中，传播者与受众都是一种彼此依赖的关系，两者互为支撑、缺一不可。

在自由、平等的新媒体环境中，传播者和受众共同参与信息的制作与传播。受众更加注重传播内容的价值，以及是否与自己的利益相关，而传播者则投入更多的时间与精力对受众的兴趣和偏好进行研究，力求提供更好的信息服务，以实现更好的传播效果，这就使传播者和受众的关系形成了良性循环。传播者和受众的关系在这种有效传播的过程中被无形地加固，受众的满意度越高，传播者和受众关系也就越和谐。

8.1.4 新媒体传播的常见途径

新媒体传播的常见途径有社交平台、短视频平台和电商购物平台。

1. 社交平台

新媒体传播的社交平台主要有微信、微博等。以微信为例，在社交的过程中，侧重点会根据传播者的变化而发生变化。微信的媒介属性可以体现在以下三个方面。

（1）个人层面

微信是受众与受众之间进行人际交流、情感链接及塑造自我形象的重要社交平台，个人层面的媒介属性主要体现为人际传播。微信的人际传播主要建立在朋友圈中，受众发布朋友圈是指根据自己的喜好，将信息用文字、图片、视频等形式自由地编辑与组合，并上传到朋友圈内，分享给自己的好友。受众看到朋友圈内其他好友分享的内容后，可以通过点赞、评论等方式进行反馈，从而形成一种双向传播互动的模式。

（2）群体层面

微信能够促进某一群体内受众与受众之间的和谐相处，有利于群体与群体之间的良性发展。群体层面的媒介属性主要体现为群体传播。微信的群体传播主要建立在微信群中。微信群分为两种，一是受众与现实中的好友在微信群中建立相应的联系，这种属于强关系；二是受众与其他受众因为共同的兴趣、目的而建立起来的网络社交关系群，这种关系属于弱关系。

当多个受众拥有共同目标，产生一定的协作意愿后，网络就会将这类受众进行连接，从而实现这一共同目标。这种过程就被称为群体传播。在微信群中，群成员与群成员之间的沟通，信息与信息之间的传播，充分反映了群体传播活动的特点。微信群中，群成员之间有着固定的交流话题与交流范围，受众在参与群体交流的过程中，能够获取某些特定范围的信息与知识。

（3）公共层面

微信能够为受众提供传播公共信息的平台，是受众监测社会环境、获取生活服务的主要途径之一。公共层面的媒介属性主要体现为大众传播，微信的大众传播主要建立在微信公众号中。

微信公众号是一种能够为受众提供生活与信息服务的应用。根据功能与服务内容的不同，可以被分为两种类型，一种是负责传播信息的公众号，另一种是提供服务的公众号。但上述两种公众号都会通过分享图片、文章等形式，为受众提供相应的信息与服务，为受众创造了解信息、阅读信息的机会。

2. 短视频平台

短视频平台主要包括抖音、快手、微信视频号等。在新媒体时代，短视频的传播特点包括传播速度快、影响力较大、受众参与性强、主题个性凸显等。

- 传播速度快：短视频的传播速度很快，依托于短视频平台强大的推荐能力和海量受众，短视频内容可以在短时间内被更多的受众所观看，同时短视频的传播可以打破时空限制，只要有手机和网络，就可以观看和分享短视频。
- 影响力较大：一些网络红人发布的短视频播放量达上百万次、上千万次，由于短视频内容可以满足受众快餐化、碎片化的娱乐需要，再加上平台个性化推送，受众对短视频平台的黏性很强，因此短视频平台对受众的潜在影响较大。
- 受众参与性强：短视频的制作门槛较低，每个受众都可以制作，同时都可以对短视频进行点赞、评论、转发等，深入参与到短视频的制作与传播中，满足受众的社交需求。
- 主题个性凸显：短视频的主题类别很多，包括生活分享、新闻评论、影视剪辑等，同时短视频带有传播者鲜明的个性特征，更能激发受众的共鸣。

3. 电商购物平台

电商购物平台主要有淘宝、京东、拼多多等。电商购物平台主要针对的是网购受众，这些受众有着较强的购买力，对网购有较高的兴趣，并且对网络信息有较为强烈的需求。各大电商购物平台会通过一些渠道来发布相关的产品信息，以促进销售量增加。

例如，电商购物平台会在自身平台内发布商品信息、折扣和优惠等营销内容，也会通过微博、微信公众号、抖音、快手、小红书、直播平台等新媒体平台发布商品信息，与受众互动交流，吸引更多的受众关注电商购物平台并购买商品。

8.2 新媒体写作的传播要领

在信息爆炸的时代，如何最大限度地实现新媒体作品的有效传播已经成为人们共同关注的问题。对于传播者来说，掌握新媒体写作的传播要领，增强作品的传播力尤为重要。

8.2.1 符号化——让新媒体写作自带传播属性

传播的本质是信息的流通，而信息的流通则依赖于各种各样的符号。符号是人们共同约定用来指称一定对象的标志物，它可以包括以任何形式通过感觉来显示意义的全部现象。根据符号与表征对象的关系，可以将符号分为以下三类。

1. 图像符号

图像符号是通过对对象的写实或模仿来表征对象的，它建立在符号形体与其所表征的符号对象之间的相似性的基础上。也就是说，图像符号的符形是用相似的方式来表征对象的，必须与表征对象的某种特征相同，具有明显可感知的特性。例如，QQ表情就是典型的图像符号，是对符号对象的写实与模仿。

2. 指示符号

指示符号是指符号形体与表征对象之间存在着一种直接的联系，即因果、临近性或逻辑性的联系，使符号形体能够指示或索引对象的存在。例如，中国母婴护理品牌红色小象的品牌Logo为两只小象，运用了典型的指示符号。

3. 象征符号

象征符号的符号形体与表征对象之间没有相似性或因果、逻辑等联系，象征符号以社会约定俗成的方式确定，所表征对象并非某种单一的、小众的存在，也不依赖于特定的时空条件，而是具有普遍性的事物类别。例如，不同颜色的信号灯象征不同的含义，斑马线象征人行横道，鸽子象征和平等。

在新媒体时代，象征符号也得到了更加广泛的运用，网络中的文本符号就是最基本的象征符号。文本符号与其所表征的对象之间没有什么必然的联系，用什么样的文本符号来象征什么事物，建立在一定社会团体约定俗成的基础上。随着时代的发展，新媒体传播过程中会创造出一些特殊的信息符号，这些信息符号是在社会发展中约定俗成的，具有极强的传播性，更容易被大众记住并传播。

无论是在传统媒体时代，还是在新媒体时代，符号在信息传播的过程中都发挥着基本且关键的作用。在纸质媒介中，报纸的符号形态主要是文本、图片和版面，这是一种无声的、静态的符号；而在广播媒介中，符号的形态主要是语音、音响等，这是一种有声、动态的符号，相较于纸媒有了更多的直观性；而电视媒介的出现集图像、色彩、语言、音响等符号于一身，大大地强化了符号的视觉性。

新媒体的出现丰富了符号的使用，媒介技术的发展使文字、图片（包括动态图片）、视频、音频、超链接等符号的表现形式和组合方式更加丰富，传播者往往运用两种以上符号组合的形式来呈现信息，最大限度地将符号的作用发挥出来。

在新媒体传播中，传播者要充分利用符号的传播特质，让新媒体写作自带传播属性。

- 注重符号的视觉化：文字符号所构建的符号意义是有限的。在新媒体传播中，传播符号的组合形式丰富多样，应当充分发挥传播符号的模拟、指向和象征作用，将不同的元素融合与重组，使新媒体传播内容得以更好地表达，为受众呈现出图文并茂、影音俱全的效果。图8-1所示为文字、图片、音频、视频和超链接的多元组合形式。

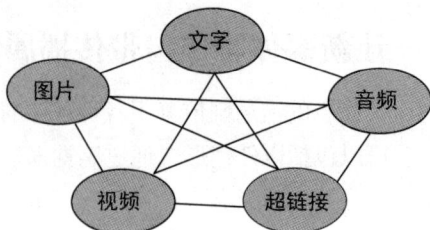

图8-1　新媒体符号的多元组合形式

- 让符号承载的意义更加直白：如果一个新媒体作品呈现在受众面前，受众在浏览后脑海中生成的画面与传播者想要表达的意义出现偏差，或者根本不知所云，那么就是一次失败的传播。在新媒体传播过程中，传播者要将已知的、深入人心的符号元素融入传播内容中，避免使用生涩的、生活中没有约定俗成的符号进行创作传播，要为受众打造一种直白的、易于理解的符号传播模式。

8.2.2　社交货币——让人们更有转发动力

在新媒体环境中，每个人其实都是传播者，无时无刻不在传播信息，而信息分享是构建网络社会最重要的因素之一。

人们本身就具有乐于分享的特质。在日常生活中，年轻人分享购物心得，孩子分享有趣的动画，老年人分享养生知识，都会给其自身带来满足感。而在信息纷至沓来的新媒体时代，什么样的内容能够促使人们主动进行分享传播，是传播者需要深入考虑的问题。

自我分享的特质贯穿于人们的生活，在与其他人谈话时，人们不仅仅是想传达某种交流信息，而是想传播与自己相关的某些信息。简单来讲，就是人们希望通过信息的分享将更加理想的自我形象呈现在他人面前。这种"理想的自我形象"可以是睿智的、风趣的，也可以是富有的、阳光的，而这些会令人们觉得可以凸显自我独特性的信息就是所谓的"社交货币"。

社交货币是一种可以诱发传播的因素，它是来源于社交媒体中经济学的概念。人们在社交媒体上分享的内容，在一定意义上代表并定义了自己在别人眼中的形象。对于个体而言，分享传播信息的意义在于通过分享传播行为使自身形象更加接近于理想状态，在群体传播中获得认同感、联系感和归属感。

很多传播者精心制作的内容发布到网络平台后点击量寥寥无几，就是因为其忽略了社交货币在传播中的作用。因此，传播者在制作内容的过程中，要懂得铸造社交货币的方法。

1. 提供谈资

谈资即谈话的资料。人们在交流的过程中，往往需要共同的话题，也就是所谓的谈资。拥有大量谈资的人往往在社交中更受欢迎，而社交货币就是谈资，那些能让人们进行顺利交流的内容都是社交货币。

每一个社群、团体、阶层，其社交货币都不尽相同。对于健身爱好者来说，健身运动就是他们的谈资；对于已婚女性来说，孕婴育儿就是她们的谈资；对于游戏玩家来说，游戏赛事的进展就是他们的谈资。职业、年龄和经历等因素造就了传播主体传递信息的差异，社交货币的需求和创造的价值自然也就大不相同。

在社交活动中，能够成为谈资的往往是离奇新鲜、有悖常理的信息，传播者要注重信息的提取和筛选，提炼出打破人们认知常规的话题，引发人们的关注，为受众提供新奇、引人关注的社交货币。

2. 塑造形象

分享和传播个性化的社交货币可以帮助人们塑造出差异化的立体形象，让一个更加理想化的自我呈现在他人面前。例如，在微信朋友圈分享《冬天，就适合缩在被窝里读小说啊》的人，塑造的是一个文学爱好者、小说爱好者的自我形象；分享《一次喝遍5大咖啡产区，1杯价格买到5款，超值！》的人，传达出的信息是："我"是一个咖啡爱好者，会积极分享有关咖啡的信息；分享《人工智能时代何时到来？这个问题谁说了"算"？》的人，则告诉他人："我"是一个"科学迷"，对科技领域的前沿话题很感兴趣，如图8-2所示。

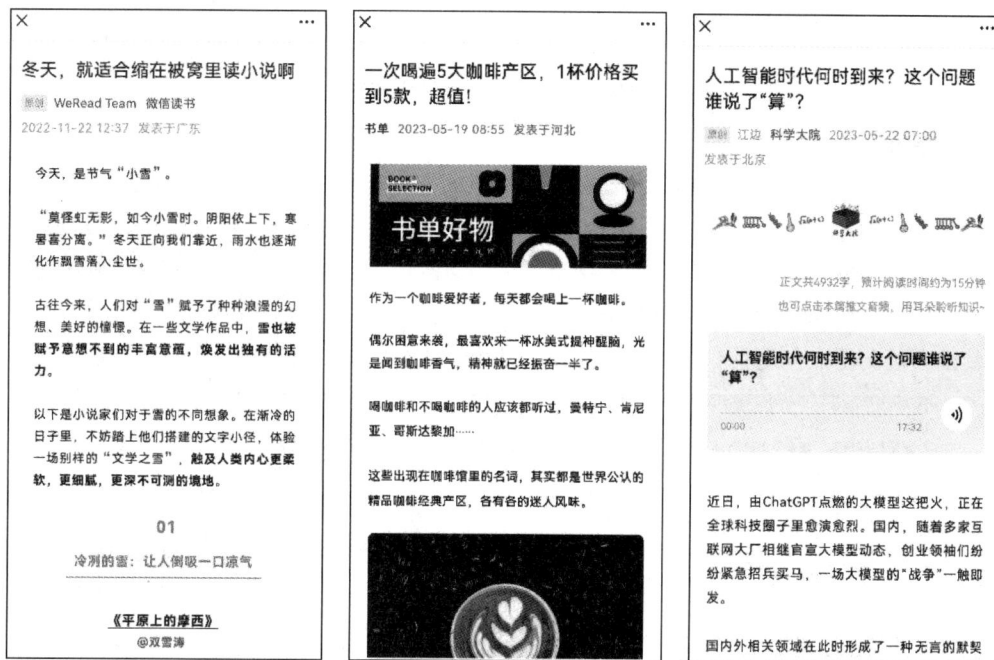

图8-2　塑造形象

传播者要提供社交货币帮助受众实现自我形象的塑造，即细致研究受众的外部形象，精准掌控受众的内心思想，让受众通过社交货币来获得自我形象的认同。

3. 运用社会比较心理

社会比较属于社会心理学名词，指个体就自己的信念、态度、意见等与其他人的信念、态度、意见等做比较。社会比较又称为人际比较，是一种普遍存在的社会心理现象，也是人类在相互作用过程中不可避免的。运用社会比较心理，能够促使受众利用他人作为尺度来衡量自我。在新媒体环境下，传播者可以充分利用受众的社会比较心理，设置诸如排行榜之类的内容环节，通过社会比较促使社交货币进行病毒式传播。

图8-3所示为新浪微博中热门话题下的互动投票，通过提出问题，统计投票数，让受众了解他人的态度和做法，从而让受众更有转发的动力。

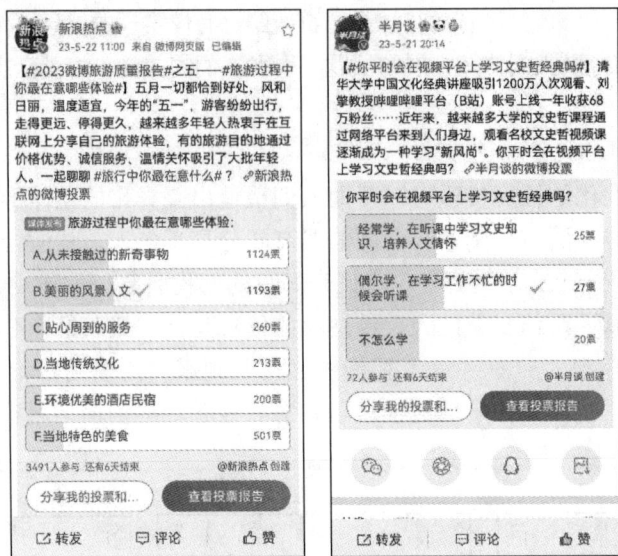

图8-3　运用社会比较心理

4. 提供实用价值

在新媒体社交活动中，受众分享具有实用价值的社交货币能为其朋友提供帮助，例如，受众的朋友最近在装修，打算购买窗帘，受众分享一篇《窗帘如何选购，这4个小技巧速学起来！》就可以帮助到他，这也是一种社交货币，类似的还有《超全出游拍照指南来啦！看完我收了5年的旅行地清单》《如何做笔记：5种有效的笔记方法（建议收藏）》等，如图8-4所示。传播者要为受众创造具有实用价值的社交货币，以实现受众帮助别人的需求。

图8-4　提供实用价值

5. 为受众发声

在生活中，每个人都有表达的欲望，希望他人能够知晓自己的所思所想、态度或观点。但由于表达能力有限，或者缺乏表达素材等因素，人们往往不能清晰、准确、生动地表达自我，社交货币的出现则能帮助人们解决这一问题。

传播者在创作传播内容时，要想受众之所想，了解受众在哪些方面存在表达障碍，为受众发声，说出受众想说而说不出的话。例如，袋鼠妈妈早在2021年母亲节前夕就曾发布过一则为准妈妈发声的主题短片，传递品牌主张——活出精彩自我，人生不因孕期让步！时隔两年，袋鼠妈妈在品牌成立十周年之际，再度推出主题短片，把聚焦点扩大到不同身份、不同年龄的妈妈群体上，为妈妈们发声，推出了以"妈妈由我定义"为主题的短片，鼓励妈妈们去寻找自己内心的真实诉求，拒绝本该如此的标准，寻找自我的定义，彰显了品牌的温度，如图8-5所示。

图8-5　为受众发声

8.2.3　附着力——让新媒体写作产生持久影响力

使一条信息更容易被接受，更容易被记忆、行动和分享的关键因素，则被称为附着力因素。在现实生活中，有些话只能给人们留下短暂的记忆，但有些话则让人们听过之后就念念不忘。附着力因素就是基于传播信息本身具备的令人难以忘怀的特质，如果信息是容易被注意、记忆的，就容易被广泛传播。

附着力的作用是让信息在传播过程中便于受众更好地理解，强化受众的记忆，使受众不停地回想。那么，怎样才能提升信息内容的附着力呢？

1. 简单、具象——便于受众理解

在新媒体环境下，人们的时间变得碎片化，注意力也日益变得稀缺，复杂、抽象的信息往往会增加受众理解的难度。如果对信息最基本的理解都无法实现，信息的分享与传播更是无从谈起。

想要让信息内容便于受众理解，一方面应当将其简单化。在创作过程中，传播者要注意文本的凝练概括，以及作品形式的简洁、一目了然，用通俗的语言来诠释不易理解的信息，用易于理解的词汇和语句代替高深的、人们不熟悉的专业术语。

例如，蒙牛特仑苏的产品文案"不是每一种牛奶都叫特仑苏"，文案朗朗上口，简单明了，让人一看便懂；又如，美的推出的一款空调扇的电商平台海报，并没有单纯地强调产品的性能参数，而是用简单的语言"净享健康风，冰爽度夏""高浓度负离子""升级大风量""10L大容量水箱"概括出产品的特点，这样就给受众留下了比较直观的印象，如图8-6所示。

另一方面，表达的信息内容要具象化。具象化就是把抽象的东西表现得具体，简单地说，就是把看不见的、不容易理解的变成看得见的、容易理解的。例如，香飘飘的文案"杯子连起来可绕地球一圈"，如果单纯强调卖了多少杯，就不会给受众留下具象化的印象，没有任何记忆点；又如，小米公司推出新款手机小米Civi3，图8-7所示的微博文案用数据将新款手机的大

小具象化，同时以"拿在手上舒适握感，放在兜里毫无负担"形容手机的重量轻，弧线设计符合人体工程学，将手机的特征和优势解释得很清楚，从而促使更多的人分享转发。

图8-6　美的空调扇的电商平台海报　　　　图8-7　具象化表达

2. 关联度——强化受众记忆

与受众关联度的高低取决于信息实用性的大小，也就是说，在信息传播日益分众化的今天，传播者所创作的内容应当是对目标受众有用的信息。这就要求传播者在创作之前仔细调研，针对自己的目标受众，分析其所想所需，为其解决实际的问题。

例如，有很多上班族喜欢喝咖啡，其为的是提神醒脑，但有时候喝了咖啡还是会困。为了应对这个问题，有人通过短视频为人们科普咖啡提神原理，介绍正确喝咖啡的技巧；又如，一些人想要读书，但不知道如何选书，某位创业博主就发短视频为大家介绍自己选择优质图书的几个途径，如图8-8所示。

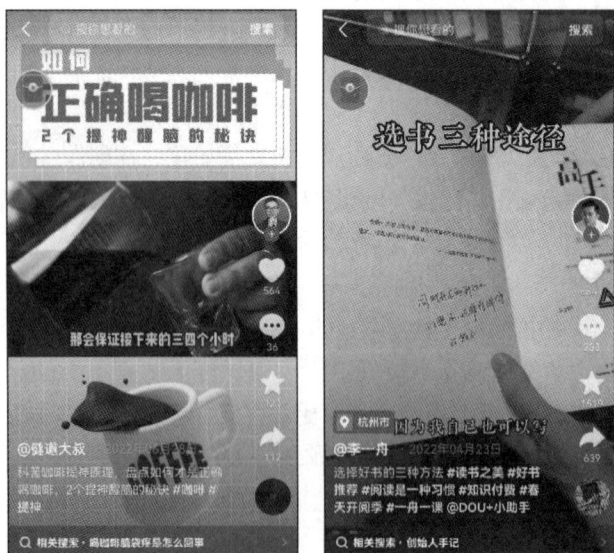

图8-8　与受众关联度高的短视频

3. 情感——促使受众回想并采取行动

情感在提升信息的附着力上会产生潜移默化的重要作用。现代心理学研究认为，情感因素是人们接收信息渠道的"阀门"，只有情感可以叩开人们的心扉，它能使受众产生心理共鸣，进而采取分享传播的行动。因此，充分地调动人们喜悦、好奇、悲伤、恐惧与善良等情感，能够提升新媒体传播的效果。

例如，海澜之家官方微博在2022年6月17日发布文案"曾经你梦想仗剑走天涯，如今我们并肩探索更大的世界。爱是默契，是陪伴，是共同成长！"，向每一位爸爸发出父亲节祝福，同时向受众传达了父亲的爱与陪伴的情感，其发布的插画演绎了新时代下父子/父女关系中的生活趣事、教育成长及陪伴关爱，打破了品牌与受众之间的文化壁垒，进一步收获了广大受众的情感认同，如图8-9所示。

图8-9 注入情感因素的微博文案

8.2.4 话题性——制造话题，让人们积极讨论

抛出一个话题是最容易吸引人们参与和互动的方式。因此，当没有话题的时候，传播者可以制造话题。制造的话题要能够引起受众思考，引起讨论和分享，最终实现裂变。当然，在话题的引导和选择上不能给社会造成负面影响，否则营销效果可能适得其反。

例如，微博有"热议"板块，以"观点、聚焦、多元"为特色，向受众提供各种各样的热议话题，受众可以在话题板块进行投票，参与讨论，发表自己的观点。企业可以与KOL（Key Opinion Leader，关键意见领袖）合作，发起参与度较高的话题，形成热度，并通过话题引导受众发表决策信息，帮助企业收集受众的消费信息，同时影响受众的消费心智。

例如，话题"#你有手机存储焦虑吗#"向受众询问使用手机时的感受，同时向受众告知手机厂商推出"16GB+1TB"的大存储版本手机，这样受众在广泛讨论的同时，话题也给受众传达了使用大存储版本手机可告别存储焦虑的信息，促使受众关注新手机的销售信息，并做出购买行为，如图8-10所示。

又如，话题"#手机为什么会被冻关机#"的主持人"柴知道"向受众分享了把手机放进冰箱的实验，以及手机在低温时自动关机的原理，并表示现在有的手机在低温状态下不会自动关机，同时表示这与快充技术有关，而且在视频的最后为某品牌的手机快充技术做宣传，如图8-11所示。如果受众目前的手机存在低温状态下自动关机的问题，可能就会在该话题下发表观点，并对该品牌手机产生兴趣，进而做出购买决定。

图8-10　话题"你有手机存储焦虑吗"　　图8-11　话题"手机为什么会被冻关机"

　　企业或品牌在发起话题时，要运用非传统的手法、创意和表达方式，打破常规的视觉和语言方式，以引起受众的兴趣和注意，刺激受众互动和分享。

8.2.5　热点效应——利用热点话题借势营销

　　传播者要善于利用热点效应，及时关注社会热点话题、潮流趋势，根据产品的特点和品牌属性，选择适合的话题，提升受众的兴趣和参与度。

　　利用热点话题借势营销有以下几种方法。

- 借势长期热点：长期热点是指人们一直比较关心和关注的问题，如环保问题、教育问题、健康问题等。
- 借势短期热点：短期热点一般是一些突发的热点，如热门影视剧、热门事件等。
- 借势节日热度："每逢佳节文案飞"，一到热门节日，传播者就会发布各式各样的节日借势文案，一方面为人们传达祝福，另一方面在节日期间也要表达一下品牌理念。为了与其他品牌和企业有差异性，传播者要尽量突出文案的创意性。
- 借势名人热度：传播者以名人、网红等具有影响力的人为切入点，利用他们近期的热点事件与品牌相互联系起来，使其发挥"广告代言人"的效用，利用粉丝效应借势营销。

在正确的时间，找准正确的切入点是热点借势文案的必要条件。因此，要想让借势营销获得更好的效果，传播者要了解热点的时效性，关注热点的持续时间。关于热点借势时间走向，如图8-12所示。

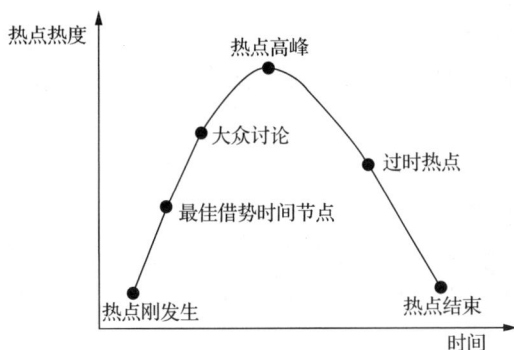

图8-12 热点借势时间走向

如果是突发的热点事件，其持续时间可能是一周左右，所以最佳借势时间是热点事件发生的前三天。如果是热门影视剧，其持续时间要根据影视剧的播出时间来确定，有的影视剧热度会持续一个月。

要想在短时间内找到热点事件的切入点，传播者首先要对自己宣传的产品和热点事件有足够多的了解，可以把产品的关键词和热点事件的关键词列出来，如果两个关键词可以合理地衔接起来，那么该关键词就可以作为热点事件的切入点。

其次，传播者要研究和热点事件相关的关键词的搜索量，选择搜索量较高的关键词去写作文案，这样受众搜索到文案的概率会更高。

最后，最重要的是发现合适的热点。热点是指比较受广大受众关注或者欢迎的新闻或信息，或指某时期引人注目的地方或问题。既然是广大受众关注的，传播者在寻找热点时就要去广大受众常去的平台，如微博热搜、头条热榜、知乎热榜、百度热搜等。

8.3 新媒体传播效果评估模型

传播效果是指传播对人的行为产生的有效结果，具体指受众接收信息后，在知识、情感、态度和行为等方面发生的变化，通常意味着传播活动在多大程度上实现了传播者的意图或目的。传播效果是传播活动的出发点和归宿，效果问题是整个传播活动的中心。

对传播效果进行科学的评估，可以帮助传播者明确传播方向及目标，改进传播手段。在新媒体时代，建立简单、科学、系统化的测量及效果评估模型是传播者实现传播目的的必要前提。

新媒体传播效果评估模型主要包括对以下几个方面的考量。

8.3.1 曝光率

曝光率是就信息内容传播的广度来说的，即在单位时间内传播的内容信息在新媒体平台上被目标受众看到的次数。这种评估模式是对传播内容信息的覆盖率进行考量，基于移动互联网传播的曝光率可以轻而易举地获取。

当受众通过搜索引擎进行关键词搜索，传播的内容信息会展示在搜索结果页面；当受众打开新闻资讯类App，传播者的内容信息会被推荐在App首页；当受众打开购物类网站时，首页的产品信息就会映入眼帘……这些都会被计入曝光率中。

另外，还可以根据网站访问量、内容信息点击率等进行实时监测及定量评估。例如，在微博中搜索"#家电种草季#""#美好家居打造法#"会出现许多信息，这些都会被计入该话题的曝光率中，传播者可查看该话题的今日阅读量和讨论量，了解该话题的曝光率，如图8-13所示。

图8-13　通过微博话题页查看话题曝光率

8.3.2　参与度

参与度是衡量受众参与程度的指标，即受众在新媒体平台上通过各种形式与传播者进行对话，并参与各种形式的互动交流的程度。在新媒体时代，传播者与受众的互动性大大增强，其平等关系也大大提升了受众的参与度，受众可以随时随地发表自己的意见，与传播者进行沟通与互动。

参与度可以通过网络登录、账号注册、互相关注、评论、转发等具体参数进行定量评估。抖音App中短视频的点赞量、评论量、收藏量及转发量是衡量短视频传播效果的重要标准，代表着受众在观看短视频时的参与程度如图8-14所示。

又如，在知乎App中，传播者往往会以提出问题的方式来邀请不同的受众来回答，在同一问题下会有很多不同的答案，每个答案也可以得到他人的赞同、感谢和评论，这些都是衡量话题传播效果的标准，如图8-15所示，传播者可以查看问题的总浏览量、评论数和关注数，也可以查看每一个回答的赞同数、评论数和喜欢数，在一定程度上了解自己提出的问题的参与度。

图8-14　抖音短视频的参与度

图8-15　知乎问题的参与度

8.3.3　影响力

影响力是用一种为他人所乐于接受的方式，改变他人思想与行动的能力。在我国，"传播影响力"最早是以传媒经济学的概念被提出的。后来随着研究的深入，其概念和外延也不断被丰富，拓展为传播学的范畴。

传播影响力就是指传播者对受众观念、态度及社会行为的改变程度。受众在对品牌文案产生心理认同的前提下，对文案进行再创造，是品牌营销产生影响力的表现。

传播影响力的评估模型是一个综合性强、多维度的评估体系，而网络计量学为网络传播力的评估提供了许多方法和工具。目前，大数据技术的发展对传播影响力的量化考量更加科学、系统，通过大数据计算可以对大众媒体、社会化媒体的实时数据进行监测分析，从而为传播者提供多维度的数据参考。

8.3.4　行动力

行动力是衡量传播效果的终极指标，即传播者所传播的信息内容是否能够吸引目标受众的关注，并将之前的影响力转化为行动力。例如，流量变现、对产品进行购买等就是行动力的体现，也是传播效果最大化的实现。

对行动力的评估主要以真正转化的实际利益为标准，一般以电子商务网站产生的网络订单、团购订单，或者与线上联动的线下购买行为的统计等进行定量评估。例如，企业可以通过产品在线上的销售情况对广告的传播效果进行评估，如图8-16所示。

图8-16 评估行动力

8.4 新技术环境下的新媒体传播

随着信息技术的飞速发展，新媒体已经成为人们获取信息资讯的重要载体。大数据技术和AI技术也逐渐渗透到社会的各个领域中，尤其在新媒体领域展现出了强大的推动力。利用好大数据技术和AI技术，能够帮助传播者更好地掌握新媒体发展的走向，抓住发展的机遇，从而占领更为广阔的新媒体空间。

8.4.1 大数据技术与新媒体传播

在新媒体时代，人们时刻处在一个数据的海洋当中。新媒体的发展已经立足于大数据的时代背景下，在如此庞大、繁杂的数据面前，新媒体需要新的技术作为支撑来推动其更长远的发展。

在新媒体环境下，每个受众不仅是数据的接收者，也是数据的生产者。一方面，人们在网络中进行浏览、转发、收藏与下载等活动，也就是人们在接收数据；另一方面，人们又在写作、发布与开展各种互动，可以说在网络上的每一个角落都会留下人们的"足迹"，所以人们实际上也在生产数据。在这样一个既可以接收数据又可以生产数据的媒介环境中，大数据已经和人们产生了千丝万缕的联系，生活中无时无刻不充斥着信息的生产、存储、传播与更新。

1. 大数据技术的概念

早在1980年，著名的未来学家阿尔文·托夫勒便在《第三次浪潮》一书中将大数据热情地赞颂为"第三次浪潮的华彩乐章"。不过，大概从2009年开始，"大数据"才成为互联网信息技术行业的流行词汇。

大数据指需要新处理模式才能具有更强的决策力、洞察力和流程优化能力的海量、高增长率和多样化的信息资产。维克托·迈尔-舍恩伯格和肯尼思·库克耶在编写的《大数据时代：生活、工作与思维的大变革》一书中指出，大数据的获得不用随机分析法（抽样调查）这样的捷径，而采用对所有数据进行分析处理的方法。

国际数据公司（International Data Corporation，IDC）将大数据技术定义为：通过高速捕捉、发现或分析，从大量数据中获取价值的一种新型技术架构。大数据技术是一种全新的处理模式，是计算机技术与互联网技术发展的全新产物。

2. 大数据的四个维度

大数据技术可以从四个维度体现其特征，即体量、速度、种类和价值密度。

（1）体量：数据体量巨大

在新媒体时代，数据体量持续以前所未有的速度增加，数据的存储已经从TB级别跃升到PB、EB级别，存储信息呈现出海量化的特点。

（2）速度：数据采集、处理、计算速度快

随着科学技术的发展，大数据的采集、处理、计算速度在持续加快，数据被源源不断地挖掘出来，一些类型的数据必须实时分析，以对业务产生价值，大数据正好满足了这种实时分析的需求。而由于数据的流动性，其分析结果也是动态的。

（3）种类：种类复杂、丰富

数据种类丰富，包括结构型数据、非结构性数据、源数据和处理数据等。随着传感器、移动智能设备和相关技术的发展，数据的种类复杂且无以计数，如文本、图片、音频、视频、点击量、日志文件和传感器数据等。

（4）价值密度：价值密度低

在数据的海洋中，虽然数据量巨大，但真正与个人相关、与企业相关的数据占比很小。要想获得有价值的数据，就要对采集的数据进行深度挖掘与分析，最终实现数据价值的最大化。

3. 大数据技术在新媒体传播领域的应用

在现阶段，大数据技术应用的领域众多，其颠覆和创新作用几乎在每个行业都有体现，在新媒体传播领域更是掀起了变革的巨浪。

（1）大数据背景下的新闻传播

大数据重构了新闻生产的流程与传播形态，逐渐渗透到新闻线索的发现、信息采集和对新闻稿件的筛选等方面。

在大数据技术背景下，新闻传播的机制发生了重大变革：一方面，新媒体的兴起给传统媒体带来了巨大的挑战，传统媒体走上了与新媒体不断融合的道路；另一方面，新媒体的双向传播机制使每个人都成为信息传播的主体和接收者，新闻报道的参与度提高。大数据技术的应用推动了媒介融合的进程，让新闻可以更好地传播。

随着大数据时代的到来，数据新闻已经成为新闻的新形态。而随着大数据技术对新闻业的全面渗透，数据新闻发生了量和质的飞跃，其可视化特点让新闻的传播更加便捷、更加精准。数据新闻通过数据采集、计算等有效途径，对受众黏性及信息有用性进行数据分析，实现了新闻线索的合理获取。

在新媒体新闻传播中，大数据技术在舆情的监测方面也发挥了重要作用。新闻受众情绪能通过多样化的数据充分地反映出来，受众舆论动向能被及时发现，加上对受众群体画像的大数据分析，使新闻传播能有效地兼顾社会受众整体及个体双方面的内容，引领舆论朝着正确的方向发展。

基于大数据技术的运用，新闻的传播与受众的工作和生活更为贴近，无论是新闻内容问题，还是渠道问题，均能迎刃而解，因此大数据技术在新闻传播方面发挥着越来越重要的作用。

大数据除了可以帮助媒体预测新闻，解读正在发生的新闻，还可以对已经发生的事件和数据进行再利用，重组新闻。在大数据时代，数据的综合比部分更有价值。

（2）大数据背景下的精准营销

大数据的出现使信息传播与商业价值能够有机地结合起来，企业通过大数据技术对受众的海量数据进行采集、挖掘并深入分析，包括受众的年龄、性别、职业和地域等，洞悉不同受众表面或潜在的消费倾向，利用大数据技术对其兴趣、偏好及消费习惯进行分析，从而实现更为精准的广告投放。

简单来说，大数据背景下的营销核心是让品牌或产品的信息在合适的时间，通过合适的载体，以合适的方式，投放给合适的人。在淘宝App，企业通过抓取受众平时的浏览、点击和购买记录，对其进行大数据分析，从而了解受众的需求和偏好，通过"有好货"一栏将符合受众需求和偏好的产品进行精准投放，如图8-17所示。

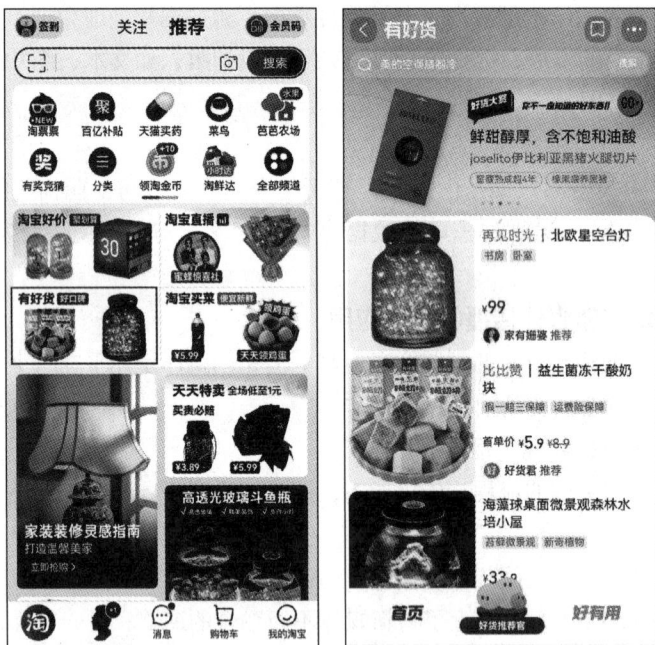

图8-17　淘宝"有好货"产品推荐

（3）大数据背景下的新媒体内容传播

随着互联网的高速发展和受众需求的不断升级，新媒体内容形式也日益多元化，传统的信息采集与分析方式已经不能应对新媒体平台的海量信息，大数据技术为新媒体的内容传播提供了可靠的保障。

从最初的文本内容传播到现在的图片、音/视频内容传播，新媒体的传播数据体现出非结构化的特征。受众可以随时随地在网络上发布原创内容，由此产生了巨大的信息数据。同时，受众通过社交媒体渠道留下的行为与痕迹也是社交媒体平台宝贵的资源。大数据技术的应用让这些海量的数据被采集、归类与处理，并形成研究结论，投放到新媒体的运营中去，原创内容得以更加精准地投放，受众也可以收到平台的个性化推荐。

例如，在小红书平台上，内容的制作与传播都体现出垂直化、分众化的特点。每个受众都可以制作不同题材的原创内容并发布到平台上，平台通过大数据技术对内容进行分析，然后推荐给具有相应内容偏好的受众，而受众也可以收到更多自己感兴趣的内容。例如，在小红书上搜索"旅游"并进行浏览，其"推荐"页面就会为受众实时推荐相关的旅游笔记，如图8-18所示。

图8-18　小红书旅游笔记推荐

8.4.2　AI技术与新媒体传播

随着媒介传播机制的不断变革，AI技术的融入已经成为新媒体发展的必然趋势。目前，AI技术已经受到众多媒体和企业的青睐。AI技术正在与各行各业快速融合，助力传统行业的转型升级与提质增效，在全球范围内迎来发展的风口。

1. AI技术的概念

AI是研究与开发用于模拟、延伸和扩展人的智能的理论、方法、技术及应用系统的一门新的科学技术。AI主要是对人的智能行为的延伸，该领域的研究包括机器人、语言识别、图像识别、自然语言处理和专家系统等。

在AI的发展过程中，其应用领域也越来越广泛，给人们的生活带来了许多的便利。在计算机领域，AI得到了愈加广泛的关注，并在机器人、经济政治决策、控制系统、仿真系统中得到应用。

2. AI技术在新媒体传播领域的应用

AI技术在新媒体传播领域逐渐发挥出巨大的作用，AI技术的应用使新媒体的传播更具优势。

（1）AI技术为媒体行业带来新的传播速度

在内容制作上，随着机器计算能力与学习能力的不断提升，机器人写稿逐渐成为内容制作的快捷方式，其不但能够保证内容的时效性，而且在制作数量上有着无可比拟的优势。AI可自动编辑简单的新闻稿件，在采集信息时更为全面快捷，还可同步进行翻译与转换。随着AI技术进一步发展，虚拟主播、虚拟演播室、集成机器人可以更普遍地应用到一些简单的交流场景中。

例如，"亿邦动力"在2023年5月24日发布一条新闻——《菜鸟网络公布智选仓配次日达服务，承诺支付到签收次日达》，在"本文来源"处标明该新闻是由亿邦开发的自动化写作机器人"Ebrun Go"写作并发布的，如图8-19所示。

图8-19 亿邦开发的自动化写作机器人写作并发布的新闻

（2）AI让媒体内容管理高效便捷化

AI可以代替部分人脑的工作，在对媒体内容进行编写之前，AI可以根据关键词自动搜索素材，区分并改正写作中的错别字和歧义词，还可以根据板块的要求鉴别内容是否符合要求。

在媒体内容管理方面，AI技术主要应用于自然语言处理和图像处理等领域。AI可以代替部分的人力来审核内容。例如，设置一定的关键词，对带有类似关键词的内容进行屏蔽。在受众管理与人机互动领域应用也较为普遍，内容自动标注与效果分析也大大提高了媒体内容管理效率。

自从以ChatGPT为代表的AI大模型诞生以来，我国以内容生产为主的社交平台纷纷推出自己的AI大模型：知乎发布了"知海图AI"中文大模型，微博也计划推出AIGC（Artificial Intelligence Generated Content，生成式人工智能）创作助手。

知乎发布"知海图AI"中文大模型，将AI引入知乎讨论场，其"热榜摘要"功能已上线并开启内测。知乎表示，计划在未来拓展更多AI大模型的应用场景，为创作者赋能。

微博计划推出的AIGC创作助手旨在帮助传播者提高创作效率和质量，同时保留传播者的个性和主观性。AIGC创作助手不会替代传播者的思考和表达，而只是作为一个辅助工具，让传播者更加专注于自己的核心价值和优势，其核心是为传播者提供创作灵感，而并不是要取代其创作。

例如，AIGC创作助手会就标题、关键词等方面给文章写作提出建议，帮助传播者开拓思路；在传播者进行视频拍摄时，会从剪辑、配音、特效各方面提出建议；在传播者做直播时，AIGC创作助手可以给出话题、互动、推荐等各方面的建议。

在AIGC创作助手的协助下，传播者可以以多线思维提高变现能力和效率，从而驱动平台更良性、更长远地发展。

（3）智能分发，内容传播更加精准

以往的新媒体平台往往按照时间和点击量的排序将内容展示给受众，或者设置推荐和精选频道，还可以通过受众搜索或者互动行为对受众需要的内容进行推荐。而在AI技术背景下，受众的行为被记录下来，通过算法生成一份"专属画像"，实现更精准、更快速、更个性化的内容传播。

【实训案例】

仔细观察图8-20所示的三张图片，请结合本章所学知识，说明这些传播者掌握了哪种传播要领，从哪里可以体现出来。

图8-20　新媒体文案

【课后思考】

1. 简述新媒体传播的特征。
2. 简述新媒体写作的传播要领。
3. 简述AI技术在新媒体传播领域的应用。